中国上市公司
治理报告

Report on Corporate Governance for Listed Companies in China

中国上市公司协会　编著

经济管理出版社
ECONOMY & MANAGEMENT PUBLISHING HOUSE

图书在版编目（CIP）数据

中国上市公司治理报告/中国上市公司协会编著. —北京：经济管理出版社，2014.10
ISBN 978-7-5096-3197-3

Ⅰ.①中… Ⅱ.①中… Ⅲ.①上市公司—企业管理—研究报告—中国 Ⅳ.①F279.246

中国版本图书馆 CIP 数据核字（2014）第 143311 号

组稿编辑：宋　娜
责任编辑：宋　娜
责任印制：黄章平
责任校对：超　凡

出版发行：经济管理出版社
　　　　　（北京市海淀区北蜂窝 8 号中雅大厦 A 座 11 层　100038）
网　　　址：www. E-mp. com. cn
电　　　话：(010) 51915602
印　　　刷：北京晨旭印刷厂
经　　　销：新华书店
开　　　本：710mm×1000mm/16
印　　　张：16.5
字　　　数：310 千字
版　　　次：2014 年 10 月第 1 版　　2014 年 10 月第 1 次印刷
书　　　号：ISBN 978-7-5096-3197-3
定　　　价：88.00 元

编委会

序　一

在特定的时空区间和社会经济背景下，中国资本市场20余年发展的实践浓缩了全球主要资本市场数百年的历程，在各方面都取得了显著进步。在中国改革发展、经济转型和结构升级中，资本市场的投融资与优化资源配置功能功不可没。资本市场的健康发展得益于公司治理的不断完善，同时也推动公司治理水平的不断提升。特别是在我国现代企业制度从无到有的嬗变中，资本市场对推动公司治理建设发挥了无可替代的作用。良好的公司治理是资本市场健康发展的基石，是资本市场成熟和完善的重要标志之一。

中国证监会一直将推动完善公司治理作为一项重要目标，在《公司法》、《证券法》的框架内，依法履职，做了大量务实有效的探索和实践，促进了上市公司内部治理机制的日趋完善和以市场为基础的外部治理机制的初步形成。一是不断完善公司治理的制度体系，陆续出台了一系列规范性文件。2001年颁布了《关于在上市公司建立独立董事制度的指导意见》。2002年联合原国家经贸委发布《上市公司治理准则》，这是我国第一个全面、系统规范上市公司治理的重要文件。之后陆续出台了一系列规定，内容涵盖"三会制度"、独立董事、关联交易、资金往来和对外担保、投资者保护等多个方面，初步构建了上市公司治理制度框架。二是推动股权分置改革，解决了长期制约我国资本市场健康发展的这一历史遗留问题，促进形成了股东的共同利益基础。三是集中部署组织开展了包括清理大股东占用资金和违规担保、上市公司治理专项活动等一系列行动，基本解决了大股东和实际控制人违规占用上市公司资金的问题，进一步促进上市公司董事、监事、高级管理人员规范履职。四是推动完善信息披露制度，推进落实与国际财务报告准则渐续趋同的财务会计制度，夯实公司治理规范运作的会计基础。五是大力推进机构投资者建设，增强了机构投资者参与公司治理的积极力量，促进以市场为基础的外部治理机制的初步形成。2012年以来，在新一届政府简政放权、大力推动政府职能转变的新形势下，证监会遵循"放松管制、加强监管"的思路推出了一系列监管转型措施，强化了以信息披露为核心的监管理念，建立健全了相应的监管体制机制。严格的信息披露监管必然进一步增强上市公司治理的透明度，推动市场主体归位尽责，形成市场化约束机制，不断提升公司治理的有效性。

由于我国资本市场发展时间较短，市场成熟度还不高，因此，过去一个时期公司治理的推动往往依靠行政手段，以行政监管为主。这是由我国国情和资本市场发展的阶段性特征等历史条件所决定的。尽管行政监管推动公司治理更为直接、快速，过去也取得了一定的效果，但随着我国资本市场市场化程度的不断提升，行政手段推动的局限性日益凸显。由于行政推动的主要特点是自上而下、模式单一，很多企业自治、自律的内容被行政监管行为所替代，不仅增加了监管成本，而且削弱了上市公司和自律组织的活力和创造力。同时，在行政推动的过程中，我国公司治理原则和制度总体上是吸收和借鉴国外公司治理模式和经验的结果，即以效仿英美法系国家的治理模式为主，辅之以大陆法系国家的监事会制度、职工参与制度等。公司治理作为一国公司法律制度的重要组成部分，必然受其自身的历史、政治、经济、文化等因素影响。国内公司治理"形似神不至"的现状，说明了制度移植的局限性和消解"水土不服"的艰巨性。

随着我国资本市场发展，上市公司类型日趋多元化，既有大量国有控股的，也有民营控股的，还有股权较为分散的；既有传统经济模式，也有新经济模式；既有一般生产制造类企业，也有创新驱动类企业；既有高科技生产类企业，也有文化服务类企业。同时，上市公司行业、规模差异较大，情况千差万别，不同类型上市公司呈现出不同的治理特色和需求，单一模式的公司治理已经很难适用于所有公司。各国公司治理实践表明，没有最优的公司治理模式，只有更适合自己的公司治理模式，公司治理没有最好，只有更好！在统一的治理目标和基本准则下，上市公司治理应该更加具有包容性、开放性和多样性，公司应根据自身实际，量身定制，构建符合自身发展需要的公司治理模式。

目前公司治理向法制化、市场化转变已成为现实趋势。随着资本市场市场化改革的不断推进和以信息披露为核心的监管转型的实施，行政管制逐步放松，市场主体力量和市场调节能力的增强以及中介机构功能的逐步强化，尤其是控股股东行为在内外部制约下不断规范，公司治理的总体环境将得到改善，市场自律必然会发挥越来越重要的作用。尤其是当前我国机构投资者与上市公司的关系正在发生积极变化，多元的机构投资者在公司治理中的作用日益凸显。十八届三中全会提出推进国家治理体系和治理能力现代化、创新社会治理体制、激发社会组织活力，推进社会组织明确权责、依法自治、发挥作用。这些都为公司治理市场化转变奠定了极为重要的环境基础。

　　未来的上市公司治理监管模式将从以行政主导模式为主，逐步向企业自治、市场自律和行政监管"三位一体"，行政监管和自律管理并重的治理模式演变，最终实现以自律管理和市场化监管为主的监管模式。上市公司应不断自治规范、自我完善，推进公司治理的内生机制建设，使公司治理成为公司和全体股东的共同行动，成为完善公司治理的实践者。社会中介服务机构应以其公平公正的执业操守维护其专业水准与社会公信力，发挥其客观与独立的专业导向作用。自律管理要发挥中国上市公司协会、沪深交易所和各地方上市公司协会的服务和自律功能。中国上市公司协会是全国上市公司的自律性组织，应传导公司治理的核心理念与价值，总结实践经验，并进行宣传、示范、传导和普及。推行自律规则和提供务实服务相互结合，示范引导和自律约束相互兼顾，逐步形成务实有效的中国上市公司治理规范体系。证券交易所的自律功能主要是强化信息披露的一线监管，提高上市公司透明度，构建以诚信约束为核心的差异化监管体系，让市场自身的约束激励作用得到充分发挥。行政监管要以提高公司治理透明度和保护中小投资者合法权益为目标，依法惩治信息披露不实、利益输送等违法违规行为，强化市场激励和约束机制，推动纠纷解决机制的完善和司法救济渠道的畅通。总之，要通过多方协同，共同构筑由上市公司、中介机构、自律组织、监管部门等多个层次组成的、功能互补、归位尽责、有机互动的公司治理促进体系。

　　2012 年 8 月开始，中国上市公司协会以独立董事和监事会的管理为契入点开展"倡导公司治理最佳实践"活动，这是探索公司自治、提升公司治理水平的有益尝试，也是推动公司治理本土化的积极探索。通过总结倡导公司治理最佳做法，推动形成"好"的指引和"管用"的范例，有助于提高公司治理的针对性和有效性。中国上市公司协会先后组织开展了交流研讨、培训传导、调查研究和征集最佳实践等系列活动。各地证监局、上市公司协会反响积极，因地制宜组织各具特色的倡导独立董事、监事会最佳实践活动。上市公司积极响应，纷纷结合自身公司治理特点，总结行之有效的经验和做法，形成公司治理最佳实践案例 450 多起。在此基础上中国上市公司协会编著了这份《中国上市公司治理报告》，从独立董事、监事会、外部审计和内控体系、机构投资者、控股股东与公司治理、上市公司监管六个方面，客观反映了上市公司治理现状并提出了政策建议，并选择收录了境内外的相关案例若干。报告对相关问题的挖掘和案例梳理、对制度安排和监管思路提出的建设性意见，从一个侧面反映了我国上市公司治理在环境、规则、实践方面取得的进步和存在的问题及困难，对下一步完善公司治理的相关理念、规则和实践工作具有积极的借鉴作用。

　　公司治理的成熟完善与自律管理作用的发挥密切相关。随着改革的深入推进，上市公司的活力将不断迸发，股东行为将日趋市场化，公司治理的规范性要求也将不断提升，自律组织的作用与之相随将愈加突出。期待我国上市公司的自律组织在创新和完善上市公司治理上发挥更大作用，进一步促进上市公司提升质量和社会形象，不断夯实资本市场稳定健康发展的基础。

是为序。

2014 年 10 月

序 二

1999 年党的十五届四中全会指出："公司法人治理结构是公司制的核心。"这一论述指明了公司法人治理结构的重要作用。之后，对公司治理的理论和政策的研究引起了广泛关注，企业的实践探索也陆续展开。公司治理是公司制度的核心这一理念被广泛认同。

证监会从维护资本市场健康发展出发，较早地将公司治理作为监管的核心内容，成为推进建立有效公司治理的重要力量。2002 年证监会发布了《上市公司治理准则》，经历 10 年的整治、倡导和督导，上市企业的公司治理已经有了巨大的进步。体现中国国情的公司治理逐步建立，取得了跨越式的进展。

在我国工业化、产业升级、培育有全球竞争力企业的重要时期，可以说，建立有效的公司治理是当前我国微观经济领域最重要的制度建设。良好的公司治理，既可以保障股东的利益，包括小股东的利益，又可以保障公司的独立经营。它是所有权与经营权分离的制度基础，是公司重要的软实力。上市公司是我国建立现代企业制度最为规范的群体，走在了各类企业的前面。

2012 年 9~11 月，中国上市公司协会依据证监会的统一部署，在全国范围内开展"倡导公司治理最佳实践"活动，调研采取座谈、走访、考察和内部研讨等形式进行。从调研的情况看，目前公司内部治理有《公司法》作为依据，有上市公司治理指引的指导，特别是市场监管机构的督导，无论是公司章程、议事规则、内控制度、人事任免程序、信息披露、关联交易等制度规制，还是股东大会、董事会、监事会，审计、提名等专业委员会，以及独立董事、董事会秘书等组织制度建设都已经齐备，会议质量不断提高，信息披露逐渐规范，不少公司创造了适合本公司的最佳实践。但是，情况仍参差不齐，大都有"貌似神不是"的问题。

上市公司还面对外部治理的影响。外部治理是指控股股东、资本市场监管机构、外部审计师、媒体等的行为机制。对于国有控股公司，还有国资委、组织部门、财政、审计、纪检等多个部门的规制。外部治理有的有法律依据，是保证上市公司正常运行所必需的，如资本市场监管、外部审计师、律师、投资银行、媒体等。它们的行为机制大都有法律进行规范或受到市场的约束。这是保证资本市场秩序所必需的，对公司内部治理的作用是正面的。但是，也有很多是没有法律依据的，具有很大的随意性。其中，有很多直接与《公司法》相冲突，直接冲击公司的内部治理。外部治理的力量表现强势，致使上市公司高管聘任和激励、决策程序都通过非正常渠道进行，使公司失去了独立性，偏离了追求投资回报的目标。"叠床架屋"的监管，打乱了公司内部的分权制衡机制。仅从内部治理改善上市公司治理的努力难以取得很好的成效。

当前，加强公司治理建设应当抓住几个关键点。在中国，不论是国有企业还是民营企业转制而来的公司，包括上市公司，股权结构的一个很大特点是"一股独大"。因此，大股东如何成为建立有效公司治理的积极力量至关重要。"一股独大"条件下的公司治理，是值得认真研究和探索的重大课题。改善公司治理涉及的问题很复杂。总体上看应当从两个方面努力：一方面，加强和改善对公司高管的监督，防止出现内部人控制；另一方面，应使控股股东尊重《公司法》，按照《公司法》约束自己。从当前具备条件、有可能产生效果的角度看，应推动独立董事制度建设、监事会制度建设、外部审计制度建设、机构投资者制度建设和控股股东制度建设等，发挥其对改善公司治理的积极作用。

总体来看，上市公司的公司治理有了巨大进步，但就建立规范、良好的公司治理来说，还有很长的路要走。我国公司制度的再次启用毕竟只有20年，结合国情，借鉴国际经验，不断改善和创新公司治理结构是一个长期的任务。中国上市公司协会将继续发挥既联系企业又可以与投资者和监管部门沟通的优势，通过调研，总结经验，推动改善公司治理及其外部环境，提高公司治理水平。

2014 年 9 月

前　言

建立有效的公司治理是当前我国微观经济领域最重要的制度基础。20多年来我国"新兴加转轨"的资本市场经历了深刻的变革，上市公司的公司治理从无到有，公司治理的观念深入人心，公司治理框架基本形成，日常运作基本规范，治理水平也在逐渐提高。

在近几年公司治理的实践过程中，上市公司在董事会、监事会、控股股东、机构投资者、外部审计等方面有了很多优秀的做法，已经逐步接受良好的公司治理是公司发展重要保障的理念。与此同时，监管机构也在监管政策方面有了新的实践。上市公司加强了董事会的建设，使其逐步成为公司治理体系的核心；加强监事会的构成，使其充分履行监督职能；积极引入外部机构投资者，使股权结构更加多元化，外部股东的话语权逐步增强；大股东更加注重自身在公司治理中的作用，积极减少自身行为对公司治理的不利影响；审计机构不断强化审计监督，加强外部审计对公司治理提升的正面作用。监管机构也在不断完善监管体系，提升公司治理的市场化水平。上市公司和监管机构为改善和解决我国上市公司治理"形备而神不至"的问题均做出了努力，也展示了上市公司对公司治理本土化的积极探索。

公司治理监管的核心要义包括政府监管、行业自律、公司自治和股东制衡。政府监管、协会引导和企业自律三位一体，构成现代公司治理体系的重要特征。中国上市公司协会（以下简称中上协）作为自律组织具有贴近会员、贴近市场的天然优势，通过引导自律规范，更能够激发上市公司自觉提高治理水平的主观能动性。2012年9月中旬至11月上旬，按照证监会统一部署，中上协以独立董事和监事会为契入点，开展了"倡导公司治理最佳实践"活动，组织进行了交流研讨、培训传导、调查研究和征集最佳实践等系列活动。各地证监局、上市公司协会反响积极，因地制宜组织各具特色的倡导独立董事、监事会最佳实践活动，共同推动工作的全面开展。在各地证监局、上市公司协会的大力支持下，广大会员积极响应，纷纷结合自身公司治理特点，总结行之有效的经验和做法，交流、分享了公司治理最佳实践案例450多个，形成相互借鉴、砥砺共进的风气。

在最佳实践活动的调研阶段，中上协在北京先后召开了独立董事、监事、境内外审计机构、律师事务所、公私募机构投资者等交流研讨会，赴杭州、宁波、成都、广州和深圳等地实地走访了8家上市公司，召开了7场企业座谈会，共听取51家上市公司和控股股东及深圳证券交易所关于进一步改善公司治理的意见和建议；与经济合作与发展组织（OECD）、德国国际合作机构、德国发行人协会分别举办了两场公司治理实践国际研讨会等。

此次公司治理最佳实践活动调研周期较长，基本覆盖代表性区域不同板块和行业的上市公司，和主板、中小板、创业板公司都有不同的接触，各地区公司治理的差异也比较明显。调研重点围绕独立董事、监事会、外部审计机构、机构投资者、控股股东和上市公司监管6个方面展开。调研着眼于总结近20年公司治理实施情况，特别是最佳治理实践的情况，提出一些对公司治理能产生实效、落地生根的办法，补充和完善既有制度，形成有中国特色的公司治理模式。

目前的《中国上市公司治理报告》是对6个专题进行的初步研究，主要是针对这6个方面的阶段性研究成果。重点是对各个企业的实践及企业集中反映的问题和建议进行了梳理和总结，以期推动公司治理差异化、精细化、简约化和本土化。

本书中对案例的整理还需进一步归纳与提炼，从而发现更适合中国企业的治理实践。同时，我们所提的一些政策建议还需通过进一步研讨和调研进行完善。

目 录

第一章 进一步改善公司治理的几个问题

从 2012 年 9 月起，按照中国证监会统一部署，中上协以独立董事和监事会为切入点，开展了"倡导公司治理最佳实践"活动，调研阶段先后在 6 省市召开了 14 场座谈会，并征集了 450 多份实践案例。下面是公司治理调研活动及最佳实践案例的梳理和汇总。

一、对公司治理的基本判断

1. 公司治理"今非昔比"，但还有很长的路要走

证监会等有关部门从维护资本市场健康发展出发，较早地将公司治理作为监管的核心内容，成为推进建立有效公司治理的重要力量。以 2002 年证监会发布《上市公司治理准则》为标志，经过股权分置改革、三年专项治理整治活动，经历 10 年倡导和督导，至今上市公司治理已取得巨大的进步。曾经困扰市场的大股东与上市公司"三不分"、通过关联交易掏空上市公司等情况，基本上已经成为过去。上市公司已成为我国建立现代企业制度最为规范的群体。

目前，从内部治理看，无论是公司章程、议事规则、内控制度、人事任免程序、信息披露、关联交易等制度规制，还是股东大会、董事会、监事会，以及审计、提名等专业委员会，独立董事、董事会秘书等组织制度建设，已经齐备，会议质量不断提高，不少公司创造了适合本公司的最佳实践。总体看，上市公司治理在逐年改善，但参差不齐。从调研情况看，创业板、中小板的治理状况好于主板，非国有控股的治理状况好于国有控股。受改革不到位的制约，不少上市公司的治理结构还貌似神离，成为提高公司质量的重要障碍。

2. 公司治理的关注点

公司治理实施 20 年来，总体来看，前 10 年主要是制度的移植，近 10 年主要是制度的完善。现阶段应该认真总结成功案例，剖析持续存在而未能解决的普遍性问题。从制度建设上实现突破。

从调研的情况看，上市公司有内部治理，也有外部治理。内部治理可以做的，大多数上市企业在认真地做，而且监管部门的监督也比较有效；外部治理对内部治理有很大影响，其中有正面的，也有负面的。有企业反映，面对那些来自外部的负面影响甚至冲击，公司不知所措，又无法抗拒。

外部治理可以分作两个部分，如资本市场监管、外部审计师、律师、投资银行、媒体等，是维护市场秩序、保障上市公司正常运行所必需的。他们的行为机制大都有法律进行规范或受到市场的约束。这是保证资本市场健康发展所必需的，对公司内部治理的作用总体是正面的。

另一部分是来自控股股东，特别是国有控股股东对上市公司的影响。这里存在两个问题，一是控股股东往往把上市公司当作独资子公司一样管理和控制，所有权侵犯了经营权；控股股东与上市公司在多个领域、很大范围存在复杂关联性，透明度较低。二是政府机构通过控股股东对上市公司的"延伸监管"，较大程度上使上市公司失去了独立性。如对高管的任免、激励和监督，公司的重大决策，年度经营目标的确定等往往通过非正常渠道作出决定，董事会履行程序。这就大大削弱了董事会的战略地位和核心作用。

从调研企业看，克服如上体制性弊端应进一步推进国有资产管理体制改革，真正做到政企分开；改善上市公司股权结构，规范股东行为，真正做到所有权与经营权分离。但这是深刻的国有经济再改革，牵动全局，需要有一个过程。当前可将独立董事、监事会、机构投资者、外部审计机构、监管制度作为推动有效公司治理的抓手。通过完善独立董事制度，加强董事会建设；研究推进外部监事、实行中小板创业板独立董事和监事会备选制度；大力发展长期机构投资者，改善公司的股权结构；强化外部审计机构的作用，提高上市公司信息披露质量；改进上市公司监管制度，推进向以信息披露为核心的监管转型等途径提高上市公司治理水平。

二、完善独立董事制度

调研中公司普遍认为，较之监事会，独立董事在公司治理中的作用更加明显。上市公司中独立董事的比例基本满足法定的 1/3 要求，一些企业如獐子岛、青海华鼎、伊力特、中联重科、郑州煤电等达过半。公司多希望在独立董事定位、选聘、提名、知情权、激励、问责机制等方面能够进一步规范，在借鉴国际经验的基础上，建立更加适合中国本土特点的独立董事制度。

1. 明晰独立董事定位，强化独立董事的监督职能

独立董事在与内部董事和股权董事同等参与董事会工作之外，对上市公司的独立性和合规性还应承担监督职能。实践中多数上市公司独立董事的选聘主要由控股股东负责，而很多控股股东在选择独立董事时更多考虑的是让其能发挥管理咨询、战略顾问、财务法律等专业性工作把关、对外沟通等的作用。如上海建工的独立董事在跨行业收购中发挥重要专家咨询作用。理工监测独立董事在股权激励计划推出和实施过程中起了重要决策作用。美盈森的独立董事建议取消远期外汇交易，使公司避免重大经济损失。相对而言，对独立董事的监督作用关注不足。华天酒店的独立董事初步具备了"监督+战略"的两重特征，是一个比较全面的案例。针对我国上市公司股权结构普遍一股独大和很多高管是由控股股东派出的现实，有必要进一步加强董事会的审计委员会、人事和薪酬委员会的作用，强化独立董事在公司财务审计、合规经营、关联交易、对外担保和利润分配等方面的监督制衡作用，以及在高管任用、考核和激励方面履行职责。

2. 改善独立董事选聘渠道，为上市公司提供更多的人选来源

调研企业反映，独立董事选聘缺乏市场化机制，主要依靠实际控制人、董事会、独立董事等通过人际关系来寻找，尤其是二、三线城市和西部地区上市公司普遍存在独立董事选聘难的问题。一些上市公司独立董事身兼数职现象十分普遍。名人独立董事兼职多、工作忙，导致履职投入的时间和精力不足。目前，独立董事主要以专家学者、企业高管和政府官员为主，独立董事中专家学者比例最高，约占41%，企业高管（担任高管以及拥有高管经验）占19%，前政府官员占13%。企业更希望选择会计、法律方面的专家、学者，但选择面窄，渠道少。建议由中国上市公司协会等机构建立全国性的独立董事人才库，搭建一个独立董事选聘信息平台；由中上协独立董事专业委员会研究提出独立董事任职资格的指导意见；鼓励和支持从事投行、PE、VC等机构投资者的高层次人才加入独立董事队伍；可吸引更多的境外专家到国内上市公司担任独立董事。

3. 改进独立董事提名机制，增强独立董事的独立性

由于我国上市公司"一股独大"现象的广泛存在，董事会、监事会基本都被控股股东所掌控，大多数独立董事实质上都是由大股东提名并主导选举产生，影响了他们的独立性。很多企业在实践中努力探索改进独立董事的提名机制，以增强他们的独立性。如莱宝高科，主要股东同意尽量不参与独立董事候选人提名，由上届或现任董事会提名。恒顺电器的独立董事选聘都是由中小股东推荐，而不是由大股东指定。伊泰煤炭则由广大中小股东参与独立董事选聘，采用累积投票制。华仪电气自2007年重组以来，一直鼓励持股10%以下的小股东提名独立董事候选人，目前看来已取得一定的改进效果。建议探索增强中小股东对独立董事的提名的影响力。可在创业板、中小板中试点提高独立董事提名的透明度，在提名独立董事时充分说明独立董事的搜寻途径、独立性、履职能力、履职时间安排等，并对独立董事候选人情况及提名情况进行公告，以便公众投资者在股东大会选举独立董事时决策。有部分公司建议，研究适当限制控股股东提名的比例，可将独立董事提名权授予董事会提名委员会。

4. 制订上市公司独立董事行为指引，保障独立董事知情权，提高履职效果

调研中很多企业反映，在强势控股股东面前，部分独立董事履职意愿不强、甘当"花瓶董事"。如独立董事"异议率"偏低、股东大会出席情况不尽如人意（2011 年年度股东大会中，有 63 家公司独立董事全部缺席）。部分独立董事反映知情权难以保障，一些控股股东及公司高管向独立董事"谎报军情"，并排斥独立董事阅读必要的公司内部文件，导致其获取的信息不完备、不及时、有虚假成分。实践中一些企业的做法有借鉴性。如海马汽车建立了一系列工作机制为独立董事获取公司信息、参与公司管理提供保障，包括独立董事阅文机制、经费年度预算机制、独立董事工作量统计工作、公开独立董事电子信箱等。新大洲、海峡股份也建立了类似的多渠道信息沟通机制，如独立董事工作费用预算、阅文机制、现场检查等。横店东磁还搭建了独立董事与投资者沟通互动的平台，逐步加强独立董事与中小投资者之间的沟通。民生银行制订了专门、具体化的独立董事工作制度及规定，如明确津贴、会议费及调研费，规定履职准则等，建立独立董事实行行内上班制度，安排专门办公室和办公设备，配备专职人员。有上市公司建议中上协总结成功企业的经验，出台上市公司独立董事行为指引，为选聘独立董事和独立董事任职资格提供指导；将独立董事的知情权制度化，从监管上确保独立董事的知情权；通过指引或流程标准文件，为其履职提供具体参照，可将独立董事兼职数量由 5 家减至 3 家。

5. 完善独立董事激励机制，探索实行对独立董事的股权激励限制

很多独立董事反映，其所承担的风险与激励不对等是部分独立董事履职积极性不高的重要因素之一。从薪酬体系看，几乎所有公司对独立董事都给予了相同的薪酬，并未根据其参与董事会工作的情况有所差别。薪酬模式仅限于固定津贴，过于单一。独立董事权利和责任缺乏明确规定，责任保险制度执行不力，存在潜在的诉讼风险。实践中有一些公司也在探索通过适当的激励机制促进独立董事更积极地履职。如粤电力、金发科技等将其津贴与出席会议情况挂钩，并作为续聘的考虑因素。北汽福田对独立董事缺勤扣减津贴，津贴每两年调整一次。华电国际、宏源证券、伊泰煤炭、大连港、孚日股份、潍柴动力、兖州煤业等公司都建立了独立董事责任保险制度。华中数控设立了独立董事股票期权等长期激励方式。建议进一步完善独立董事激励机制，董事薪酬可根据其参与董事会工作的情况（如会议出勤）有所区别，对市场化选聘的独立董事应允许实行股权激励。

6. 建立独立董事考评问责机制

目前对独立董事的考核评价机制尚不健全。调研中发现有一些公司对独立董事履职情况的考评进行了有益的探索。如招商银行建立了独立董事年度述职和相互评价、监事会对独立董事年度履职进行评价的制度。民生银行对独立董事履职行为的评价分为客观评价和自我评价两部分，其中客观评价占70%的权重。兴业矿业也建立了独立董事自评和互评制度。建议总结成功企业的经验，进一步探索建立独立董事考评机制。可明确在独立董事年度述职的基础上，由监事会对独立董事进行考核。建议参照美国独立董事信息披露贯穿于任职全过程的做法，强化对独立董事履职情况的披露，尤其是独立董事参与投票的行为。逐步完善独立董事报酬披露制度，包括在年报中披露独立董事的薪酬。进一步完善关于独立董事的相关诉讼制度，中小股东可以针对独立董事在公司生死关头履职不力、不作为、推卸责任等对独立董事提起法律诉讼。

三、改进监事会制度

依现有规章，监事会应在财务检查、对董事会和高管行为的监督方面发挥作用，但实践中这种作用的发挥明显不足，监督流于形式。很多企业对如何发挥监事会的作用仍感困惑，有的希望其能更好地发挥监督作用，但多数企业的监事会并不具备相应的能力与独立性；有的企业则提出既然有了独立董事制度，为降低公司治理成本，应从实际出发，不宜再过度强调监事会作用，可引入差异化治理理念。

1. 引入差异化治理观念，允许中小板、创业板独立董事和监事会实行两选一

我国公司治理架构是"双轨制"模式，监事会是法定的公司监督机构，同时法律要求上市公司必须聘请独立董事。一些公司反映，独立董事与监事会治理机制的部分职责重叠、模糊，有"叠床架屋"之嫌。二者都可以检查监督公司财务、监督董事和高管、提议召开临时股东大会。二者职能上的交叉造成治理机制的重复以及监事会作用的弱化。部分公司尤其是中小板、创业板公司反映，独立董事和监事会并存，增加了监督成本，降低了公司运作效率。

目前，国际公司治理的演变已经呈现"选择化"和"灵活化"的趋势，如日本、法国、中国台湾，独立董事、监事会不再是公司治理的必备机构，而是治理结构"菜单"中的选项。我国上市公司的数量已经很大，行业、规模差异也很大，单一的公司治理模式已经很难适用于所有公司。建议实行差异化的备选治理模式，可首先允许中小板、创业板在独立董事和监事会中二选一，以降低治理成本，把公司治理机构设置的选择权交给上市公司。

2. 可推广外部监事、股东监事的做法

现行绝大部分公司监事由股东、主要是控股股东推荐、委派和职工代表选举产生。根据上海证券交易所的调查报告，73.4%的有效样本公司监事会主席是从企业内部产生的，公司内部产生监事人数占全体监事的比例为59%。股权监事也主要由控股股东推荐，以企业内部人为主，主要维护的是控股股东利益，职工监事也由企业内部员工产生。监事会成员的身份和行政从属关系使其不能保持独立；监事职位的提名、工薪等基本都由管理层决定，很难对董事会和高管构成实质性的监督。一些外部监事占比高的企业则监督成效明显。如达实智能的5名监事会成员中3名外部监事（包括监事会主席）来自创投机构，这些外部监事专业能力强，对公司财务、对外投资等研究较深入，并能做到对公司经营活动的持续跟踪与参与，有效地发挥了监督作用。但类似达实智能公司的情况并不多见。据统计，目前深沪两市仅有31家上市公司聘请了56名外部监事。建议可进一步推广外部股权监事和独立监事的做法，为此可考虑对建立外部独立监事制度做出强制性要求，对外部独立监事的定义、选聘程序、职能等做出规定，提高外部独立监事履职能力，健全激励约束机制。可增加非控股股东监事的比例，推动长期机构投资者选派外部股东监事、扩大外部监事的比例。

3. 拓宽监督深度和广度，探索决策评价机制

现行法规对于监事如何履职没有具体规定，很多企业在实践中探索了行之有效的履职方法，如民生银行监事会建立了对公司决策的评价机制。建议进一步探索推广监事会在财务检查、董事和高管行为监督等方面建立评价机制，对重大战略决策的科学性、合理性及执行结果的有效性进行评估，逐步将评价结果作为财务检查、董事和高管行为考评的重要依据。对重大事项的执行过程进行跟踪，并向股东大会报告，充分发挥纠偏和监督职能。

建议监事会与外部审计机构建立良好的沟通机制，借助外部审计力量，及时了解公司情况，提高履职能力，提高监督的有效性和针对性。

4. 加强监事会建设，探索监督方式

多数公司反映由于监事会缺乏工作指引，组织松散，部分公司监事会"空心化"。根据深圳证券交易所对200多家中小板公司的调查显示，仅100家公司将监事会作为常设机构。实际工作中，列席会议是监事会最主要的履职形式，监事会基本都肯定董事会的决议，仅有少数公司反映曾提出过工作建议和意见。监事会如何有效履职还是一个需要鼓励企业在实践中探索、通过调研总结推广成功经验的问题。

调研发现，一些公司就监事会的监督方式结合自身情况进行了大胆探索。中国远洋、南方航空等国有控股上市公司采取"纪检、监察、审计"三位一体的大监督模式，监事会主席以其个人威信特别是身兼纪委书记等特殊身份使监事会具有较大的影响力。银行业监事会机构较为健全，引入外部监事，且监事会下设专门委员会。四川长虹、中国神华等公司通过监事在子公司层层兼任、外派监事、借助审计力量等多种方式，加强监事会对子公司经营情况的监督。一些家族企业如报喜鸟、步步高等将内审部门作为监事会常设执行机构，从事后监督前移到事前、事中监督，监事会作用不断加强。

建议鼓励上市公司探索监事会的有效监督形式，如厘清与董事会审计委员会的关系，充分利用外部审计的力量，整合公司内部的纪检、监察、审计等部门形成监督合力等。上市公司协会应配合监管部门进一步调查研究监事会与董事会审计委员会、外部审计之间的关系，与内部审计机构、党委纪检部门、控股股东延伸审计监察的职能分工，通过完善法规和修改《公司法》厘清相互关系，克服公司监督的"叠床架屋"、多元结构，提高监督的有效性，降低监督成本。

5. 提高监事履职能力

调研结果显示，监事会人员专业能力相对不足。国有控股上市公司的监事会主席以控股股东或公司党委、纪委书记兼职居多，基本不具备监事应有的专业知识和技能。

建议从源头抓起，监事选聘时应当考虑两个基本条件，一是独立性，二是专业能力。可仿效董事会秘书职务培训的做法，设置监事任职及后续培训制度，提升监事的履职能力。对于股东派出的监事，比照股东派出董事的做法，保证其能充分履职。探索建立监事的监督责任和问责机制。

6. 梳理上市公司监督体系

被调研企业普遍反映上市公司的监督体制严重地多头重叠，公司有关部门应接不暇，已经成为企业特别沉重的负担。对于上市公司，有法定的监督机制，在公司治理的范畴，有监事会和独立董事，以及以独立董事为主体的董事会审计委员会，有外部审计师的监督；公司之外有证券监管部门、交易所的监督和市场中介、媒体的监督；在公司之内有内部审计、内控，有党委和纪委、职代会的监督。对于国有控股公司，有来自控股股东延伸监督；有政府部门通过控股股东的延伸监督，包括外派监事会的延伸监督、国家审计部门的延伸审计、纪检部门延伸巡视。还有政府的行政执法监督，如工商、税务、外汇管理、海关等。尽管各类监督有所侧重、监督方式有所差异，但实际给企业造成了沉重的负担。建议在调查研究基础上，梳理上市公司监督体系，形成简捷高效的监督体制。

四、强化外部审计，加强内部风险控制

在资本市场成熟的国家和地区，外部审计被称为公司治理的"四大基石"之一，其在提高上市公司财务信息披露的真实性和可靠性、弥补独立董事的治理不足、与内部审计相辅相成提高经营绩效等方面具有独特作用。调研中会计师事务所认为应将完善审计机构监管制度、加大违法违规惩罚力度等作为加强内部风险控制的源头。

1. 改革外部审计机构的多头监管制度

外审机构普遍反映政府对会计师事务所多重监管，体系混乱，导致监管重叠、重复检查且频次高，重复报备、监管规定不统一等问题，严重影响外审机构的执业水平和质量。财政部和证监会拥有证券从业资格注册权，中注协拥有准则制定权，中注协、财政部、证监会和审计署同时拥有检查权。财政部、中注协和证监会每年要求定期重复报备，并轮流对同一事务所的执业情况进行抽查，检查频繁，耗时长，甚至监管规定不统一，如证监会、交易所和财政部对上市公司内控评价报告的披露内容和格式不统一，导致披露的内控信息可比性差。

美国和中国香港的外审监管经验值得借鉴。安然事件后美国于 2002 年通过《萨班斯—奥克斯法案》（以下简称《萨班斯法》），设立"公众公司财务监管委员会"（"PCAOB"），由美国证监会对上市公司和从事上市公司审计业务的会计师事务所进行独立监管。PCAOB 拥有对证券从业资格的会计师事务所的注册、准则制定、质量检查和惩戒权。中国香港则于 2006 年成立财务汇报局，下设审计调查委员会和财务汇报检讨委员会，分别就上市公司审计和披露不当行为以及上市公司财务报告未遵守法律和会计规定的行为进行调查。但财务汇报局无权进行纪律处分或检控，发现违法违规问题需移交中国香港会计师公会和香港联交所或香港证监会。

建议借鉴美国的做法，整合各部门职能，设立一个独立的常设监管机构，赋予其对有证券从业资格的会计师事务所的注册权、准则制定权、执业许可权、监督检查权和处罚权等，强化对外部审计机构的日常监督。

2. 加大对违法外审机构和审计师的惩罚力度

外审机构监管到位是根治当前中国上市公司财务信息披露失真的关键。美国等西方国家对上市公司的财务监管主要靠会计监管，而非行政监督或市场监

督。如 2001 年安然事件导致美国证监会对安达信进行了严惩，迫使其退出审计行业。实践证明，我国上市公司财务造假案件多与外审机构的审计质量问题有关，甚至是外部审计师主动参与造假行为，原因在于上市公司和审计机构相互串通、审计机构履职不到位、会计师事务所多头监管产生监管套利等。调研反映，财务造假频发根源是违法成本低和执法不严，如对于刑事责任美国最高可判刑 25 年，个人和公司罚金可高达 500 万美元和 2500 万美元，而我国最高期限为 10 年，对罚金未作具体规定，同时违规处罚主要是行政处罚，很少涉及民事责任和刑事责任。如万福生科、绿大地等案例中对会计师事务所和签字会计师的处罚，仅限于没收违法收入、罚款和吊销事务所和个人的执照等行政处罚，而未涉及民事和刑事责任。

建议借鉴美国的集团诉讼体制，完善现行共同诉讼方式，并加快《注册会计师法》的修订，促使外审机构由目前的有限责任公司制改制为特殊普通合伙制，令签字会计师须承担无限赔偿责任。同时，监管部门加强监管执法，从目前的行政处罚为主，转变为民事赔偿、刑事制裁与行政处罚三者并重。

3. 改进聘任或解聘外审机构的程序和信息披露

调研普遍反映，企业聘任外审机构过于关注价格、管理层主导外审的聘任以及上市公司解聘事务所的信息披露不规范等。尽管我国法律规定上市公司审计委员会可以提议聘请或更换外部审计机构，但未作强制要求，调研中发现大部分企业外审选聘均由管理层主导。美国和中国香港均明确规定上市公司审计委员会负责外审机构的选任，决定其业务内容和报酬，外部审计师提供的非审计服务均需经过审计委员会的预先批准；美国规定上市公司在解聘会计师事务所时应填报 8-K 表格细化披露内容；中国香港会计师公会对外审机构低价拉拢客户的行为有严格的禁止规定等。

建议进一步完善外审选聘制度。强化外部审计机构的聘用、解聘、业务内容和报酬、选聘标准等信息披露。借鉴美国证监会 8-K 表格的相关规定细化聘任和解聘外部审计师的披露内容和格式。

4. 完善外部审计师与上市公司治理层沟通机制

目前，我国的注册会计师准则和证监会的年报工作通知中，对于外审机构和审计委员会的沟通均有相应规定。调研企业反映，外审机构与审计委员会的沟通较国外仍存在沟通频率低、沟通方式单一等问题。建议应赋予审计委员会之外的独立董事列席审计委员会会议的权利和义务，并效仿国外立法强制要求上市公司邀请签字会计师参加董事会或者股东大会以接受董事和股东就会计信息的问询。会计师事务所也可通过行业培训、研讨会或者其他形式增强与独立董事的沟通。

5. 进一步加强外审机构风控体系的建设

调研反映，受政策支持兼并重组的影响，外审机构"带病合并"、"项目挂靠"等现象严重，总部的风控体系往往不能在分支机构实行，如绿大地案例。风控落实不到位、未严格遵守质量复核体系也是财务虚假的直接原因，如胜景山河，会计师仅靠粗估，而未现场监盘库存导致财务数据失真。建议监管部门督促外审机构建立统一的质量复核控制体系，采取监管措施切实加强分支机构管理，防范盲目收购和会计挂靠导致的财务造假风险。

五、大力培育长期机构投资者

机构投资者是公司治理的重要基础。调研中，机构投资者反映，公募基金缺乏参与治理积极性主要受制于持股比例限制和业绩考核压力，养老金难入市也是一个重要问题。调研反映，机构投资者是成熟资本市场中一股理性力量，发展资本市场、完善公司治理必须大力培育机构投资者队伍。

1. 优化机构投资者结构，从制度和市场环境上培育养老金等长期机构投资者参与公司治理

在美国，长期机构投资者是机构投资者的主体，如 2012 年底，养老金、保险公司等长期机构投资者的持股市值占比为 40%，基金公司的持股市值占比为 28%。我国机构投资者持股占比与美国相比不可同日而语。同时，我国机构投资者结构不尽合理，养老金、保险公司等长期机构投资者尚未成为机构投资者的主体。数据显示截至 2012 年底，我国全部机构投资者持股市值中，保险公司、社保基金等投资者占 49.7%，而基金公司的持股市值占比则达 50.3%。同时，国内机构投资者参与公司治理的能力不高，缺乏相关经验，如缺乏推荐董事、监事、高管人选的经验。建议出台对社保基金、企业年金、保险公司等长期机构投资者的税收优惠政策，依据投资年限，按比例降低其证券投资收益所得税税率，以鼓励其增加对资本市场的长期投资比重。提高投资额度，加快引进 QFII 等境外长期机构投资者，扩大人民币合格境外机构投资者（RQFII）试点范围和投资力度。鼓励境内机构投资者与 QFII 合作，提高参与公司治理的能力，如格力电器的基金股东通过与 QFII 的合作，累积了推荐董事候选人的经验。

2. 应突破两个"10%"的持股限制，引导公募基金主动参与公司治理

调研中，基金公司普遍认为《证券投资基金法》中"单一基金持有一只股票的比例不能超过基金资产净值的 10%；同一公司持有一只股票的比例不能超过该公司总股本的 10%"的规定，限制了基金公司在上市公司中的持股比例。截至 2012 年底，基金公司平均持股比例为 7.1%。持股比例低限制了其在公司治

理中的作用,如重庆啤酒的基金股东曾在股东会提议罢免存在瑕疵的董事长,但由于持股比例低,该项议案最终未获通过。建议可适当提高基金公司双"10%"的限制,提高基金公司参与公司治理的意愿和动力。同时,改革对基金公司的考核机制,扩大长期业绩表现在基金公司考核体系中的比重,引导公募基金持股长期化。

3. 强化机构投资者参与公司治理的信息披露制度

国际发达市场已建立起一套机构投资者参与公司治理的信息披露制度。如美国《1940 年投资公司法》要求机构投资者必须向投资人公告其行使表决权的记录。英国《管理者守则》要求机构投资者要向投资人公告其参与公司治理的记录,如投票。目前,我国尚缺乏披露机构投资者参与公司治理的行为记录的制度,机构投资者参与公司治理的透明度较低。建议借鉴美英经验,建立机构投资者必须定期向市场披露其参与公司治理情况的制度,如出席股东大会数量、股东大会行使表决权的记录、推荐董监高人选情况等。

4. 通过专门制度降低机构投资者提案门槛

美国机构投资者参与公司治理的提案门槛较低,如持股比例超过 1%即可在股东大会上提出议案。按照我国有关规定,单独或者合计持有公司 3%以上股份的股东可以在股东大会前提出临时提案,单独或者合计持有公司 10%以上股份的股东有权向董事会请求召开临时股东大会。但实际上,多数机构投资者采用组合投资方式,同时持有多个公司股份,单一公司持股比例较低。提案门槛的限制导致机构投资者难以利用提起议案的方式参与公司治理。建议通过专门制度降低机构投资者提案的持股比例限制,如规定社保基金、保险公司、QFII、基金公司等机构投资者在股东大会前提出临时提案的持股比例限制降至1%,机构投资者向董事会请求召开临时股东大会的持股比例限制降至 5%。

第二章　独立董事制度

以 2001 年中国证监会发布《关于在上市公司建立独立董事制度的指导意见》为标志，我国境内上市公司正式建立独立董事制度。证监会 2002 年《上市公司治理准则》和 2004 年《关于加强社会公众股股东权益保护的若干规定》，进一步肯定并完善了独立董事制度。2005 年《公司法》明确规定了建立独立董事制度，至此，独立董事正式纳入我国公司法人治理结构体系。

一、独立董事现状及实践

截至 2012 年底，沪、深两市在职的独立董事共 5972 人，平均每名独立董事在 1.39 家公司任职。2494 家上市公司共聘任独立董事 8225 名，平均每家公司聘任独立董事 3.3 名。其中，上海证券交易所的 954 家上市公司共聘用独立董事 3307 名，平均每家聘用 3.47 名；深圳证券交易所的 1540 家上市公司共聘用独立董事 4918 名，平均每家聘用 3.19 名，沪市略高于深市。[①] 平安银行、柳钢股份都分别聘请了 8 名独立董事，为全国聘用独立董事人数最多的上市公司。

调研中公司普遍认为，较之监事会，独立董事在公司治理中的作用更加明显。独立董事在公司治理中发挥积极作用，一是很大程度上维护了中小股东权益；二是优化了董事会的构成，有效地减轻了内部人控制带来的问题；三是提高了董事会的科学决策水平，完善了公司内部的经营机制；四是在决策的事前、事中、事后都起到了一定的监督作用，尤其是在关联交易、对外担保、利润分配和财务审计等方面发挥了监督制衡作用；五是监督公司合法合规运营，比如在防止公司财务欺诈方面独立董事的作用越来越明显。

1. 董事会的构成

根据《关于在上市公司建立独立董事制度的指导意见》的要求，独立董事人

---

① 资料来源：同花顺。

数占董事会的比例必须达到 1/3，调研中多家上市公司独立董事比例远超法定要求，如獐子岛独立董事占董事会成员的 57%，青海华鼎独立董事占 56%，郑州煤电独立董事占 1/2，伊力特外部董事占 70% 以上，独立董事占 1/2，中联重科、广州药业、郑州煤电独立董事人数过半；广济药业独立董事占比达 45% 等。

大部分公司均按照《上市公司治理准则》的要求，设立审计委员会、提名委员会、薪酬与考核委员会，独立董事占多数并担任召集人。工商银行、民生银行等董事会下设战略、审计、风险管理、提名、薪酬和关联交易控制 6 个专门委员会，且均由独立董事担任委员会主席。

2. 独立董事的定位及作用

调研显示，独立董事在实践中更多发挥了专家顾问、战略咨询等作用，而非监督作用。独立董事凭借其丰富的行业经验对于企业科学决策起到积极作用。如上海建工，以董事会审议决策跨行业收购位于东非的金矿股权为例，说明独立董事在决策中发挥的作用。理工监测、卧龙电气都提到了独立董事对股权激励计划实施起了重要的决策作用。招商银行、中远航运，提到独立董事对公司战略发展规划制定发挥了较大作用。华天酒店提出，独立董事的角色由"监督"向"监督 + 战略"转换。一些出口外向型公司提出，对于涉外收购、衍生品金融投资等专业性较强的重大决策，独立董事作用尤其明显。例如，美盈森的独立董事建议公司取消远期外汇交易计划，使公司避免遭受重大经济损失。长城开发则是在独立董事的建议下，通过远期外汇交易有效规避了汇率波动风险。

3. 独立董事的选聘渠道

多数公司选聘独立董事依靠实际控制人、控股股东、董事会推荐，通过人情关系来寻找，也有上市公司通过公开招聘或第三方推举的方式选聘独立董事，有部分上市公司建立了独立董事人才储备库。

公开招聘的方式选聘独立董事。如粤电力、四川双马，通过公开招聘的方式征集人选，增强了独立人士的公众服务意识和专业服务精神。公开招聘下独立董事的产生程序为：公开招聘征集人选—提名委员会审核人员资格、择优推荐候选人—董事会讨论确定候选人—股东大会投票选举产生。山东航空，建立了独立董事选聘的"海选"机制，偏爱"陌生人"，并特别要求是之前未与公司有过任何接触或业务往来的，尤其是与控股股东、其他发起人股东、承办过公司业务的律师事务所或会计师事务所等有关联的必须排除在外。

借助独立第三方选聘独立董事。例如，金发科技，在选聘机制上采用地域就近原则，与中国塑料协会等独立第三方建立了切合公司实际的独立董事专家数据库。保利地产，公司独立董事由前任独立董事和第三方中介机构推举，并充分考虑专业背景和地域分布的结构化要求。

建立独立董事人才储备库，如北汽福田、工商银行。

4. 独立董事的提名

依据《关于在上市公司建立独立董事制度的指导意见》，上市公司董事会、监事会、单独或者合并持有上市公司已发行股份1%以上的股东可以提出独立董事候选人，并经股东大会选举决定。多数公司的独立董事是由董事会、控股股东、实际控制人提名候选人。

调研中有企业采取主要股东主动回避制，如莱宝高科，主要股东同意尽量不参与独立董事候选人提名，由上届或现任董事会提名。恒顺电器，公司独立董事选聘都是由中小股东推荐，而不是由大股东指定。伊泰煤炭由广大中小股东参与独立董事的选聘，采用累积投票制。华仪电气，自2007年重组上市以来，一直鼓励持股10%以下的小股东提名独立董事候选人，并在股东大会选举独立董事时实行累积投票表决制（但公司反映，从近几年实践看，效果不佳）。中联重科、红星发展等公司，独立董事由董事会独立提名。水井坊2012年独立董事换届时，尝试扩大提名范围，监事会提名的独立董事最终当选。

5. 独立董事的工作机制及保障

调研中，大多数公司都专门制订独立董事工作制度或工作细则，或在公司章程中明确规定，如西南证券、东方航空、辽宁成大、软控股份、上港集团、江苏吴中、香雪制药、天兴仪表、鸿利光电、工大首创等。根据银监会的规定，商业银行应当将独立董事的数额、任职资格、权利和义务在章程中列明。例如，工商银行公司章程以专节12个条款规定了独立董事的定义、任职资格、选任与辞任、工作时间、职责、法律责任等内容。民生银行制定了专门、具体化的独立董事工作制度及针对性的规定，如明确津贴、会议费及调研费，规定履职准则等。

独立董事的工作机制，较为典型的如民生银行，独立董事实行行内上班制度。每月上班1~2天，安排专门办公室和办公设备，配备专职人员。

多数公司反映，涉及重大事项决策时都充分听取独立董事的意见，年报编制期间，独立董事都与审计师沟通并出具意见。例如，南方航空涉及关联交易，独立董事必须聘请独立财务顾问出具财务顾问报告，说明交易是否公平合理。独立董事还要求金额增长超过10%的关联交易必须召开现场董事会。上海医药的关联交易均由独立董事认可后，提交董事会讨论。

一些公司董事会、董事会秘书积极配合独立董事履职，通过向独立董事定期发送资讯、定期或不定期组织实地、现场调研和董事长等高管定期沟通等方式，保证独立董事的知情权和调查权，如中石油、招商证券、保利地产、东方航空、中国远洋、上汽集团、新华百货、同仁堂、航空动力、兴发集团、大秦铁路、安泰集团、天虹商场、智云股份、凌钢股份等。海马汽车建立了一系列工作机制为独立董事获取公司信息、参与公司管理提供保障，包括独立董事阅文机制、经费年度预算机制、独立董事工作量统计工作、公开独立董事电子信箱等。新大洲、海峡股份也建立了类似的多渠道信息沟通机制。横店东磁还搭建了独立董事与投资者沟通互动平台，逐步加强独立董事与中小投资者之间的沟通。

6. 独立董事的激励机制

从激励机制角度讲，目前独立董事的薪酬主要以现金形式支付年费和车马费，但对于具体薪酬及上限都没有规定，同时薪酬差异非常大。从行业看，金融行业的薪酬要高于其他行业。大部分公司对其独立董事都给予相同的薪酬，并未实行差异化考核以区别薪酬待遇。少数公司探索通过适当的激励机制促进独立董事履职。例如，粤电力、金发科技等将其津贴与实际出席会议情况挂钩，应出席而未出席会扣减津贴，并作为续聘的考虑因素。北汽福田对独立董事缺勤扣钱，津贴国际化，每两年调整一次。瓦轴 B 独立董事的薪酬以支付总额的 20% 作为固定部分，其余 80% 作为参会量化部分和考核部分进行支付。中远航运独立董事的津贴分为基本津贴和浮动津贴两部分，基本津贴按月定时发放，浮动津贴根据年底评测打分情况发放。

深高速、华电国际、物产中大、宏源证券、伊泰煤炭、大连港、孚日股份、潍柴动力、兖州煤业等公司都建立了独立董事责任保险制度，作为独立董事薪酬组合的必要补充。民生银行制定了薪酬管理办法，确定董事包括独立董事的薪酬标准和结构标准。独立董事在董事薪酬（基本津贴＋委员会津贴＋会议费）的基础上增加了委员会主席津贴及调研费，标准按最高层级设定，同时采取多样化的激励约束，如购买责任保险、外部评比等。

7. 独立董事的考评问责机制

调研中，大部分公司都提出，目前欠缺统一、标准的对独立董事的考评和问责机制。

部分公司建立了对独立董事履职情况的考评制度，主要包括：

第一种方式为采取独立董事互评和自评相结合的考评方式。例如，招商银行，从 2006 年起进行独立董事年度述职和相互评价、监事会对独立董事的年度履职情况评价，并向股东大会报告。民生银行，独立董事的评价包括履职行为客观评价（70%）和自我评价（30%）。兴业矿业，公司对于独立董事的评价主要采取自评和互评的方式进行。

第二种方式注重对独立董事勤勉履职的考量。例如，浦发银行，公司制定了《董事履职与评价办法》，主要从对公司的忠实和勤勉义务角度对独立董事做出评价。工商银行突出强调了独立董事勤勉尽责履职的要求，公司章程中明确独立董事的工作时间、亲自出席会议的次数要求及相应的后果。由股东大会审议独立董事评价报告，内容至少包括独立董事参加董事会会议的次数、历次参加董事会议的主要情况、独立董事提出的反对意见及董事会所做的处理情况等内容。山西焦化要求独立董事参加董事会会议出席率保证 90% 以上，保证全年约 260 个工作日内，有 30 个以上的工作日参与工作等。北汽福田独立董事的年度述职报告提交年度股东大会；独立董事不勤勉，即撤换，如连续 3 次或一年内超过 3 次不出席董事会和股东大会；一年内连续 2 次不发表独立意见或发表意见与事实明显不符；出现影响其独立性情况隐瞒不报等。

第三种方式是对独立董事的定性和定量指标予以细化，并建立考核的后评价机制。例如，南京银行单独设立条款对独立董事的定性和定量指标予以细化，董事会根据独立董事的自述报告，结合平时的履职表现，实行回避方式打分，分值与应付报酬挂钩，体现了考核的差异性，并建立了考核的后评价机制，一旦发现独立董事失职，将严格问责。在年度薪酬兑付上，离任独立董事在离任后 6 个月内与承担的职责相挂钩。

总体而言，银行业上市公司对独立董事的履职评价机制相对完善规范。依据银监会 2010 年《商业银行董事履职评价办法（试行）》的规定，商业银行应当建立健全董事履职的监督评价体系和董事履职跟踪记录制度，完善履职档案，制定明确的评价制度和实施细则。履职评价还应当充分发挥监事的作用。

二、现行独立董事制度存在的问题

尽管我国引入独立董事制度对上市公司的治理结构优化产生了良好的推动作用，但独立董事制度在实践中暴露出来的问题也不容忽视。现阶段独立董事履职状况仍有一些不尽如人意之处，具体表现为以下几个方面：

1. 独立董事定位不清晰

现行相关法律对独立董事的定位和职责并未做出明确规定。《上市公司治理准则》和《关于在上市公司建立独立董事制度的指导意见》都提到，独立董事应认真履行职责，维护公司整体利益，尤其要关注中小股东的合法权益不受损害。《关于加强社会公众股股东权益保护的若干规定》也指出，独立董事应当忠实履行职务，维护公司利益，尤其要关注社会公众股股东的合法权益不受损害。但是，对于独立董事在公司治理中的角色定位究竟是"监督者"还是"咨询专家"，或者两者兼而有之，并不明确。学术界、相关上市公司对独立董事的定位也存在着较大分歧。

独立董事发挥决策职能取决于专业性，而发挥监督职能取决于独立性，独立董事定位偏重专业性还是独立性是角色定位的关键。独立董事座谈会中，有一种观点认为独立董事首先是董事，是董事会的成员，是决策者，因此必须和其他董事一样，首先需要具有一定的经营决策能力，能够为企业经营的基本目标、企业的可持续发展和企业的盈利负责。其次才是独立性，独立地判断、监督企业行为是否合法合规，同时监督大股东不利用权力侵害小股东利益。因此，有些公司聘请独立董事主要是将其作为专家顾问，利用其专业优势和工作经验，甚至是社会资源为公司提供专家顾问服务。另一种观点认为独立董事作为决策顾问与独立董事制度设计初衷存在较大差距，独立董事的作用应体现在对公司合法合规的把控，比如独立董事在防止公司财务欺诈方面的作用越来越明显。调查研究也显示，独立董事的监督性特征日益显现，不能以提升公司业绩等定量指标论英雄，而要深挖独立董事在提升公司治理结构等定性价值方面的作用。

调研中大部分公司认为，独立董事起到战略、咨询、顾问的作用，独立董事在提供专业知识和技术支持、商业决策判断方面着重发挥作用，但对独立董事监督执行董事和管理层方面的作用较少提及。仅个别公司提到，独立董事首要角色是合规性督导，其次是战略及经营决策。实践中独立董事更多是在提供专业知识方面发挥"咨询"和"专家"作用，在"监督"作用方面成效甚微，尤其是与法律所期望的维护中小股东利益相去甚远。因此，立法上的不明确，理论上的争议和实践中对独立董事决策咨询职能的倚重，导致独立董事定位模糊，一定程度上影响了独立董事作用的发挥。

2. 独立董事选聘渠道不畅

目前，我国尚未形成独立董事市场化的选择机制，由于候选独立董事与上市公司之间的信息不对称，造成很多上市公司特别是二三线城市和西部地区的上市公司普遍存在独立董事选聘难的现状，主要依靠实际控制人、董事会、独立董事通过人情和关系来寻找，以"凑数"达到独立董事比例要求。

一些上市公司独立董事身兼数职的现象十分普遍。名人独立董事兼职多、工作忙，加上缺乏独立董事考核机制，上市公司也难以选聘符合要求和条件的独立董事。

独立董事的构成也增加上市公司选聘的难度。目前，独立董事的构成以专家学者、企业高管和政府官员为主，结构较为单一。截至2011年底，独立董事中专家学者比例最高，约占41%；企业高管（担任高管以及拥有高管经验）占19%，排第二位；第三位为前政府官员，占13%。企业反映国内合适的独立董事候选人多数是会计、法律方面的专家学者，可选择面窄，缺乏广泛性，独立董事多元性仍有进一步提升空间。

3. 独立董事提名机制严重影响其独立性

对独立董事制度而言，其有效发挥作用的核心在于独立性。《关于在上市公司建立独立董事制度的指导意见》规定，单独或者合并持有上市公司已发行股份1%以上的股东"可提名独立董事"，并经股东大会选举决定。由于我国上市公司"一股独大"现象的广泛存在，董事会、监事会基本都被控股股东所掌控，独立董事的选聘很大程度上体现的是控股股东和公司内部控制人的意图，本应代表中小股东利益的上市公司，独立董事却大部分来源于大股东的推荐和董事会的提名。实践中，大多数独立董事实质上都是由大股东提名并主导选举产生，由监事会、其他非控制性大股东及中小股东提名的只占少数，造成监督者聘任监督者，独立董事的独立性难以得到保障。独立董事依附大股东的提名状况决定了其从产生之日起就缺乏独立性。此外，即使有的独立董事刚任职时较为独立，但与公司内部董事共事时间一长，独立性也逐步丧失。指导意见及各上市公司据此制定的公司章程中，都没有设计出解决选聘过程使独立董事能独立于控股股东的机制。

4. 独立董事门槛较低，专业性和职业化程度不高

我国在建立独立董事制度初期，由于在金融、证券市场的不成熟对独立董事的资格只是一般性原则的规定，从目前的制度设计上来看，已经暴露出很多的问题，从选拔条件来看，我国独立董事进入的门槛太低，4天的培训、考试，通过就可以担任独立董事。从当今资本市场发展看，原有的规定条件已远远不能适用履职要求。目前，独立董事结构中专家学者居多，其中很多专家尽管学术水平深厚，但既无企业管理经验，也没有接触过企业。实践中独立董事往往身兼数职，难有充裕的时间和精力去充分了解业务。企业的期望与其履职效果有较大落差，提高独立董事的履职能力首先应从提高独立董事素质和进入门槛着手，强化独立董事的职业化和专业性。

5. 部分独立董事不"懂事"，知情权难获保障，影响力有限

实践中仍存在部分独立董事不"懂事"，履职意愿不强、对公司了解不足，影响力有限。其表现为：①独立董事异议率偏低。根据调研，独立董事提出异议的公司比重很小，提出异议的独立董事人数也较少。[1]多数独立董事仅以弃权

---

① 依据深圳证券交易所2013年8月发布的《2012年深市上市公司治理情况报告》，"2012年，除了主板公司以外，中小板和创业板公司没有出现独立董事投反对票、弃权票和质疑的情况。主板公司也仅有一家公司的独立董事认为修改章程的条款与公司法、证券法相冲突，投了反对票；另外一家主板公司的独立董事对公司的两个议案投了弃权票"。上海证券交易所《沪市上市公司2011年度董监高履职情况分析》，报告期内，共有26家公司的38位独立董事对相关事项提出异议，分别占沪市上市公司总数的2.77%以及独立董事总人数的1.23%。

的方式表示异议，明确表示反对意见的情况较少。此外，即便独立董事提出异议，也难以对公司董事会决策产生支配性影响。②独立董事出席股东大会情况不尽如人意。依据上交所《沪市上市公司 2011 年度董监高履职情况分析》，据不完全统计，在上市公司 2011 年年度股东大会中，有 63 家上市公司的独立董事全部缺席。③独立董事在公司董事会中处于少数派的地位，与内部董事和经营层相比，信息不对称的问题相当突出，获取信息的渠道是单一的、有限的。一些控股股东及公司高管还向独立董事"谎报军情"，并排斥独立董事参与必要的公司管理，造成独立董事知情权难以保障。

6. 独立董事的激励机制有待完善

目前，独立董事所承担的风险与激励不对等是大部分独立董事履职积极性不高的重要因素之一，从薪酬体系看，几乎所有公司对其独立董事都给予相同的薪酬，并未根据其执业能力、专业素质、工作勤勉状况等加以区别考量，激励动力不足；薪酬模式仅限于固定津贴，过于单一。2011 年全国上市公司董事长、总经理平均薪酬为 62.6 万元，独立董事的平均工资为 7.2 万元。我国现行法律没有明确规定独立董事权利和责任，面对上市公司侵犯中小股东利益的现象及潜在的诉讼风险，独立董事难以规避，从而导致积极性受挫，尽管《关于在上市公司建立独立董事制度的指导意见》明确上市公司可以建立必要的独立董事责任保险制度，以降低独立董事正常履行职责可能引起的风险，但目前我国的责任保险制度尚不完善，建立独立董事责任保险的上市公司也较少，工作风险较大而无保险制度在一定程度上影响独立董事积极性的发挥。

7. 独立董事的问责机制尚不到位

大部分公司都提出，目前对独立董事的问责机制仍未建立，仍主要靠行政手段，市场约束和优胜劣汰机制作用尚不明显。市场、股东、董事会和监管部门，目前谁来考核独立董事工作成效没有明确，也没有考核标准。《上市公司治理准则》和《关于在上市公司建立独立董事制度的指导意见》等有关文件缺乏对独立董事履职情况的检查、考核和监管措施，以及履职不力的惩罚和问责机制的明确规定，不利于促进独立董事勤勉尽责。例如，科龙电器年薪 36 万元的独立董事在面对长达 3 年的公司严重财务舞弊行为面前却无所作为，直到事情败露才匆忙提出辞职。

三、独立董事制度的经验

1940 年美国颁布《投资公司法》第 10（A）条规定投资公司董事会 40% 的成员必须由与投资基金顾问无关联的人组成，包括辅助董事和独立董事两类人员，并且法案规定了独立董事应该承担的责任和义务。第一次以法律的形式确立独立董事制度。各州立法中，《密歇根州公司法》率先于 20 世纪 90 年代采纳了独立董事制度，规定了独立董事的标准、任命方法及拥有的特殊权力等。

英国正式明确独立董事（英国称为非执行董事）制度是在 1992 年的公司财务治理委员会发布的 Cadbury 报告及在该报告基础上制定的《上市公司最佳行为守则》（Code of Best Practice）。1995 年发布了 Greenbury 报告，1998 年发布了 Hampel 报告。随后，伦敦证券交易所在 Cadbury、Greenbury、Hampel 三个报告基础上颁布了《联合准则：良好治理准则和良好行为准则》（Combined Code on Corporate Governance），基本确立英国公司治理联合准则。在美国安然财务丑闻事件后，又相继发布了 Turnbull 报告、Smith 报告和 Higgs 报告，全面检讨非执行董事制度，评估非执行董事的职责、独立性、责任，探讨非执行董事的聘任、培训、任期以及非执行董事与董事会、董事长、执行董事、股东、董事会下属委员会关系等。伦敦证券交易所根据 3 个报告所提出的建议全面修订 1998 年联合准则，颁布了 2003 年公司治理联合准则。该准则随后进行了数次修订，最新为 2012 年《英国公司治理规则》（The UK Corporate Governance Code）。

1993 年中国香港联交所也引入了独立董事（香港地区称为独立非执行董事），2012 年中国香港联交所最新《主板上市规则》和《创业板上市规则》均规定了独立非执行董事的人数、比例、独立性要求以及相关的义务职责等。

1. 董事会的构成

美国 1990 年商业圆桌会议宣言正式提出，大型上市公司的董事会应主要由不在公司内享有管理职责的独立董事组成，至于董事会的一些重要组成部分，如审计、薪酬、提名委员会，都应由独立董事担任。1994 年，全国公司董事联合会蓝带委员会发表的报告强调，独立董事应在董事会成员中占多数。在实践中独立董事占董事会的比例也超过了 50%。

英国公司治理规则明确规定除董事长外，公司董事会成员的半数必须是独立董事，以确保公司董事会的独立性。上市公司必须设立一名高级独立董事。当公司股东无法与董事长、CEO 和财务管理人员通过正常渠道沟通时，股东可以向高级独立董事反映问题。高级独立董事要领导独立董事定期召开会议，对董事长的工作进行评价，董事长要予以回避。

中国香港联合交易所 2012 年《主板上市规则》和《创业板上市规则》规定，上市发行人的董事会必须包括至少 3 名独立非执行董事，其中至少 1 名独立非执行董事必须具备适当的专业资格，或具备适当的会计或相关的财务管理专长，且独立非执行董事必须占董事会成员人数至少 1/3。如果联交所认为董事会的人数或上市发行人的其他情况证明有此需要，可规定独立非执行董事的最低人数多于 3 名。

2. 独立董事的定位

以英美为代表的不设立监事会的"一元式"公司治理结构中，独立董事的核心功能是监督公司经营管理层，这也是美国创设独立董事制度的最初目的。美国独立董事的独立性要求、选任和职权都是围绕这一核心而设计的。英国在实践中独立董事的职权区别于执行董事，Cadbury 报告指出：独立董事在公司治理中的两个重要职权是：评价董事会及管理层，特别是对公司总裁业绩进行评价；针对董事会及管理层、股东及公司其他利益主体之间已发生冲突的事务做出决定，如董事的任免、薪酬、公司收购防备措施等事项。

3. 独立董事的提名和任期

美国首任独立董事的选任由股东大会完成，但是继任的独立董事则是由专门的选任委员会（其成员全部是独立董事）组成。这种由独立董事选任自己接班人的机制，确保了独立董事在任职前就具有较高的独立性。英国独立董事的选任与美国并无大的差异。选举独立董事同样强调董事的独立性，但并不制定具体操作标准，主要考虑是独立董事的品德与能力而不是其对公司的捐助。独立董事应由规定的程序选出，一般由提名委员会提出独立董事人选，由股东大会投票选举决定。

美、英两国都要求公司提名委员会要在年报中披露对于独立董事的提名政策。英国公司治理规则指出，由独立董事占多数成员的董事会提名委员会要领导对董事的提名选择工作。英国的治理规则并没有明确指出独立董事提名人的限制，只是规定了哪些人不适任独立董事。公司提名委员会根据规则所列的限制，对被提名的独立董事候选人进行筛选，并将最终人选进行披露。英国的公司治理规则中要求公司在其年报中必须披露独立董事的简历，如工作经历、在公司的服务年限等，并且列明公司认为其可以担任独立董事的原因。美国证券交易委员会要求公司披露提名委员会的成员名单及其独立性。提名委员会要将独立董事提名结果进行披露，包含成功人选和失败人选的姓名、原因及推荐人。

关于独立董事的任期，英国养老基金会与英国保险人联合会提出所有董事任期不得超过 3 年，如果独立董事在公司任职过长，其与公司的关系则趋向密切，其独立性受到怀疑。Hampel 报告规定了董事的再选期限为 3 年。另外，董事会的成员应进行部分更换，以适应新的挑战，独立董事的连任不应是自动的，而应重新选举。如果一个独立董事在公司任职超过 10 年，那么他不得再担任独立董事。英国对独立董事人才库的建立与培训也很重视。英格兰银行、英国工业同盟、英国董事协会都有人才储备。许多独立董事是其他公司的高层管理人员或退休的高层管理人员、行业技术专家、海外市场与政策的专家等。

美国实践中独立董事的兼职数不超过 5 家公司。美国证券交易委员会（SEC）规定，一名独立董事在任职期满后（一般任期不超过 5 年），要有 2 年的冷冻期（Cooling-off Period），然后才能再次被选为独立董事。一个独立董事在同一家公司任职 10 年后，不得再次被选为公司的独立董事。

中国香港联交所《公司管治守则》及《公司管治报告》（《主板上市规则》见附录 14、《创业板上市规则》见附录 15）提出在所有载有董事姓名的公司通信中应该说明独立非执行董事身份。非执行董事（包括独立非执行董事）的委任应有指定任期，并须接受重新选举。董事应轮流退任，至少每 3 年一次。若独立非执行董事在任已过 9 年，其是否续任应以独立决议案形式由股东审议通过，非执行董事的任期要求强制披露。

4. 独立董事的薪酬

英、美独立董事除采取固定薪酬之外，还根据独立董事参加董事会或专业委员会的情况给予额外津贴。英、美两国对独立董事提供股票期权方面存在差别。

美国独立董事制度之所以能够有效地发挥作用，关键就在于独立董事得到了充分的激励与保障。美国独立董事一般以年薪和会议费的方式获得常规董事会工作的现金报酬，他们也会得到委员会成员费、委员会会议费、年度顾问费等。20 世纪 60 年代以来，执行董事流行的两种报酬方式——股票报酬与股票期权，近年也应用于独立董事。股票报酬是利润分享计划的一种支付方式，即送给董事和高级职员公司股票来代替现金奖励。股票期权是事先确定每股认购价格和某人可以认购的数量，董事和高级职员可以在一定时期行使这种权利，当然也可以放弃权利。股票期权被越来越多的公司运用。加利福尼亚公务员退休基金（Calpers）提出董事薪酬的相当大一部分应是股权薪酬。独立董事股票期权针对独立董事实施的股票期权一般是非限制性股票期权（Non-qualified Stock Option），而不是通常激励执行董事和高管人员的激励股票期权（Incentive Stock Option），非限制性股票期权的实施条款不受美国国内税务法则限制，可以由各公司自行规定，但是个人收益不能从公司所得税税基中扣除，个人收益必须作为普通收入缴纳个人所得税。其一般做法是：①固定津贴之外支付股票期权。在外部董事当选时，能够一次性地获得一定数量的非法定股票期权。②以每年赠与一定数量的非法定股票期权来替代每年支付给外部董事的固定津贴，固定收入转变为浮动收入。

英国非执行董事经常因参加会议和执行相关职责而能获取报酬。有时一名非执行董事还可得到年金并经公司同意索取合理的费用，如交通费和住宿费。此外，也可能按日为其所履行的与作为董事职责紧密关联的公司事务收费。英国公司治理规则指出，独立董事持股会损害到独立董事的独立性。独立董事薪酬应该与其工作表现、勤勉程度相挂钩，如每年出席董事会的次数，在董事会的发言和建议情况，是否担任专门委员会的主席等。独立董事的薪酬由公司薪酬委员会制定，薪酬数目要在公司年报中进行披露。Hampel 报告提出，非执行董事不应该参与股票期权计划。Higgs 报告称，非执行董事持有股票期权和持有股票存在显著区别。若以股票代替现金作为薪酬，就可以把股票看作代表了非执行董事对公司的承诺，因而这种方式可以接受，但股票数量不能太大。从某种意义上说，尽管持有股票期权是没有风险的，因为如果股价下跌，期权持有者就不必执行期权。但是，以期权为薪酬可能会造成"对股价不必要的关注，而公司的基本业绩将不受关注"，所以会成问题。

中国香港联交所要求上市公司须在其财务报表全面披露有关现任及离任董事的薪酬资料，包括有关独立非执行董事的基本薪金、津贴、现金和非现金利益等。

5. 独立董事的义务和责任

英、美两国都规定董事对股东负有信义义务（Fiduciary Duty），包括独立董事。信义义务的内涵通常认为包括注意义务（Duty of Care）和忠实义务（Duty of Loyalty）。违反信义义务的行为都可能被追究责任。

英国 20 世纪早期的判例确立董事仅就重大过失负责的原则，对非执行董事更是确立了最低标准的义务。1977 年 Dorchester Finance Co. Ltd. v. Stebbing 案确立了执行董事和非执行董事应当履行相同标准的义务。1986 年英国《破产法》规定公司董事须具有并运用合理勤勉之人所具有：人们可以合理预期与履行同样职能之人的一般知识、技能和经验；该董事所实际拥有的一般知识、技能和经验，并区分了执行董事和非执行董事的注意义务。2003 年公平人寿案使独立董事的注意义务更加严格，独立董事需要通过充分的调查和查询才能信赖高管们提供的建议和信息，否则不能以信赖为由予以免责。

美国 2002 年《萨班斯法》加强了对公司财务和内控的监督和规范，独立董事所面临的法律风险越来越高，保险费率大幅提升。研究表明，1996~2008 年，有 9.25% 的独立董事由于公司违反了证券法规而遭到起诉，其中 50% 的独立董事担任审计委员会的成员或主席。

中国香港地区《公司条例》规定，公司董事须以合理水平的谨慎、技巧及努力行事，违反义务将承担责任。中国香港联交所《主板上市规则》和《创业板上市规则》规定，董事须共同与个别地履行诚信责任及应有技能、谨慎和勤勉行事的责任。程度相当于别人合理地预期一名具备相同知识及经验，并担任发行人董事职务的人士所应有的程度。非执行董事应有与执行董事相同的受信责任及以应有谨慎态度和技能行事的责任。

6. 董事会专门委员会

独立董事行使职权通过组成专门委员会的形式进行。1977 年，经美国证券交易委员会（SEC）批准，纽约证券交易所作出一项新规定，要求上市公司在 1978 年 6 月 30 日以前设立并维持一个全部由独立董事组成的审计委员会，这些董事不得与公司管理层有任何影响他们作为该委员会成员独立判断的关系。1990 年商业圆桌会议宣言提出，审计、薪酬、提名委员会，都应由独立董事担任。2002 年《萨班斯法》重申了审计委员会的成员应全部由独立董事组成。

英国独立董事行使职权也是以组成专门委员会的形式进行的。Cadbury 报告推荐了美国经验，建议组成 3 个专门的委员会，即审计委员会、提名委员会和报酬委员会，并要求 3 个委员会全部由独立董事组成以利于对公司事务的独立判断，行使其权力。董事长或总经理可以出任提名委员会会员，但是不能担任提名委员会主席。各专门委员会要在公司年报中将自己的工作情况进行披露，除接受委员会邀请外，任何人都不得参与委员会的会议。

中国香港地区也要求上市公司必须设立审核委员会、薪酬委员会和提名委员会，要求审核委员会的成员全部为非执行董事，至少有 3 名成员，其中至少 1 名为具备适当的会计或相关财务管理专长。审核委员会的成员必须以上市发行人的独立非执行董事占大多数，出任主席者必须是独立非执行董事。薪酬、提名委员会大部分成员均须为独立非执行董事。

7. 关于独立董事立法的趋势

美国有关独立董事的立法趋势的核心是加强独立董事体系的建设。比如，要求公司引入更多的独立董事，审计委员会的作用被大大强化。同时，这些要求带有强制性，在美国的上市公司无论大小都需要完全遵守。

英国有关独立董事的法规制定趋势可以概括为两条：不断强化制度建设；加强市场的力量。英国相关法规的要求放在了提高董事会的独立性及其附属机构的建设上，同时针对不同的企业设定了一个标准，达到这个标准的公司必须无条件地执行法规的要求，未达到标准的企业才可以使用"不遵守即解释"的原则。未达标企业可以解释为什么没有遵守相关规定，这时候由市场来判断企业的解释是否合理，是否可以被接受。

中国香港地区也适用"不遵守即解释"的原则，上市公司须在中期报告及年报中说明其于会计期间有否遵守守则条文。上市公司可以选择遵守，也可以选择偏离守则条文，但如有任何偏离守则条文的行为，须在年报及中期报告中提供经过审慎考虑的理由。

四、相关建议

1. 明确独立董事的职责定位

建议进一步明确并强化独立董事的监督职责。独立董事的职责定位是独立董事履职的基础，也是决定独立董事资格的重要前提。独立董事首先作为董事会的成员，与其他董事共同参与公司决策，为公司在战略咨询、专业支持、商业判断决策等方面提供服务。此外，董事会中引入独立董事的另一目的在于发挥独立董事对高管、控股股东、内部控制人等的监督制衡作用，以更好保障处于弱势地位的中小股东利益。调研中多数观点建议，独立董事作为外部董事并不参与公司的日常经营管理，时间精力也有限，不可能事无巨细地参与了解公司每一项工作，且受囿于独立董事目前的结构和知识背景，独立董事对商业决策作出准确判断也存在难度和风险，应当抓住重点，有所侧重，在财务审计、合规经营、关联交易、对外担保和利润分配等方面充分发挥独立董事的监督制衡作用。实践中独立董事着重在决策方面发挥专家顾问、战略咨询的功能，而监督制衡作用较弱。因此，有必要在立法上进一步强化并明确其监督职责，尤其发挥独立董事在公司财务审计、合规经营、关联交易、对外担保和利润分配等重大事项方面的监督制衡作用。

2. 拓展独立董事选聘渠道

针对独立董事选聘渠道难的问题，一是建议由中上协建立全国性的独立董事人才库，搭建统一的独立董事选聘信息平台；二是由中上协成立独立董事专业委员会，由独立董事专业委员会对独立董事职业资格进行管理，提供职业规范，明确评价标准；三是拓宽独立董事来源，从制度上鼓励从事投行、PE、VC等机构投资者的高层次人才加入独立董事队伍。

3. 完善独立董事的提名和选聘等制度

我国现行独立董事的提名和选聘制度是造成独立董事诸多问题，特别是独立性问题的根源。在现行制度对独立董事的产生没有约束的情况下，控股股东和公司管理层显然会根据自己的意愿来选聘独立董事。目前，我国上市公司的独立董事绝大多数是由公司"请来"或"拉来"的"人情董事"或"花瓶董事"。

调研中，各方代表建议按照保证独立性的原则，完善细化董事提名制度：一是上市公司推选董事人选，实行差额选举。二是增强独立董事提名的透明度。提名人在提名独立董事时须充分说明独立董事的搜寻途径、独立性、履职能力、履职时间安排等，并要求上市公司对独立董事候选人情况及提名情况进行公告，让公众投资者在股东大会选举独立董事时决策。三是制定关于上市公司独立董事候选人提名程序的规范性文件，规范独立董事提名程序。四是适当限制控股股东提名董事、独立董事、监事的比例，有机构投资者建议持股超过30%的控股股东不得提名独立董事。

对选聘机制的改革可考虑以下方式，或同时组合以下方式进行。一是大股东回避制。董事会在提名独立董事人选时，代表第一位、第二位大股东的董事必须回避，由其他董事提名和确定人选后，提交股东大会进行差额选举。在股东大会上，第一位、第二位大股东仍需回避，或者由拥有董事会席位之外的其他股东提出独立董事候选人，然后由股东大会差额选举，并采取累积投票制。二是中小股东提名制。中小股东提名独立董事候选人，然后由股东大会差额选举，这种制度安排有利于避免大股东控制董事会的倾向。调研中，部分公司和律师建议把提名权交给中小股东，在创业板、中小板中先试点，并实行大股东回避制度。三是董事会提名委员会提名制。部分公司建议，不妨将独立董事提名权单独授予董事会提名委员会。完善《指导意见》中关于可以提名独立董事权利主体的规定，增加兜底条款规定，即除了董事会、监事会和3%以上股份的股东提名外，还可以按照上市公司实际情况在公司章程中扩大权利享有主体，如提名委员会等。四是自律组织提名制。调研中，上市公司建议由中上协负责向上市公司推荐独立董事，然后由股东大会差额选举。中上协与现有的地方上市公司协会可以互相配合、互为补充。中上协主要是统一政策、统一管理，分管外企、央企等，地方协会则主要是贯彻落实，分管地方企业。

4. 制订上市公司独立董事行为指引，建立资格管理机制，推动独立董事的职业化和专业化

调研中，上市公司建议中上协尽快出台上市公司独立董事行为指引，通过更加细化的指引或流程标准的文件，进一步明确独立董事的审议事项、工作流程、职权、义务职责等，为其履职提供具体参照，以加强独立董事的职业化和专业化。在独立董事任职资格方面，建议建立标准化的、统一的、公开的独立董事资格管理机制，由专门的机构负责独立董事资格考试，将现有的资格认定统一起来，规范管理。此外，目前证监会要求独立董事兼职数量不得超过5家，鉴于兼职数量过多及独立董事履职精力和能力等因素，建议将独立董事兼职数量由5家减至3家。

5. 完善独立董事的信息披露制度

完善独立董事的信息披露制度，尤其加强独立董事在履职、投票、薪酬等方面的信息披露。由于我国法律法规均未对独立董事任职过程中的有关信息披露作出规定，也在一定程度上影响独立董事履职。在美国，对独立董事的信息披露贯穿其任职全过程，信息披露规则有利于投资者对独立董事实施严格的监督。如果要赋予上市公司的独立董事以广泛的实体性职权，那么作为制约方式的信息披露制度就应该配套实施。

完善信息披露制度，既是落实独立董事知情权的重要措施，也是对独立董事履职监督的重要手段。有必要强化对独立董事履职情况的披露，尤其是独立董事参与投票的行为，在重要会议上的发言等内容。建立董事分类投票披露制度，董事会上董事对议案的投票情况要分类披露，股东董事、独立董事的投票情况将一目了然，让用脚投票制度发挥出作用，并且逐步完善独立董事报酬披露制度，包括在年报中披露独立董事的薪酬，以及占总收入的比例，即披露独立董事对上市公司的经济利益依赖程度。

6. 从监管、公司章程等层面为独立董事的知情权提供保障

独立董事发挥作用的前提之一是充分的知情，包括公司要向独立董事提供充分的信息，尤其是涉及重大事项、重要决策时的谋划、酝酿和决策全过程信息。建议将独立董事的知情权制度化，从监管上确保独立董事的知情权，并提供一系列保障措施，公司章程和专项规定必须从程序和内容上保证董事行使知情权。同时，也应要求独立董事自身有义务确信获取履行职责的充分信息。

7. 完善独立董事的激励机制

为了激励独立董事积极履行职责，建议完善独立董事的激励机制。①建立独立董事考核体系，根据其执业能力、专业素质、工作勤勉状况、所在行业等加以区别，对独立董事实行差异化薪酬，考核其绩效，灵活制定薪酬政策。针对独立董事不同的履职时间和履职效果，支付不同的薪酬。对公司有重大贡献的独立董事给予其奖励，强化正向激励。②有企业提出《上市公司股权激励管理办法》明确股权激励对象不得包括独立董事，此款规定不利于调动独立董事履职和监督的积极性。可以考虑奖励独立董事一定的股份或赋予独立董事一定的认股选择权，并对独立董事的行权加以一定的限制，如年限限制。③探索实施以计时收费方式核算独立董事薪酬，使独立董事劳动付出、责任与收益相匹配。

8. 完善独立董事相关考评问责机制

建议尽快建立对独立董事履行职责的考评机制：①在目前独立董事年度述职的基础上，建议由董事会或监事会对独立董事进行考核。②建议协会发挥自律组织作用，建立独立董事诚信档案库，将上市公司及高管违法违规行为记入黑名单，研究编制独立董事履职评价标准，开展独立董事履职评价，并定期公布。目前，媒体报道不够客观公正，总关注一小部分不良独立董事，协会应该以正视听。

建议通过制度强化对独立董事的业务考核，并根据业务考核，可以对独立董事实施问责制，当其违反相关法律法规和制度或者执业水平不能够让上市公司、投资者、市场和监督部门满意时，应受到应有的处罚。因失职、渎职而构成犯罪的，必须依法追究其刑事责任。尽管当前法律对独立董事的法律责任进行一般性规定，但缺乏对独立董事履职不力、不作为、推卸责任等关键环节的问责规定，建议进一步完善关于独立董事的相关诉讼制度，如让股东可以直接对独立董事进行法律诉讼等，防止独立董事在公司生死关头为推卸责任而寻找借口辞职，从而置中小股东权益于不顾。

《公司法》规定了董、监、高应承担的责任，是否应对第三人承担责任，在立法上没有规定。但是，《证券法》对上市公司高管，包括独立董事要对第三人承担部分赔偿责任进行完善补充并规定，上市公司的董事、高级管理人员应当对公司定期报告签署书面确认意见。董、监、高应当保证上市公司所披露的信息真实、准确、完整。发行人、上市公司的招股说明书、公司债券募集办法、财务会计报告、上市报告文件、年度报告、中期报告、临时报告及其他信息披露资料有虚假记载、误导性陈述或重大遗漏，致使投资者在证券交易中遭受损失的，发行人、上市公司应当承担赔偿责任；发行人，上市公司的董、监、高和其他责任人及保荐人，承销的证券公司，应当承担连带赔偿责任，但是能够证明自己没有过错的除外。

第三章 监事会制度

自 1992 年 5 月国家体改委发布《股份有限公司规范意见》首次涉及监事会制度以来，监事会制度已经实施 20 余年。1994 年 7 月 1 日实施的《公司法》比较系统地设计了监事会制度。2005 年修订的新《公司法》进一步明确了监事会的职权。据此企业纷纷探索监事会的履职方式和方法，目前很多上市公司的监事会在实践中都探索了一套适合自身的财务检查、董事和高管行为监督的好的做法，但从总的运行情况看，仍然存在独立性不足、作用发挥不到位、监督流于形式等问题，监事会制度存在较大改进空间。

一、现行监事会的运行模式与实践做法

1. 运行模式

《公司法》第 52 条规定监事会应当包括股东代表和适当比例的职工代表，其中职工代表比例不得低于 1/3。目前实践中股东代表监事，从工作性质划分，分为专职和兼职两种，从任职方式划分，主要也分为两种：第一种是纯粹意义上的股东监事，其中有 3 种典型类型：①在股东单位任职的监事；②在上市公司任职的监事；③在股东的控股股东单位任职的监事。第二种是由股东选聘的与上市公司无股权关系的股东监事，有的称为外部监事，有的称为独立监事。他们多为律师、审计专家、知名学者、行业退休高管等，与此相对应，目前监事会的模式主要有以下几种：

（1）股东监事均在上市公司任职的监事会模式。这种模式主要存在于民营上市公司或实际控制人和高管高度合一的上市公司之中，除职工监事外，其余占 2/3 的股东代表监事均来自上市公司内部。

在这种模式下，监事会高度内化，监事人选主要由上市公司的财务、审计等部门的负责人或者纪委书记、工会主席等人员兼任，监事薪酬完全在上市公司领取。产生这种内部人模式的原因既有公司成本控制的因素，更源于公司法

人治理的内在缺陷，即股东大会、董事会、监事会的三会合一，监事会职能形同虚设，监事会能否发挥作用取决于实际控制人的重视程度。

（2）股东监事既有股东单位也有上市公司的混合制监事会模式。这种模式的股东代表监事中，既有来自主要股东单位，也有来自股东的控股股东单位，还有来自上市公司内部的，甚至有来自与上市公司无股权关系的单位。这是目前我国监事会模式的主流形态，其中又以第一大股东派出并在股东单位任职的监事为主。

在这种模式下，监事会主席大多由第一大股东的财务、审计等部门的负责人兼任，其余的股权监事有的来自第一大股东，有的则由其他股东派出，大多在各单位的财务、法律等部门就职，不在上市公司领薪或仅支取少量津贴。部分公司引入独立监事，人选一般来自公司相关业务领域的专家或会计师、律师事务所。

产生这种模式的背景与上市公司运作日益规范有关，也与上市公司股权集中度逐渐下降相关，监事会开始独立于管理层的利益，监事来源趋于多元化，但监事会与主要股东间的利益关系仍不够独立。

（3）股东监事全部来自外部的监事会模式。该模式的典型代表之一是达实智能，其5名监事会成员中，2名为职工监事，其他3名均为来自中小股东（创投机构）的外部监事，监事会主席由外部监事担任。交通银行的监事会除监事长外，6名股东监事分别来自6家法人股东。这一模式充分体现出股权制衡的要义，监事代表各自股东的利益对上市公司重大决策的规范性和合理性进行监督。

该模式的另一典型代表是同德化工、科远股份，2名股权监事全都由个人股东本人担任，其他一些中小板和创业板公司中，也存在一些由非实际控制人的个人股东直接出任监事的状况。

产生这一模式的背景与上市公司股权结构有关，在股权多元化和分散化的前提下，各类股东才有可能通过派出董事、监事来参与公司治理。但是，鉴于我国股权集中现象的普遍存在，这种模式目前所占比例较低。

（4）没有股权监事的监事会模式。这种模式仅在很少部分的公司中存在，如广州浪奇、法因数控、日海通讯、山东墨龙等。除职工监事外，公司不存在名义上的股权监事，仅聘请了与上市公司及股东无任何关联关系的独立监事。例如，广州浪奇3名监事中除1名职工监事外，2名独立监事分别是公司主业领域的专家。其中，监事会主席现任广州市医药行业协会会长，在信息披露中标明为独立监事；另一名监事虽未标明其独立监事的身份，但现为华南理工大学食品与生物工程学院的教授，也应划入独立监事之列。

2. 实践做法

调研中发现，虽然部分公司监事会作用流于形式，但相当数量的公司在实践中探索出诸多适合自身的监事会工作好的经验和做法。

（1）借助审计、纪检、监察机构发挥监督作用。调研企业反映，监事会借助审计、纪检、监察机构是发挥监督作用的重要抓手。很多企业的监事会构建"大监督"职能，形成监督合力。

"纪检、监察、审计"三位一体的大监督模式主要产生于国有控股上市公司中，监事会主席以其个人威信特别是身兼纪检委书记等特殊身份使监事会具有较大的影响力。例如，中国远洋、南方航空、开滦股份、中南建设等公司的监事会均不同程度地实行了"大监督"工作格局。

中国远洋将纪检、监察、审计、监事等业务机构融合设立了监督部，在监事会主席统一组织协调下行使"大监督"职能，主要借助纪检、监察的力量，推进了监事业务管理与其他监督工作的融合，形成监督合力，提高监督成效的同时也降低了监督成本。例如，对内部"小金库"的专项治理、工资管理专项检查和对下属单位的经济责任审计等，避免了相关治理风险。同时，规定由监督部的审计机构负责董事会审核委员会的服务联络职能，保证了公司向监事会及审核委员会信息提供与信息披露的一致性。

开滦股份监事会主席现担任集团公司纪委副书记职务，公司监审部是监事会辅助机构，负责承办监事会会议及日常监督工作，具体落实履职监督、财务监督、合规监督、风险防范、内控监督、重大事项监督等工作职责。这种任职结构，形成了有效协作和沟通机制，为充分发挥监事会职能作用创造了良好环境。

中南建设监事会建立了两大辅助机构，即考核部和监察审计中心。考核部组织高管签订责任状，并负责集团、子公司经理层责任状的过程控制工作，负责月度责任状完成情况的收集、分析工作，组织责任状的考核，对董事、高管的职务行为进行监督。监察审计中心专门负责财务、经营等方面的检查。

（2）通过对决策结果和执行情况进行评价，实行监督职能。调研中很多企业通过细化监事会职权、关注决策和经营效果来履行监督职能，取得较好效果。对决策执行情况、经营状况进行评价、跟踪，并向股东大会报告，使其监督职权落到实处。

民生银行在明确监事会监督核心地位基础上，赋予监事会监督董事会战略制定和经营层战略实施的工作职责。监事会以财务监督、风险监督和合规性监督为主线，运用检查、调查、审计等多种方式开展日常监督。同时，组织对银行重大战略决策的科学性、合理性及执行结果的有效性进行评估。通过对董事会战略决策效果及经营层执行力进行评估，充分发挥监事会的纠偏职能。例如，监事会组织对小微战略开展大规模评估活动，提高了监事会监督的权威性和有效性；对下属控股子公司和分公司利用审计部对其规范运营进行监督，加大监督深度和广度。

报喜鸟监事会由股东领导直接担任，通过监事会下的内审部和企管部对职业经理人团队的经营行为和公司财务情况进行监督，并建立严格的问责和处罚机制。在公司内部，内审部和企管部具有较高的地位和独立性。

步步高公司监事会积极关注本公司经营计划及决策，监事会主席多次列席公司总裁办公例会，对公司经营决策程序行使监督职责。监事会十分关注和重视公司的各项经营活动，并督促经营管理团队及时处理所发生的突发状况，从而有效地提升了公司业绩，维护了股东权益。

劲胜股份监事会除参加相关会议外，还定期听取经营管理层就公司日常经营管理情况的汇报，及时了解公司经营管理、重大投资项目等方面信息，并不定期深入生产经营现场，勘查项目进度，深入了解企业生产经营的实际情况和发展现状，此外，公司监事会安排会计专业人士担任日常监事，对公司财务、内控、分支机构等均实施日常监督，使监督工作常态化、具体化，充分发挥监事会监督指导作用，提高监事会的运作效率。

（3）充分发挥监事会作为风险控制机构的作用。调研中，金融类上市公司监事会工作特色明显有别于实体上市公司。由于银行业监管特点，银行类上市公司普遍建立外部监事制度，监事会下设专门委员会，通过专业分工协助和支持监事会工作，并发挥风险机构的履职作用。

建设银行监事会的工作特色在于构建了以履职尽职监督和财务与内控监督委员会为战略监督层面，以监事会办公室下设的若干处室为日常执行监督层面的组织体系，营造了一批专业化的监督工作队伍。在角色定位上，其监督内容主要定位在四个方面，一是监督依法合规运作，二是监督董事会、高管层及其成员的履职情况，三是在防范风险等重大事项上建言尽责，四是在公司重大事项处理上做好配合与支持。在监督手段方面，逐渐形成日常监督和年度监督、履职尽职监督和财务与内控监督、对事监督和对人监督相结合的模式，主要采用了列席会议、调阅资料、调研检查、访谈座谈、监督测评、提示建议等多种监督方式方法。

交通银行监事会下设履职尽职监督委员会、提名委员会和财务与内控监督委员会。在公司治理机制监督方面，关注董事会确立的战略目标的实施，关注董事会议案的规范运作，关注信息披露的真实准确。在风险防控方面，关注信用风险、市场风险、合规风险、操作风险和内部控制、财会核算风险。

农业银行监事会形成了以履职监督、财务监督为核心，以内控监督、风险监督为抓手，以十项重点监督为依托的具有农业银行特色的监事会监督工作思路和方法，为促进农业银行业务经营健康发展，推动公司治理机制健全和完善发挥了积极的、具有建设性的作用。

（4）利用监事会的延伸监管实现有效监督。部分控股公司面临旗下众多子公司，管理半径长、监督范围广的问题，部分上市公司通过监事在子公司层层兼任、外派监事、借助审计力量等多种方式，加强监事会对子公司经营情况的监督，如四川长虹、中国神华、北新路桥、空港股份等监事会运行方式，均强调监事会对子公司的监督作用。

四川长虹下辖子公司众多，其中还包括美菱电器、华意压缩两家上市公司。为了将对子公司的监督落到实效，四川长虹监事会依托审计载体，以财务监督为中心，通过上市公司监事在子公司层层兼任等方式，将审计监督和监事监督有机结合。目前，公司5名监事分别为审计部长、副总工程师、纪检监察部长等成员，在各业务领域都具有代表性。监事会办公室设在审计部，整个审计团队有60余人。监事会主席兼任审计部长和美菱电器、华意压缩等多家子公司的监事会主席，审计部的管理团队分别担任多家子公司的监事。近年来监事会利用这个有效载体，取得了较好的成绩，为公司挽回经济损失上亿元。

中国神华监事会系统分为两大部分，一部分是上市公司本级监事会，另一部分是对子公司的下派监事会。目前，中国神华监事会系统负责监督的子、分公司有40个。神华公司还向下属子公司派出监事，其中部门职级的干部担任部分子公司的监事会主席、召集人或副主席。中国神华总部设有下派监事会工作部，负责派出监事的业务管理工作，同时作为中国神华监事会的办事机构。

北新路桥目前辖国内、国际两个事业部和数十家控参股公司，随着公司集团化规模、延伸产业链、多元化产业和跨地域市场的发展，子公司的数量逐渐增加，北新路桥监事会在对控参股公司的管控中，实行了外派监事制度，对所属控参股公司共计外派监事11名。在对外派监事的选择上，公司注重每位外派监事候选人的参政议政能力，更加关注并保证其有较强的专业知识，强调以财务监督为主、业务监督为辅，以合法性监督为主、妥当性监督为辅，强化日常监督。

（5）充分发挥外部监事的作用，体现股权制衡。调研中，股权高度多元化和分散化，尤其是PE、VC参与的上市公司，充分发挥PE、VC派出的外部监事作用，在实现股权制衡的前提下，保障监事会履职。企业反映监督效果较好。

达实智能在股权相对分散情况下，监事会的作用得到有效发挥。公司股东中有4家创投机构和97名员工股东，第一大股东持股比例29%。4家创投机构分别在董事会和监事会中各占两个席位，这一股权结构决定了公司均衡的董事会结构和强势的监事会。考虑到上市后并购投资的需求，监事长由外部的风投专家担任。凡是上市公司董事会、监事会决议需要签字的，都要经过创投股东，保证其运作规范。而且，达实智能在各个岗位都有股权代表，监督非常到位，实现了股权制衡。

北方导航公司的监事会由 3 人组成，监事会主席为研究员级高级工程师，外部监事为法学博士，职工监事为高级会计师，均有丰富的工作经验，专业背景和知识结构搭配合理监事构成和相互联动的监督体系保证了监事会职能的有效发挥。

福田汽车监事会由 7 名监事组成，其中职工代表监事 3 名，大股东代表监事 1 名，中小战略股东代表监事 3 名。科学的成员配置，为监事会独立监督、检查的工作职能奠定了良好的工作基础，避免了"一股独大"、"一言堂"现象的发生。

二、监事会运行存在的问题

尽管当前监事会在职权设置上日渐完善，但无论在制度层面还是在具体运行机制方面仍存在诸多问题，调研中发现上市公司监事会运行中存在的问题主要集中在以下几方面：

1. 监事会相关法规体系不健全，缺乏履职细则

现有法律框架下监事会监督是个比较原则、宽泛的概念，包括《公司法》在内的现行法律、法规对上市公司监事会及监事的职责和权利内容规定比较笼统，缺乏证监会和交易所层面具体的配套工作指引或履职细则，导致监事会地位及履职的独立性、权威性、可行性受到不同程度的影响。例如，财务监督权，公司法规定监事会可以检查公司财务，但没有进一步明确检查形式和程序。现在监事会对公司财务状况的了解，普遍要通过董事会的"中介"和"过滤"，难以发挥独立监督作用。

目前，有关法律法规对监事会工作开展的标准、途径、方式、方法等没有明确规定。例如，现行法规对监事会赋予的监督权力有限，缺乏足够的制约董事行为的手段，监事个人的职权缺少相关的法律规定，也没有明确的法律责任。由此带来各上市公司监事会理解不统一，履职良莠不齐，在人员构成、机构设置、工作机制、监督重点和作用发挥等方面存在显著差异，部分公司的监事会流于形式。

2. 独立性较差，难以发挥监督作用

大多数上市公司的监事会成员来自大股东，其作用主要是维护大股东的利益，配合董事会和经理进行工作。虽然有少数公司监事会曾经对股东、董事、经理违反法律、法规或公司章程，损害公司利益的情况提出了监督意见，有的还独立提议召开临时股东大会，但基本上是在大股东之间出现矛盾或职工与股东发生冲突的情况下进行的，这从侧面说明了监事会还不能代表全体股东来维护上市公司利益。近年来，不少上市公司因虚假信息披露，严重违反证券法规而受到证监会立案查处，却没有一家公司的监事会在财务监督过程中主动发现并揭示问题和风险。

从现行监事选聘机制看，监事会成员的内部化直接影响其独立性，难以发挥监督作用。由于监事大多来源于内部员工，其职位的任命、工薪等基本都由管理层决定，工作开展处处受制于管理层，难有较大的发言权，监督工作形式大于实质。2012 年底全国上市公司监事总人数 9461 人，其中职工代表监事为3405 人，非职工代表 6056 人，非职工代表中 2168 人来自公司内部，公司内部产生监事人数 5573 人，占全体监事的比例为 59%。由于目前股东监事主要由控股股东推荐，以企业内部人为主，难以发挥监督作用，职工监事也由企业内部员工产生。在我国股权高度集中及董事会主要体现控股股东意志的情况下，由这两类人员组成的监事会和控股股东、董事会的利益趋近一致，因此很难对董事会构成实质性的监督。

3. 监事会作用发挥不足，监督流于形式

现行监督体制下，对监事会赋予的监督权力有限，缺乏足够的制约董事行为的手段。监事会大多关注财务监督，或重点对集团下属公司进行监督，但在对董事会及公司高管监督方面很难履行《公司法》赋予的职责。在实际工作中，列席会议是最主要的履职形式。监事会主要通过召开会议和列席董事会会议的单一形式在程序上履职。监事会会议作出的决议基本都是在肯定董事会的决议，仅有少数公司反映曾提出过工作建议和意见。监事会成为"听取情况的机构"，以"提要求、提希望"为主，监督作用流于形式，相关法规对监事参与及获取信息渠道的规定不明确，客观上造成了信息不对称。再加上内部人员控制，一些上市公司的决策都由经理层或董事长直接操作，监事会无法及时掌握情况，获取的信息往往具有滞后性或是经过"包装"的，甚至产生信息盲区，这导致监事会无法做出独立的判断。

4. 机构不到位，部分中小民营公司监事会"空心化"

在制度安排上，监事会和董事会同样是会议制度，但董事会既有执行机构，也有专门委员会支持，而监事会通常没有执行监事。许多公司特别是中小型企业未常设监事会办事机构，多数公司监事会日常事务由证券办等其他部门代理，监事会职能形同虚设。深交所对 200 多家中小板公司的调查显示，只有 95

家上市公司的监事会有独立的办公场所，另外的 106 家公司的监事会没有办公场所。在 200 多家中小板公司中，只有 100 家公司将监事会作为常设机构。此外，中小板、创业板监事会人数也有所下降，而主板企业监事会人数则比较稳定。

监事会运作的高成本导致部分中小民营企业监事会"空心化"。一些监事会发挥作用较好的公司，往往需要办公室、专业委员会等一整套专、兼职队伍来实现，带来较高的运维成本，对于中小型公司会构成较大压力。根据现行的治理规则，监事会、董事会专业委员会等都是上市公司治理的必备机构，上市公司在满足监管需要的同时，为压缩成本，往往会选择将监事会"空心化"，监事会名存实不至。

5. 监事队伍难以满足履职要求

调研中很多企业反映，监事会人员专业性相对不足。相当数量的监事长期从事党政、行政、工会等工作，缺乏应有的会计、法律和专业知识，不仅难以对董事和高管的行为进行有效性监督，而且很难保证审查确定中介机构的审计结果真实有效。这使得监事对公司高管的决策通常没有话语权，对董事会和管理层的履职监督成为空谈。

无论是股东监事还是职工监事，兼职情况都相当普遍，专职监事较少，大多由控股股东或少数大股东的领导或中层干部来兼任。即使这些监事工作能力和责任心都较强，但受兼职工作限制，很难再有时间和精力参与监事会工作。个别公司还存在高管人员兼任监事的不合规现象，监事队伍难以满足履职要求。

三、监事会制度发展趋势

近年来监事会制度发展出现了备选化、灵活化和职能强化的趋势，体现了公司内部治理监督机制简化和低成本化的方向，以及尊重上市公司自主权、回归公司治理本质的发展趋势。

1. 灵活组合的治理机制

（1）监事会的备选化和职能强化。日本长期以来推崇的是监事会为主的监督方式。2002 年商法改革后移植了英美的独立董事制度，符合条件的公司可以自愿选择独立董事制度或保持原来的监事会制度。产生这一变革的动因来自公司股权结构的变化。随着企业国际化的推进、外国投资者的增加及股权分散化，促使日本开始借鉴英美公司的治理理念。

但随着公司组织形态和治理结构的日趋多元化，履行内部监督权的机构越来越多，独立董事、会计监察人等机构的职能和监事会之间也出现重合及治理成本高企的问题。为此，日本于 2006 年又启动新一轮商法修订，设置了更为灵活的公司治理机关安排，将公司分为非公开小公司、公开小公司、公开大公司，并为各类公司规定了公司治理机关的组合"菜单"。

以上市公司为例，对中小公司提供了 5 种公司治理组合，对大型公司提供了 2 种组合（"董事会＋监事会＋会计监察人"或"董事会＋三委员会＋会计监察人"）。但无论是何种类型、何种规模的公司，监事和监事会都不是必选之项，选择权在于公司，由公司根据自身的情况自由选择机关的设置，法律只提供必要的选项。

在监事会出现"选择化"的同时，监事和监事会的权能却得到进一步强化。在监事的个人权能方面，日本的法律对监事的个人意志予以强化，针对中小上市公司的 5 种组合中就有"董事会＋监事"等备选项，不再强调监事必须以监事会的整体形式，为其独立发挥作用创造空间。在监事会的权能方面，强化监事会的独立性，对外部监事予以强制性要求，规定人数在监事会中必须过半；加强监事履行监督职能的能力，明确规定监事出席董事会和自由陈述意见的职权。

（2）实际效果。监事会备选化后，尽管其已不是必备治理机构，但在公司治理中的作用仍日益凸显：监事会的独立性更加强化，根据日本监事协会 2007 年的调查，独立监事在全体监事的占比达 68%；此外独立监事积极性增强，如参与监事候选人提名的比例大幅增加；监事会对董事会的制衡效果明显。

此外，在监事会和独立董事委员会两种制度的较量中，监事会制度也更占上风。目前，在日本证券交易所上市的近 2000 家公司中，选择设立相关委员会的不到 100 家，并且数量还在逐年减少。其原因主要在于，已经设立监事会的传统公司并不打算改变现有的公司机构设置，而一些新设立的公司，由于没有到国外上市的计划，因此也都没有采用设立相关委员会的制度。

（3）改革趋势。近期日本对 2006 年实施的《公司法》再度修订，提出要强化上市公司治理及以企业集团为规制对象等意见。在监事会方面，一是对外部监事的要件更加严格化。现行《公司法》对外部监事的外部性要求指现在和过去都不为公司或子公司的业务执行董事、监事、经理或公司职员。《公司法修改要纲》中新设的要件则将母公司、兄弟公司的执行董事、经理或公司职员等也排除在外，既严格了外部性，又强化了独立性。二是对外部监事相关责任的部分免除做出规定，从而使得其可以安心履行职责，不必担心倾家荡产。三是强化监事的决定权。现行《公司法》规定公司股东大会有权选任、解任或者不再选任会计监察人，但是《公司法修改要纲》则规定监事有权提出会计监察人的选任、解任或者不再选任的议案，从而赋予监事或监事会决定权。

2. 审计委员会或监事会择其一的模式

中国台湾地区法规源自日本商法，因此自 1929 年"公司法"颁布之时就有监事会的相关规定。但中国台湾地区仅在股份有限公司中强制施行监事会制度，而对其他类型公司不设专门的监督机构。

2006 年之前中国台湾地区"公司法"的修订都是围绕强化监事会独立性、增强其监督权能的角度展开。近年来随着独立董事、审计委员会等多元化监督机制的逐渐引入，2007 年颁布的"公司法"通过以强制性制度变迁来解决公司治理监督机关的统一化问题。规定公开发行股票的公司，在监事会和独立董事组成的审计委员会中择一作为公司内部监督机关，且立法更倾向于用美国"独立董事 + 审计委员会"的治理模式取代传统的二元制监事会制度。

目前，中国台湾地区的公司实际上有 3 种内部监督的形态，一是"董事会 + 监事会"，二是"独立董事 + 监事会"，三是"独立董事 + 审计委员会"，其中后两种情况主要针对上市公司。

3. 独立性不断增强的趋势

近年来，监事会制度的变革总体呈现出独立性不断增强的趋势，各国或地区纷纷从立法层面确立外部监事制度。

日本 1993 年修订了《商法》和《商法特例法》，要求大公司监事人数为 3 人以上，且其中 1 人必须是外部监事，以解决由内部人过度控制带来的治理失效。外部性要求指现在和过去都不为公司或子公司的业务执行董事、监事、经理或公司职员。这可以看作是关于外部监事的第一次立法表述。

德国在 2002 年实行了独立监事制度，并在《德国公司治理原则》中进行了规定，要求监事会必须包括足够数量的独立人员，这类人员尤其不能是与公司、执行机构、控制性股东或者能带来潜在或经常性利益冲突的企业有个人或业务关系之人。

中国台湾地区在 2002 年修正的"台湾证券交易所股份有限公司有价证券上市审查原则"中也规定，上市公司需设置独立监察人（独立监事）至少 1 人，否则不同意其上市，其资格与独立董事的界定标准一致。

四、相关建议

结合我国监事会的实践做法，借鉴其他国家和地区的经验，对改进监事会制度提出以下建议：

1. 引入差异化治理观念，允许中小板和创业板独立董事和监事会备选

目前，国际公司治理的演变趋势已经呈现选择化和灵活化的趋势，独立董

事、监事会不再是公司治理的必备机构，而是治理结构"菜单"的选项之一。我国上市公司结构和性质日趋多元化，既有传统经济模式，也有新型经济模式；既有一般生产制造类企业，也有创新驱动类企业，既有高科技生产企业，也有文化服务类企业。上市公司行业、规模差异较大，情况千差万别，不同类型上市公司呈现出不同的治理特色，单一结构的公司治理已经很难适用于所有公司。同时，对于中小板和创业板公司，由于其规模相对较小、人数相对较少，在建立独立董事制度后，再设立一套监事会，"叠床架屋"的制度安排为中小板和创业板公司增加很大的治理成本，建议实行差异化的备选治理模式，允许中小板和创业板上市公司的独立董事和监事会二选一，降低治理成本，把公司治理机构设置的选择权交给上市公司。

2. 大力推进外部监事制度，增强独立性

参照独立董事和银行类外部监事做法，大力推广外部监事，增强监事的独立性。制定外部监事相关制度，并对建立外部监事制度做出强制性要求，即对外部监事的内涵、选聘程序、职能等做出规定，保证外部监事的知情权和话语权。

着力改善股东监事结构，增强监事会的独立性。由于目前股权监事的来源、专业性、履职能力等存在较大差异，导致大部分股权监事的监督形式化、工作内部化、职位下移化，难以发挥监督作用，为增加监事会监督职责，建议着力改变股东监事结构，增加非控股股东监事的比例，如推动长期机构投资者担任公司监事，同时扩大独立监事在监事会中的比例，充分发挥外部监事的监督作用，使监事会的职能由目前对企业内部经营管理的监督逐渐"正位"到《公司法》赋予的三会制衡的使命。目前，一些公司治理评价体系都将中小股东监事的设置情况列入评价因素，如中国台湾地区辅仁大学公司治理评价系统将最大股东成员和其他股东分别担任监事席位的比率作为考察对象之一。

3. 进一步拓宽监督深度和广度，探索决策评价机制

建议进一步拓展监事会的监督方式和方法，加大监督深度和广度。鼓励监事会在财务检查、董事和高管行为监督等方面探索建立评价机制，对重大战略决策的科学性、合理性及执行结果的有效性进行评估。对重大事项的执行过程进行跟踪，向股东大会报告，充分发挥纠偏和监督职能，提高企业规范运作水平。进一步细化工作制度，探索实施监督的量化评价方法，逐步将评价结果作为财务检查、董事和高管行为考评的重要依据。

建议充分发挥外部审计机构在监事会履职中的作用，建立外部审计机构与监事会的良好沟通机制，借助外部审计力量，通过审计及时发现问题，对企业运行情况、经营过程实行监督，提高监督的有效性和针对性。

4. 制定监事会工作指引，进一步明确监事会履职行为

建议出台上市公司监事会工作指引，从制度上保障监事会的工作落到实处。改变目前监事的履职基本依靠行政职务支撑的工作状况，从制度上明确监事的工作途径、方式和方法，确保其责、权、利相匹配。明确监事会工作机构的建立，及其对上市公司重大经营活动的监督方式、监督渠道及资源保障等职责。明确监事会成员应主要列席和参与的重要会议。明确监事获取信息的渠道和措施，确保监事知情权得到保障。

5. 加强监事会机构建设

建议进一步明确监事会在公司治理结构中的监督地位，加强监事会机构建设。鼓励建立监事会下设日常工作机构，整合纪监、监察、审计等相关部门的监督合力，探索设立监事会专门委员会。推动上市公司向全资和控股子公司派驻监事会、对参股投资企业派驻监事，延伸监督触角，增强对子公司的监督力度。建议监管部门可定期组织对上市公司治理结构的执行情况进行监督检查，其中把监事会的责、权、利落实情况作为检查的重点内容之一。

6. 提高监事履职能力

建议从源头抓起，规范监事任职资格，选任高素质、高水平的监事。可仿效董事会秘书资格培训的做法，设置监事任职资格及后续培训制度，提升监事履职能力，提高监事的整体素质。对于外部监事或者独立监事进行资格认定，比照独立董事的做法，实现外部或独立监事专业化，保证外部或独立监事的独立性，充分发挥其监督作用。对于股东派出监事，比照股东派出董事的做法，保证其充分履职。

建议在实现监事履职的基础上，对监事实行问责制。明确监事的监督责任和相应处罚措施，规定监事未履行职责的处罚，加大问责力度，并充分发挥上市公司行业自律组织的作用，强化外部监督力量。

第四章　外部审计和内控体系

上市公司外部审计制度起源于西方，是基于现代企业管理中所有权与经营权的分离、上市公司股东和其他相关利益人需要对上市公司的财务和经营状况有客观公正的了解而产生的。内部控制是公司治理的重要组成部分，合理规范的公司治理是内部控制的有效保障，有效的内部控制将有助于公司治理目标的实现及作用的发挥。从目前国际上的经验来看，外部审计制度能有效地推动上市公司内部体系的建立，从而间接地推动上市公司治理结构的完善。本报告主要是研究外部审计在公司治理和内控体系中发挥的作用、出现的问题及相关建议。

一、外部审计在内控体系中发挥的独特作用

健全的内控体系可以提高公司财务信息质量，防范公司经营风险，维护公司财产完整安全，促进公司提高效率和效益。由于公司内部控制制度是由公司高管等内部人制定和执行，因此存在高管超越制度的隐患。调研中企业反映，内部控制只能为避免错误和舞弊提供合理的保证，而不能提供有效的保证。企业内控制度体系的建立和实施还需要借助外部力量，特别是独立的外部审计机构。

在国外，董事会、管理层、外部审计和审计委员会并称为公司治理的四大基石。外部审计的主要工作在于鉴证公司的会计信息质量。在近些年国内外上市公司审计理论和实践发展中，外部审计已从单纯的财务报表审计逐渐过渡到对上市公司的财务报表及相关内部控制执行整合审计。我国现状下，外部整合审计在上市公司治理，特别是在上市公司内控体系搭建中发挥的独特作用主要体现在：

（1）完善公司治理，加强公司内控体系的建设。其具体而言，内部控制审计，可以在分析内部控制自我评估报告的基础上，揭露和评价企业内部控制各

环节、各领域和各层次的弊端和问题，重点深入研究与财务报告相关的内部控制问题，识别其严重程度，与管理层及时进行沟通，并提出改进和调整办法，以促进企业各项内部控制活动的健康运行，最终提高财务报告的真实性、合法性，保障企业各种资产和各项财产的安全完整，提升企业经济效益水平。

（2）内部控制审计能满足信息使用者的需求。企业外部利益相关者包括投资人、债权人、政府机关、社会公众等，他们主要关注财务报告内部控制的健全和执行的有效性，良好的财务报告内部控制制度会在一定程度上有效防范和规避财务报告风险，依据内部控制审计报告企业利益相关者可以了解企业内部控制环境及执行的有效性等，判断企业财务报告的可信赖程度，进而正确评估企业抗风险能力和持续经营能力，从而为正确行使权力和各项决策奠定坚实的基础。所以，对于企业外部利益相关者而言，监督和鉴证内部控制行为尤其重要。

（3）外部内控审计与内部审计相辅相成，有助于提高上市公司经营绩效。外部内控审计侧重于合规性，而内部审计偏重于提高企业的经营效率效益。在实践工作中，外部审计与内部审计的工作是可以互相依赖和借鉴的。例如，外部审计师通过审计与财务报表相关的内部控制，其工作过程和结果内部审计部门可直接使用，后者通过补充测试其他非财务报表相关的内部控制，最终出具每年的内部控制自我评价报告，并汇总双方发现的内控缺陷和管理建议后向公司管理层和治理层进行汇报。

二、国内内控与外审主要存在的问题

由于我国上市公司内控体系相关外部审计的研究与建立起步比较晚，发展尚不成熟，仍然存在许多问题。

1. 上市公司内控体系建设尚待完善

调研中普遍提及我国上市公司内部控制体系尚未搭建完善，存在诸多薄弱环节，比照美国反虚假财务报告委员会下属的专门委员会（简称 COSO）于1992 年发布的《内部控制整合框架》中提出的内部控制框架五要素分析如下：

（1）控制环境上，内部人控制现象明显。我国上市公司"一股独大"情况明显，公司中各方面管理大权都被大股东或主要管理人员独揽，其拥有极大的控制权。实际控制人利用其拥有的信息优势和职务的便利性向公众投资者隐瞒真实的企业发展情况或者提供虚假信息，以此来减少自己的经营压力；或者采用在职消费等有利于自己的方式损害公众投资者的利益；由于易受短期利益诱惑，会放弃企业的长远发展计划等。这种比较明显的内部人控制现象，会侵害到企业所有者甚至是企业利益相关者的利益。

（2）控制活动上，针对性不足。上市公司大部分只是简单地制定内控体系相关的各种文件和制度，并没有更深层次的认识；对内部控制的重视程度也不高，内部控制在执行中的重点集中在管理层以下的具体业务执行过程，比如会计财务工作和业务执行工作；同时控制也是重点针对处在低层的普通员工，对企业高层的控制比较少，造成了一些高层管理者忽视内部控制的存在。

（3）信息沟通不畅。我国上市公司对会计信息的关注不足，会计信息失真、可靠性不够，会计造假事件时有发生，对信息披露情况也存在一些虚假或者不披露状况。

（4）风险管理能力有待提高。目前，上市公司在内部控制方面都有一套相应的风险控制，只不过没有形成完整的体系；总体而言我国上市公司缺乏专业的风险控制人才，导致风险管理水平低，风险管理手段落后。

（5）监督职能不足。目前，监督职能不足体现为内部审计健全性不够、其权威性和独立性有待提高、审计范围不够宽泛、审计内容比较单一等。实际上许多公司内部审计机构的工作只注重财务审计，进行查错纠弊的工作，而涉及的管理建议功能比较少，同时对出现问题的责罚，没有形成统一的规定或者执行不力。

目前，我国内部控制覆盖面较少，仍有相当一部分上市公司正在建设内控体系。2008年，财政部、证监会、审计署、银监会和保监会五部委联合发布了《企业内部控制基本规范》，就内部控制框架五要素进行了规定，并要求上市公司对内部控制的有效性进行自我评价，披露年度自我评价报告，并可聘请具有证券业务资格的外部审计机构对内部控制的有效性进行审计。2010年，五部委出具《企业内部控制应用指引》、《企业内部控制评价指引》、《企业内部控制审计指引》等，进一步对外部审计师执行内部控制鉴证业务的时间表进行了规范。至此，我国内控体系和相关审计制度基本成形。为适应我国国情，我国上市公司内部控制的审计按照分步走的策略，截至2012年末，所有的A+H股上市公司和国有控股的上市公司约900家均已按照内部控制基本规范和指引的要求运作并经外部审计机构审计。但是，我国尚有约1600家民营上市公司，其中绝大部分正在按照内部控制指引的要求搭建内控体系，按照时间表这1600家公司在2013年或2014年末就需要搭建完毕相关内控体系并接受审计，其内控体系建立的任务已刻不容缓。

2. 内部控制审计仍不完善

为公司内控体系有效运行提供保障的外部审计也存在一些问题。统计数据显示，外部审计机构出具的900多家上市公司2012年内控鉴证报告中，标准无保留意见率高达 97.7%。这一过高的通过比例是否真实反映了我国上市公司的内部控制实施情况，尚不得而知。在实务中，常发现外部审计师在内控审计中不规范的情况，具体为：

（1）内部控制审计执业水平低。内部控制审计至今只有两年的时间，作为一个新业务，外部审计机构尚未建立好完善的复核制度并给员工适当的培训，整体表现为内部控制执业水平不高，存在问题较多。例如，2011 年第一年执行内部控制审计时，69 家 A+H 公司中有 30 家未披露内部控制审计报告，已披露的 39 家也出现披露混乱的情况，有些作为独立报告的披露，而有些则附在管理层自我评价报告的后面；内部控制审计报告的名称混乱；非财务报告相关的内控重大缺陷发现少。

（2）内部控制评价工作流于形式。根据相关要求，外部审计师应当对企业内部控制评价工作进行评估，判断是否利用企业内部审计人员、内部控制评价人员和其他相关人员的工作及可利用的程度，相应减少可能本应由外部审计师执行的工作。由于现实情况的限制，我国内部控制评价工作距离风险导向还有较大差距。企业人员在操作时，内部控制自我评价的工作有很多内容局限在书面上，制度流程没有落到实处，在此情况下外部审计师利用了企业人员关于某项控制的测试结果，就有可能使得内部控制重大缺陷难以发现。

（3）内部控制审计只针对 12 月 31 日这个时点，存在局限性。因为财务报告内部控制是一个连续动态的过程，虽然部分控制运行后能够留下控制轨迹，如批准销售、发货等，但也有很多控制在运行后是无迹可查的，如具体的业务活动过程。外部审计师的审计程序往往只能获取审计时点的证据，因此也就只能针对该时点的控制有效性发表审计意见。由于整个时段的财务报告内部控制都会影响到财务报告的可靠性，并不能根据某时点有效的结论来推断整个财务报告期间的可靠性。因此，财务报告的可靠性并不能过分依赖于内部控制审计来完成，更多的责任仍在于企业管理层建立健全内部控制并努力实现其有效执行。

3. 外部审计机构监管体系交叉重叠

参与调研的外部审计机构代表提出，我国外部审计机构监管存在交叉，证监会、财政部、国家审计署和中注协均有监管权。注册权上，证监会和财政部规定从事证券相关业务会计师事务所的资格，中注协指导地方注协办理注册会计师注册；准则制定权上，财政部制定会计准则，中注协制定审计准则；检查权上，证监会、财政部、中注协和国家审计署根据相关规定均对外部审计机构有检查权。如此多的监管部门，如果没有顺畅高效的监管机制无疑会增加外部审计机构的负担，主要体现在：

（1）检查频次过高。外部审计机构普遍反映，除证监会、财政部和中注协每年对外部审计机构总所的执业状况进行抽查外，各地方财政部门和各地证监局对辖区内的上市公司拥有例行检查权，通常也会追溯到外部审计机构的当地分所，地方注协也会检查其辖区内的外部审计机构的分所等，这些检查虽然针对分所，但也涉及总所的整体质量复核体系。该类型的检查次数多、频率高，给外部审计机构造成了很大的工作压力，影响其正常执业。

（2）重复报备。财政部在 2010 年颁布的《会计师事务所审批和监督暂行办法》（财政部令第 24 号）要求提供诸如基本情况表和分所基本情况表等共 9 项资料；若是证券资格的外部审计机构，还要报备经省级注协确认的 2012 年末注册会计师情况表等另外 9 项资料。向财政部提供了如上 18 份报备资料后，中注协仍需要外部审计机构报备部分重复的资料，证监会也需要报备如从事证券业务签字资格的注册会计师人员名单等相关资料。

（3）各监管部门对部分文件的具体规定不统一。实务中，有时会出现各个监管机构针对同一事项出具的文件规定不一致的情况。例如，证监会、财政部和上交所规定了格式不太一致的企业内部控制自我评价报告样本，并强制要求上市公司执行，导致证监会在 2013 年对上市公司 2012 年年度财务报告进行审阅后出具的《2012 年上市公司执行会计准则监管报告》中提出：上市公司出具的内部控制评价报告披露的内容与格式差异较大，披露的内控信息可比性差。部分上市公司分别遵循证监会、财政部和上交所发布的内部控制评价报告的格式指引，还有部分上市公司综合参考了各方面的披露要求，自行设计了内控自我评价报告的格式和内容，导致内控自我评价报告披露内容和格式存在较大差异，降低了内控信息披露的可比性和有效性，不利于信息使用人评价上市公司的内控水平及管控风险，也不利于对上市公司内部规范体系实施情况进行监管评价。

4. 外部审计机构和审计师的违法责任轻

近些年来，市场上违法手段越来越复杂隐蔽，行政执法普遍存在案件发现难、取证难、处罚难、执行难的问题。虚假陈述、内幕交易等行为严重扭曲价格信号，使金融资源发生错配。与此同时，社会法治意识薄弱，监管执法受到干扰，违法成本低，问责不及时。据统计，目前资本市场的法规规则超过 1200件，问责条款达到 200 多条，但其中无论是刑事责任还是行政、经济责任，没有启用过的条款超过 2/3。

具体来看，目前规范中国上市公司和外部审计师的法规主要有《公司法》、《证券法》、《注册会计师法》、《会计法》等，而美国主要是通过《证券法》、《证券交易法》及《萨班斯法》（Sarbanes-Oxley Act of 2002）规范上市公司和外部审计师。

通过比较中、美两国针对外部审计机构和个人的执法力度可以看到，目前我国违规的外部审计机构所受的处罚主要是行政处罚，很少涉及民事赔偿和刑事责任。行政处罚主要针对外部审计机构和签字会计师处以警告和罚款，最严重的处罚为吊销企业和个人的执业资格。但是，很多外部审计机构在资格被吊销之前，就合并到其他所，导致相关的执法力度大打折扣。例如，在 2013 年万福生科的案例中，证监会对违规的中磊会计师事务所没收其业务收入，处以 2 倍的罚款，并撤销证券业务许可；对签字会计师给予警告，并分别处以 10 万元、13 万元的罚款，均采取终身市场禁入措施。中磊会计师事务所的业务和人员随即被大信、利安达、中兴华富华 3 家事务所瓜分。与我国对照，美国主要是靠民事赔偿，其行政处罚较少且基本以和解为主。但是，美国的民事赔偿的力度远远大于我国的行政处罚。例如，在 20 世纪 90 年代初发生的林肯存贷款信用社审计案例中，安永会计师事务所由于林肯存贷款信用社在审计后破产，而支付了 150 万美元；在美国山登公司审计案件中，安永会计师事务所又向公众投资者支付了 3.35 亿美元的民事责任赔偿。此外，虽然美国也很少采用刑事责任，但美国的刑事责任无论是判刑还是罚金规定，都比我国相关规定严厉很多，在法律上起到了很大的威慑作用。可见，我国对审计失败及涉嫌与上市公司合谋造假的外部审计机构的处罚仍显得较轻。

5. 外部审计机构和个人缺乏独立性

独立性是外部审计师的生命，我国《证券法》、《中国注册会计师职业道德规范》对独立性都有明确的规定，但实务中违反独立性的情况还时有发生，体现为：

（1）管理层主导外部审计机构的聘任。《公司法》规定，公司聘用、解聘承办公司审计业务的会计师事务所，依照公司章程的规定，由股东会、股东大会或者董事会决定。公司股东会、股东大会或者董事会就解聘会计师事务所进行表决时，应当允许会计师事务所陈述意见。监事和独立董事都有权聘请会计师事务所，费用由公司承担。上市公司审计委员会可以提议聘请或更换会计师事务所。

调研中外部审计机构代表提出，外部审计的聘任往往由经营层主导，形成被审计人自己挑选外部审计机构的状况。在各个治理机制中，中小股东无法行使《公司法》赋予股东大会选择、聘任外部审计师的权力，审计委托的权力落到实际掌握公司控制权的经营者手中。按照《公司法》规定，独立董事具有向董事会提议聘用或解聘外部审计机构的特别职权。但是，由于独立董事本身的独立性问题，独立董事往往听命于大股东，这就造成了外部审计制度监督的真空。在许多国有企业中，多数经营决策权实际掌握在经营者手中，形成内部人对自己的监督，淡化了公司所有者的最终控制权。由于外部审计市场属于买方市场，作为买方的经营者可能利用外部审计机构的选择权和审计服务费等手段控制外部审计师。经营者由被审计人变成审计委托人，并决定外部审计师的续聘、收费等事项，在此情况下，外部审计师在审计关系中处于明显的被动地位，由投资者委托的监督人变成经理人的辩护人。

（2）解聘信息披露不规范。1996 年，证监会出台《关于上市公司聘用、更换会计师事务所（审计事务所）有关问题的通知》，其中第四条规定"公司解聘或者不再续聘会计师事务所（审计事务所）由股东大会作出决定，并在有关的报刊上予以披露"。2007 年，证监会出台《上市公司信息披露管理办法》，第五十一条规定"股东大会作出解聘、更换会计师事务所决议的，上市公司应当在披露时说明更换的具体原因和会计师事务所的陈述意见"。虽然法律明确要求上市公司需披露更换外部审计机构的原因，但实际执行情况却不尽如人意。根据上海证券交易所资本市场研究所《沪市上市公司 2011 年变更会计师事务所情况分析》的报告，2011 年沪市 938 家公司披露的年度报告，共 118 家公司变更了外部审计机构，占 12.58%。因外部审计机构合并而变更的有 46 家，因其他原因变更的有 72 家。72 家公司中，有 56 家公司披露了更换外部审计机构的原因，包括政策原因、公司方面的原因、事务所原因、股东原因、审计委托期原因等。另外的 16 家公司未在年报中披露更换外部审计机构的原因或披露的原因明显不相关。从信息披露角度看，外部审计机构更换原因的披露一直是比较突出的问题。总体上看，一些上市公司在披露更换外部审计机构的原因时随意性较大，针对性不强，部分公司很难从披露的内容中得悉更换外部审计机构的真正原因。

6. 外部审计师与治理层沟通机制有待完善

中国注册会计师准则要求外部审计师在审计的计划阶段、执行阶段及就发现的问题与上市公司治理层有正式的沟通。证监会也在年报通知中明确提出要建立审计委员会工作规程并明确工作职责，审计委员会应在年审外部审计师进场前和出具初步审计意见后与外部审计师进行沟通，审计委员会应对年度财务会计报告进行表决，形成决议后提交董事会审核。由上可见，法律法规对于外部审计师与上市公司治理层包括审计委员会的沟通是有一定要求的。调研中外部审计机构代表提出，外部审计在公司治理中能否发挥作用很大程度上取决于审计委员会和独立董事的角色是否到位，具体问题体现为：

（1）与独立董事沟通效果有限。有部分上市公司管理层故意对独立董事隐瞒上市公司的经营信息，造成独立董事对上市公司的信息了解不够。另外，上市公司的独立董事很大一部分是教授、名人或退休政府干部，虽然这种身份能获得市场的认可，但是由于不具有该行业的管理经验，对行业了解不深入，对行业的敏感问题和潜在风险不能全面掌握。因此，独立董事并不具备相关能力，能与外部审计师进行充分有效的沟通并向公司董事会提出专业性的解决方案。

（2）审计委员会沟通形式化。在实务中，独立董事往往在多家公司担任独立董事，而本身还有自己的本职工作，这样独立董事对上市公司的关注时间相当有限。审计委员会委员投入的审阅时间普遍很少、沟通内容以程序化内容为主、具体内容或实质性内容的沟通较少，这使得上市公司披露的审计委员会与外部审计师的沟通方式和内容信息的可靠性值得商榷。

（3）沟通方式单一影响效果。目前，上市公司的审计委员会会议很多是采用电话沟通或者是书面材料沟通的方式，沟通效果不尽如人意。多数外部审计机构只和审计委员会打交道，而与其他独立董事打交道很少。上市公司也很少邀请外部审计师参与董事会或者股东大会阐述审计结果并提出改进建议。

7. 事务所自身发展面临问题

（1）盲目做大过程中忽略质量控制。从资本市场重大审计失败案例看，固然有上市公司恶意欺诈的原因，但与外部审计机构自身质量控制不严格也有很大关系，特别是与复核等质量控制环节执行不到位密切相关。有的外部审计机构只重视业务发展，缺乏统一的质量控制标准，对质量控制不重视，投入不够；有的外部审计机构虽然建立了质量控制制度，但形同虚设，执行流于形式，一些显而易见的问题经过层层复核都没有发现。此外，一些证券业务资格外部审计机构通过直接设立分所、收购地方所改制为分所等方式迅速做大了规模，但总所的风险质量控制并没有在被分所内实行，内部控制缺失必然导致审计失败。例如，绿大地案例中，其财务顾问通过项目挂靠的方式，而被挂靠所在未履行审计程序的基础上即出具了审计报告。

（2）执业中未严格遵守审计程序。很多外部审计机构在执业过程中，未履行如函证、存货盘点、关联方识别或披露等必要的审计程序，更多的依赖现场团队负责人的主观判断。比如，在胜景山河的案例中，证监会在抽查审计工作底稿中发现，现场负责审计师没有实施监盘程序，仅采取估算防空洞容积的方法测算储酒数量，对占期末公司资产总额 1/3 的存货未获取充分、适当的审计证据便认定存货的存在性和准确性。上述审计行为未遵照注册会计师审计准则的相关规定。

三、境外法律制度与实践

1. 美国目前的审计监管制度

美国涉及证券市场监管的法律主要是《1933 年证券法》和《1934 年证券交易法》。安然事件以后，美国国会通过了《萨班斯法》。其重要内容之一是成立公众公司财务监管委员会（简称"PCAOB"），监督从事公众公司审计业务的外部审计机构和个人。

美国证监会（简称"SEC"）负责贯彻《1933 年证券法》和《1934 年证券交易法》，包括监管从事证券市场业务的审计师。《萨班斯法》之后，其主要通过PCAOB 对审计行业进行监管，其对 PCAOB 监督包括对制定准则的认定、预算的批复等。虽然 SEC 不直接管理审计师和事务所的注册，但通过一系列的证券监管条例直接影响外部审计机构向 PCAOB 的注册登记，同时还保留对外部审计机构和个人的处罚权。

PCAOB 的主要职责是监管从事公众公司审计业务的外部审计机构和个人，具体包括注册、准则制定、质量检查和惩戒的权力，其有权吊销外部审计机构和个人的注册和执业资格，实质上拥有了资本市场审计业务的禁入权。自其设立至今，共检查了约 2000 家（次）外部审计机构，处罚了约 160 家（次），同时制定了一系列的规则如下：

（1）对上市公司财务报告内控的审计规定。《萨班斯法》第 404 条强化内部控制审计，上市公司编制的年度报告中应当包含一份内部控制报告，对公司最近一个财务年度的财务报告内部控制结构和程序的有效性作出评估，要求上市公司负责人应保证公司有一套充分的财务报告的内部控制结构和程序，并要求公司的外部审计师"鉴证"管理层对这些控制的认定和对任何实质性缺陷进行的披露。根据国际财务执行官（FEI）对 321 家企业的调查结果，每家需要遵守《萨班斯法》的美国大型企业第一年实施第 404 条款的总成本将超过 460 万美元。这些成本包括 35000 小时的内部人员投入、130 万美元的外部顾问和软件费用及 150 万美元的额外审计费用（增幅达到 35%）。全球著名的通用电气公司就表示，第 404 条款致使公司在执行内部控制规定上的花费已经高达 3000 万美元。

PCAOB 为指导外部审计师出具内部控制审核报告，先后出具了第 2 号审计准则和第 5 号审计准则。其中，第 5 号审计准则强调风险评估的重要性，提出审计师应当不断调整审计程序，并将审计重点放在风险最大的区域使审计更为有效，修订了重大缺陷和实质性漏洞的定义，以避免公司和审计师在定义、讨论和确定那些不足以对公司内部控制整体产生影响上花费过多时间。

（2）加强外部审计的独立性。2003 年，SEC 颁布了对审计师独立性的最终规定：一是强调审计委员会对审计与非审计业务的管理；二是禁止提供的非审计服务范畴发生变化，禁止审计人员提供与内部控制、财务系统和财务报表有关的内部审计服务；三是加强非审计信息的披露，要求公司详细披露支付给审计人员的各项费用，且提供最近两年的费用信息，这些信息必须在年度报告和委托声明书中同时披露；四是充分发挥审计委员会的作用，要求审计委员会在承接业务时应把好独立性的第一关。

为了防止外部审计受制于管理层，由审计委员会负责外部审计的聘用、解聘、监管和报酬等事宜，包括：

1）上市公司审计委员会负责外部审计师的选任，决定其业务内容和报酬。上市公司审计委员会应规定对外部审计师的报酬方案，指明他们需要外部审计师提供何种验证报告，规定外部审计师可以提供的咨询服务种类等。上市公司审计委员会负责与外部审计师之间签订合同协议，对公司管理层同外部审计师关于财务报告差异的协调负直接责任。若外部审计师主动辞职，上市公司审计委员会应当对导致其辞职的原因进行调查，并考虑是否采取相应的行动，并就外部审计师的聘任、续聘和辞退向董事会提出推荐建议。

2）上市公司审计委员会预先审批外部审计服务。上市公司审计委员会主要职责是对公司的会计记录和报告进行监督和控制，从而确保股东的权益受到有效的保护。因此，上市公司审计委员会成员的独立性和专业财务知识相当重要。按照 SEC 相关规定，美国上市公司必须设立审计委员会且全部由独立董事组成。《萨班斯法》强调了审计委员会成员的构成标准，要求至少要有一名符合 SEC 定义的财务专家。上市公司也必须披露审计委员会中专家的数量和姓名，审计委员会主席必须是财务或会计方面的专家且具备实际管理经验。

（3）强制披露外部审计师变更信息。PCAOB 规定，上市公司在变更外部审计师时应披露该事项发生前两年中咨询外部审计师事项，以提示可能的审计意见购买行为，并通过填报 8-K 表格（表格及具体填列范例参见本章附件）增加披露内容。根据 8-K 格式报告的要求，上市公司一般均需披露：前任外部审计师是辞聘、拒绝续聘还是被解聘；上市公司董事会或下设审计委员会是否已与前任外部审计师讨论过每一项意见分歧或应报告事项；公司是否已授权前任外部审计师对继任外部审计师关于意见分歧或应报告事项的询问做出充分答复。SEC 要求公司解聘审计或外部审计师辞聘的 4 个工作日披露，外部审计师则必须在 10 个工作日内作出反应。

《萨班斯法》第 203 条规定，负责某公司外部审计项目的合伙人或质量复核合伙人须以 5 年为限进行轮换。但是，外部审计机构在开展一项上市公司财务报告审计业务时，与该项业务有关的层面可分为三个层次：具体实施该审计业务的审计工作小组、负责该项业务的合伙人及外部审计机构本身。因此，轮换制度也该有相应的 3 种形式。《萨班斯法》虽然在第 207 条提出，要求审计总署对外部审计机构强制轮换要求的可能影响进行研究，但截至目前仍未对实施外部审计的工作小组或外部审计机构的轮换做出明确规定。

（4）加强外部审计师与审计委员会的沟通。PCAOB 于 2012 年通过了《审计准则第 16 号——与审计委员会的沟通》。此次拟定的新准则明确了上市公司审计师与审计委员会进行充分沟通的相关义务及沟通的具体事项和途径，主要内容包括：

1）外部审计师应与审计委员会进行充分沟通。明确各自的责任范围，业务约定的所有内容必须全部记录在业务委托书中，确保双方对业务约定条款的理解取得一致。此前的相关规定仅要求外部审计机构和管理层就审计业务约定条款达成一致意见。

2）向上市公司审计委员会提供总体审计策略的概要说明。它包括审计的时间安排、审计执行过程中识别的重大风险及对审计策略所做的重大调整等。

3）提请上市公司审计委员会关注相关信息。它包括与会计政策、会计估计和重大非常规交易相关的信息，通报在开展审计工作过程中所遇到的困难。

4）向上市公司审计委员会提供关于公司财务报告整体质量的评估意见。它包括对重要的管理层会计估计和报表列报的意见、对公司持续经营能力的评价等。

（5）加强信息披露。与之前相比，《萨班斯法》对信息披露的改进要求体现在：①公众公司应进行实时披露，即要求实时披露导致公司经营和财务状况发生重大变化的信息。②由 SEC 制定规则，要求公众公司披露对公司财务状况具有重大影响的所有重要的表外交易和关系，且不以误导方式编制模拟财务信息。由 SEC 负责对特殊目的实体等表外交易的披露进行研究，提出建议并向国会报告。③主要股东或高级管理者披露股权变更或证券转换协议的强制期间由原来的 10 个工作日减少到 2 个工作日。④由 SEC 制定规则，强制要求公众公司年度报告中应包括内部控制报告及其评价，并要求外部审计师对上市公司管理层做出的评价出具鉴证报告。⑤由 SEC 制定规则，强制要求上市公司审计委员会至少应有一名财务专家，并且要予以披露。

2. 我国香港地区目前的监管制度

涉及我国香港地区审计业务监管的最主要法律是《香港法例》第 50 章《专业会计师条例》，《公司条例》规定了被聘任为公司审计师的资格，我国香港交易所主板上市规则进一步规定了上市公司审计师聘任资格。此外,《财务汇报局》条例具体规范审计业务的监管。

之前,我国香港会计师行业属于自我监管,我国香港会计师公会为自律组织。以往投资者如认为上市公司账目当中有审计不当行为和会计违规事宜,只向我国香港会计师公会投诉,由于公会并无专门的人手调查投诉,也没有法定权力要求上市公司交出资料,故调查过程漫长。2006 年 12 月,香港地区根据《财务汇报局条例》成立"财务汇报局",其职责包括:就有关上市公司可能在审计或汇报方面的不当行为展开独立调查、就上市公司可能没有遵从会计规定的事宜展开独立调查。财务汇报局可根据接收到的投诉展开调查或询问,也可以作出主动调查或询问。财务汇报局下设审计调查委员会和财务汇报检讨委员会,可要求有关人员交出记录及文件、提供资料及给予解释。审计调查委员会对上市公司的审计和披露方面的不当行为进行调查,财务汇报检讨委员会对上市公司的财务报告没有遵从法律及会计规定进行调查。财务汇报局是没有权力执行纪律处分或检控的。因此,成立任何审计或汇报不当行为的个案将会被财务汇报局转交与我国香港会计师公会跟进,任何与《上市规则》有关的个案将会被财务汇报局转交与我国香港联合交易所有限公司或证券及期货事务监察委员会跟进。

我国香港地区《企业管治守则》和《企业管治报告》中规定治理层与外部审计师进行充分沟通的相关义务及沟通的具体事项和途径:①上市公司审计委员会负责就外部审计师的委任、重新委任及罢免向董事会提供建议、批准外部审计师的薪酬及聘用条款,及处理任何有关该审计师辞职或辞退该外部审计师的问题;按适用的标准检讨及监察外聘审计师是否独立客观及审计程序是否有效;上市公司审计委员会应于审计工作开始前先与外部审计师讨论审计性质及范畴及有关申报责任;就外部审计师提供非审计服务制定政策,并予以执行。②上市公司审计委员会须至少每年与发行人的外部审计师开会两次。③上市公司审计委员会至少每年在管理层不在场的情况下会见外部审计师一次,以讨论与审计费用有关的事宜、任何因审计工作产生的事宜及审计师想提出的其他事项。④发行人的管理层应确保外部审计师出席股东周年大会,回答有关审计工作,编制外部审计师报告及其内容,会计政策以及审计师的独立性等问题。

四、相关建议

针对外部审计和内控体系的实践,参考境外的成功经验,建议从如下几方面予以改进。

1. 改革外部审计机构的多头监管制度

建议成立专门机构对上市公司的外部审计机构进行监督。目前，组建资本市场审计监管机构已成为国际惯例，继美国 PCAOB 后，加拿大、澳大利亚、日本和主要欧盟国家纷纷在资本市场监管机构下或机构内部成立了资本市场审计监管机构。为此，建议借鉴美国建立 PCAOB 的做法，整合各方资源共同成立资本市场专职审计监管机构，赋予其对于证券期货业资格的外部审计机构的注册权、准则制定权、监督检查权和处罚权等，形成集中统一的资本市场审计监管体制，加强审计监管，提高资本市场会计信息质量。此外，建议制定一份符合我国实际情况的检查手册，由该机构针对外部审计机构的违法行为执行调查并予以严惩。

2. 加大违法外部审计机构和个人的惩罚力度

建议由目前的行政处罚为主，过渡到民事赔偿、刑事制裁与行政处罚三者并重。民事责任残缺、违规成本过低，是导致当前外部审计师违规的一个关键因素。在当前体系下应强化相关法律责任、加强监管并加大处罚力度：民事赔偿方面，可借鉴美国的集团诉讼机制，完善现行共同诉讼方式，规定外部审计机构存在故意和欺诈的行为，应与上市公司一并对投资人的损失承担连带赔偿责任，投资者只要能证明公司报告存在虚假陈述且造成损害就有权通过民事诉讼获取赔偿，而不是以行政处罚或刑事判决为必要前提；行政责任方面，应与教育相结合，通过处罚方式对外部审计机构的违法行为进行约束的同时，也要督促其自觉遵守法律、法规和行业规则；刑事责任方面，目前惩罚力度远远不足、刑法的惩戒力非常微弱，建议进行相关立法，细化相关罚金金额的规定及最高限额，为实际判例提供明确指引，做到有法可依。

加快外部审计机构合伙制的改制步伐，搭建配套机制。2012 年经修订的《中华人民共和国注册会计师法（修正案）》（征求意见稿）提及将加快推进外审机构的改制。根据规定，国内具备证券从业资格的外部审计机构均需于 2013 年底之前由有限公司制改制为特殊普通合伙制度。在之前有限公司的法律形式下，客户只能诉讼事务所本身，相关签字会计师只能由监管机构进行行政处罚。合伙制主要解决的是外部审计师个人的风险意识和投资者利益的权衡问题，合伙制下签字会计师可能承担无限赔偿责任。但与此同时，还应注重从两方面予以配套改进，首先应建立健全我国的财产登记制度，避免出现审计师被追究责任前的财产转移行为；其次应由保监会牵头，证监会和财政部配合，开发出符合我国国情的注册会计师责任险，从根本上保证外部审计机构和个人的赔偿能力。

3. 改进聘任或解聘外部审计机构的程序和信息披露

建立审计委员会聘任外部审计机构的机制。目前，我国现行法律规定上市公司审计委员会可以提议聘请或更换外部审计机构，但并未强制要求。基于现状，监管部门可考虑立法强制要求外部审计机构的聘用、解聘、业务内容和报酬、选聘标准等事宜应由审计委员会负责，具体包括：外部审计机构必须由上市公司审计委员会讨论后提出建议，独立董事发表意见并经董事会审议后交股东大会通过，大股东或实际控制人不得指定审计机构；上市公司必须明确对外部审计机构的选聘标准，突出执业质量、独立性和诚信记录等考量因素，并充分考虑外部审计机构的行政处罚的情形。通过上述要求强化审计委员会和独立董事应履行的职责，规范了选聘审计机构的决策程序，同时通过明确审计机构的选聘标准，严把审计机构的选聘入门关。

细化解聘外部审计师的披露内容和格式。对于审计师变更原因这一重要内容，应强制要求上市公司进行披露，证监会（局）可考虑对变更审计师的上市公司建立专门档案，加强跟踪管理的力度，并通过与公司高层访谈的形式了解变更的真实原因。同时，可细化规定外部审计师变更信息的披露时间要求及其他披露内容，包括变更类型、前后审计意见的变化、审计费用的变化及前后任审计师之间的沟通情况等。就上市公司更换审计机构的报备要求，目前仅要求上市公司向证监会和中注协备案，但并未明确报备的具体信息。基于此，可以借鉴美国上市公司向证券监管部门提交 8-K 格式报告的相关规定并结合我国的实际情况，制定类似格式报告，要求上市公司在变更审计师时必须向证监会等部门或其常设机构提交这种特定格式的报告。

4. 完善外部审计师与上市公司治理层的沟通机制

建议立法明确外部审计师与治理层的沟通。虽然中国审计准则和证监会的年报通知对于审计师与治理层特别是审计委员会的沟通有所规定，但中国审计准则的规定并未明确沟通的方式方法，证监会的年报通知每年更新的情况下缺乏法律效力的稳定性。在我国上市公司审计大量依赖外部审计的现状下，有必要在相关法规中将外部审计在公司治理的重要性和角色予以更加明确，同时强化、细化上市公司审计委员会、独立董事和监事会对外部审计的监督职能。例如，可立法赋予审计委员会以外的独立董事列席审计委员会会议的权利和义务，并效仿国外立法强制要求上市公司邀请外部审计师参加董事会或股东大会以接受董事和股东就有关会计信息的问询。

加强外部审计师与治理层沟通的频率和方式。我国香港地区上市公司要出具半年报，美国上市公司要出具季报，外部审计师与审计委员会每年有 3~4 次的沟通，时间分布比较均匀；而目前国内的审计机构与 A 股上市公司的审计委员会的沟通基本上每年 2 次左右，且多集中在年末和年初，中间的空当时间很长。在此情况下，有必要增加外部审计师与独立董事沟通的频率，并多样化其沟通的方式。会计师事务所也可以积极通过行业培训、研讨会或者其他形式与独立董事进行非正式的沟通。

5. 进一步加强外部审计机构风控体系的建设

建议监管部门督促外部审计机构建立统一的质量复核体系，并加强分所的管理。外部审计机构的风险控制是一个系统工程，强化质量控制是外审机构各项管理工作的核心。外部审计机构应建立健全一套严密、科学的内部质量控制制度，并将该制度推行到每个部门、每个业务和每个从业人员，让审计人员按照专业标准的要求执行审计工作，在审计的每个环节上识别风险因素，并针对风险领域进行针对性的工作，保证整个会计师事务所的审计质量。目前，以国际四大所（普华永道、毕马威、德勤、安永）为代表的国际会计师事务所建立了一整套的内控方式和质量控制体系。它包括：①对于高风险的项目小组（如上市公司）配置 1 名质量复核合伙人，就会计、审计、独立性方面的问题给予指导和建议。②组建了风险管理部门、审计准则指引部门、资本市场复核部门、会计质量复核部门、税务质量复核部门等，所有的资本市场交易都需要这些部门的复核之后才能对外出具。③设定公司内部的审计指引和风险指引，要求审计团队对不符合指引的情况主动执行内部咨询程序。④从事务所层面对审计合伙人的项目进行定期的内部质量检查，以确保事务所整体的工作成果不会偏离会计和审计质量的要求。国内事务所也应加快其质量控制体系建设的步伐，以满足资本市场的期望和需求。与此同时，应加强分所管理，随着规模做大的同时，切忌盲目收购和会计挂靠，不在超越承接能力的情况下承揽业务，将风险控制在可控范围之内。

附件：美国 8-K 表格及操作实例

除了提交年度报告 10-K 表格和季度报告 10-Q 表格外，上市公司必须及时报告特定重大事件。8-K 表格是一种经常性报告，企业必须向美国证券交易委员会（SEC）提交重大事件报告并将其发布，以便公司股东及时知晓该类事件。8-K 表格主要描述了企业需要经常性报告的事件类型，包括：

第一部分　公司注册业务和经营活动

项目 1.01　达成重大协议

项目 1.02　重大协议的终止

项目 1.03　破产或破产管理

项目 1.04　矿产安全——关于停业和违反法规的报告

第二部分　财务信息

项目 2.01　完成资产的收购和处置

项目 2.02　运营成果和财务状况

项目 2.03　造成直接财务责任或注册公司的表外义务

项目 2.04　引发加速或增加直接财务责任的原因或表外义务

项目 2.05　资产处置事项成本

项目 2.06　重大资产减值

第三部分　证券和市场交易

项目 3.01　退市通知或不能满足持续上市规则或标准；转板

项目 3.02　有价证券未登记的销售额

项目 3.03　股票持有者权利的重大变化

第四部分　会计和财务报表有关事宜

项目 4.01　公司更换会计师事务所

项目 4.02　不依赖于先前出具的财务报表或相关审计报告或已完成的中期审阅

第五部分　公司治理和管理

项目 5.01　公司控制权的转移

项目 5.02　公司董事或特定管理人员的离职；选举董事；任命特定管理人员；对特定人员的补偿安排

项目 5.03　公司章程或法规的修改；财年的改变

项目 5.04　暂停上市公司员工福利计划

项目 5.05　上市公司行为准则的修正，或弃用其中某一条款

项目 5.06　壳公司情况的改变

项目 5.07　证券持有人需要表决的申报事项

项目 5.08　股东董事的提名

第六部分　资产抵押证券

项目 6.01　资产抵押证券相关信息材料

项目 6.02　更换为公司提供服务的人员或委托人

项目 6.03　信用提高或获得外部支持

项目 6.04　股票发行量未满足要求

项目 6.05　证券法更新披露

第七部分　FD 法规

项目 7.01　FD 法规披露

第八部分　其他事项

项目 8.01　其他事项（上市公司可以参考这条报告：8-K 表格并未明确要求但是对股票持有人重要的事项）

第九部分　财务报表和摘要

项目 9.01　财务报表和摘要

对于第一至第六以及第九部分所规定事项，上市公司必须在 4 个工作日内向 SEC 提交 8-K 表格并发布。如果公司向 SEC 提交 8-K 表格仅仅是为了满足第七部分 FD 规则所规定的义务，那么截止日会更早一些（发行人有关 FD 条例的合规性问题应咨询法律顾问或向 SEC 负责公司财务的部门查询）。更多有关应在 8-K 表格披露事件的详细要求及相关情况，可参考 SEC 发布的《关于如何阅读 8-K 表格的投资者公告》。公众可从 SEC 的 EDGAR 数据库中，找到上市公司所提交的 8-K 表格。SEC 已在其网站上发布 EDGAR 数据库的使用方法。此外，公司在实务操作中可参考 SEC 网站上发布的"填写 8-K 表格常见问题及解答"。

以上为填写规定，填写范例如下：

8-K 1 altex.htm ALTEX INDUSTRIES，INC. 8K 2013-08-27

美国

证券交易委员会

华盛顿特区 20549

8-K 表格

常规性报告

依据 1934 年证券交易法 13 或 15（d）部分

报告日期（报告事件最早发生的日期）2013 年 8 月 27 日

ALTEX INDUSTRIES，INC.

（公司章程中列明的注册人准确名称）

特拉华州	1-09030	84-0989164
（公司司法管辖权区域所在地）	（文件提交编号）	（国税局雇主识别编号）

PO Box 1057 Breckenridge CO 80424

（公司主要办公地点）（邮编）

登记的联系电话，包括区号（303）265-9312

如果 8-K 表格旨在同时满足注册人的申报义务，在下面的选项框中勾选适当的选项：

书面信函根据证券法 425 条法规

索取材料依据证券交易法第 14a-12 条规定

生效日期前通讯依据证券交易法第 14d-2（b）条规定

生效日期前通讯依据证券交易法第 13e-4（c）条规定

项目 4.01　公司更换会计师事务所

2013 年 8 月 27 日，Comiskey 会计师事务所决定不再继续竞标公司的外部审计师，公司将指定 Malone Bailey 会计师事务所承担财务报表的审计工作。

公司最近两个财年并未被 Comiskey 出具否定意见或保留意见的审计报告，也没有审计范围受限或不符合会计准则的情况。更换审计师的决定是由审计委员会建议的。在公司最近两个财年期间，对 Comiskey 对会计准则的理解或账务处理、财务报表披露或审计范围与程序没有任何异议。如有异议且未能和 Comiskey 达成一致，该问题将会在本报告中提及。

在公司最近两个财年期间，与 Comiskey 会计师事务所之间并未发生第 229 章 304 段（a）（1）（v）中 A 到 D 所列对公司审计报告有影响的事项，具体包括：

（A）Comiskey 提请管理层注意，公司并不存在有效的内控机制来保证财务报表的公允性。

（B）Comiskey 提请管理层注意，某些引起 Comiskey 关注的事项已使其不再相信管理层声明或不再愿意与管理层编制的财务报表联系起来。

（C）Comiskey 发现需要大规模扩大其审计范围的事项，且对该事项进行调查可能造成（i）对已出具的审计报告或相关财务报表的客观和可信赖程度造成重大影响或对当前审计报告所涵盖日期之后报出的财务报表造成重大影响（包括防止上市公司财务报表被出具非标准意见的事项），或者（ii）导致事务所不愿意信赖管理层出具的声明书。

（D）Comiskey 提请管理层注意，引起 Comiskey 关注的事项已经对财务报表的客观性和可靠性造成了影响，不管是对（i）之前出具的审计报告或相关的财务报表，还是（ii）对审计报告日后涵盖期间报出的财务报表。

在雇用 Malone Bailey 会计师事务所之前的最近两个财年期间，公司或个人并未咨询过 Malone Bailey 以下问题：①针对某项特殊交易或事项相关会计准则的应用；②可能会针对该公司财务报表出具的审计意见类型；③任何有分歧的事项（第 304 段（a）（1）（iv）及 304 段其他相关规定）或影响财务报表金额的事项（如第 304 段（a）（1）（v）所述）。

项目 9.01 财务报告及摘要
就更换会计师事务所的信函

签名

根据 1934 年证券交易法的规定，由以下人员作为上市公司的代表签署报告。

时间：2013 年 8 月 28 日 签字人：/s/ Steven H. Cardin

首席执行官及

主要财务负责人

第五章 机构投资者

机构投资者的发展是目前中国资本市场和上市公司治理质量提升的一个重要突破口。机构投资者的价格发现理性、资金集合、投资理性、信息收集和处理等优势，决定了其在公司治理中的独特作用，特别是股权分置改革后，机构投资者的发展进一步拓广了公司治理的基础，股东积极主义的兴起在更大程度上增强了机构投资者参与公司治理的积极性。目前，我国机构投资者与上市公司治理的关系正在发生积极变化，多元的机构投资者在公司治理中的作用日益凸显。

一、机构投资者概述

我国机构投资者总体发展速度较快，在资本市场的影响力日渐增强。截至2012 年底，沪深交易所各类专业投资机构开户总数占比分别为 0.46%和 0.34%，但其所持 A 股流通市值占比达到 17.4%，其中，基金持股市值占专业机构持股市值最大为 50.3%，成为资本市场最主要的机构投资者之一；保险公司持股市值占 36.3%，社保基金、QFII、信托、券商自营和资管及企业年金持股市值之和仅占 13.4%。不同类型机构投资者参与公司治理的行为及成效与其持股比例、投资策略、激励考核机制呈正相关。

从参与公司治理的积极性来看，机构投资者大致可以分为三类，第一类是公募基金，第二类是 PE、VC 等，第三类是养老金、社保基金等。目前，公募基金尽管持股比例最高，但受制于业绩考核、持股限制等因素，在一定程度上影响参与公司治理的积极性。根据证券基金业协会统计，截至 2013 年底，全国基金公司总数为 84 家，资产管理规模为 4.2 万亿元。其中，公募基金 1552 只，净值总额为 3 万亿元。PE、VC 作为财务投资者，有的对公司治理的关注度较高，如达实智能的 4 家创投股东分别在董事会和监事会中各占 2 个席位，治理结构更趋完善。截至 2011 年 9 月底，由政府设立的创业投资基金已累计募集资金 700 亿元。目前，31 家券商直投公司注册资本总量达到 225.1 亿元。养老金、社保基金等由于受到入市政策的影响，目前持有市值规模较小，本应是最主要的机构投资者，反而对公司治理影响最小。

1. 机构投资者持股特点

Wind 数据显示，我国机构投资者持股呈现以下特征：

（1）机构参股公司数量快速增加，覆盖 A 股公司比例逐年上升。2003 年，机构投资者持股比例超过 1% 的上市公司数量为 467 家，占当时 A 股市场上市公司数量的 38.2%。经过 10 多年的发展，到 2013 年第三季度末，机构投资者持股比例超过 1% 的上市公司数量上升为 1229 家（见图 5-1），占 A 股市场上市公司总量为 50.9%。

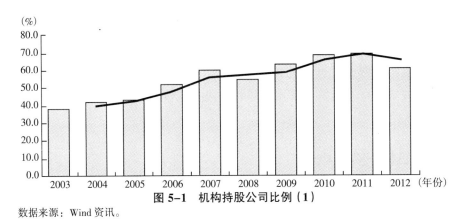

图 5-1 机构持股公司比例（1）

数据来源：Wind 资讯。

（2）机构持股市值占比逐年下降。2003 年，机构持股市值只占当时 A 股流通市值的 10.2%。2007 年达到 30%。以后，机构持股市值占比却逐年下降，到 2013 年第三季度末，机构持股市值占比只剩 7.6%，为 2003 年以来的最低点。机构持股市值占比较低的一个主要原因是各类机构在上市公司中的持股比例都偏低。在基金投资的 1551 家上市公司中，基金平均持股比例只有 7.1%。持股市值排第 2 位的保险公司只投资了 544 家上市公司，平均持股比例不到 3%。社保基金和信托在所投资上市公司中的持股比例同为 2.6%，券商自营、券商资管、QFII 及企业年金的平均持股比例都低于 2%，都属于没有能力也没有动机积极参与公司治理的小股东。

（3）机构持股比例大于 5% 和 10% 的公司占比降低。2010 年，机构持股比例超过 5% 的公司占年末上市公司总数的 50.3%，2013 年第三季度末下降到 28%，下降了 22.3%。其中，机构持股比例超过 10% 的公司比例由 2010 年的 36.9% 下降到 2013 年第三季度末的 16.51%。显然，从 2010 年开始的熊市使机构投资者减少了在上市公司的持股，尤其是原持股比例较高的公司（持股比例超过 10%）。他们以用脚投票而非用手投票的方式参与公司治理（见图 5-2）。

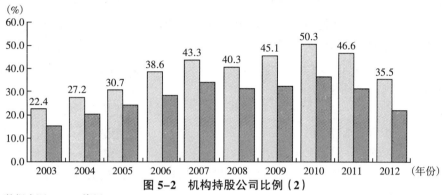

图 5-2 机构持股公司比例（2）

数据来源：Wind 资讯。

2. 机构投资者的投资偏好

（1）机构投资者偏好持有业绩较好的上市公司。2012 年底，机构持股公司平均每股收益 0.56 元，较机构不持股公司高 0.34 元。而且，上市公司每股收益越高，机构持股比例越高。同样，机构持股公司股价跌幅较机构不持股公司少 2.3 个百分点。而且，上市公司股价跌幅越少，机构平均持股比例越高。

（2）机构投资者偏好持有股价波动程度/换手率较低的上市公司。机构持股公司股价年化波动率较机构不持股公司低 4.5 个百分点。在换手率方面，机构持股公司股票换手率 4.78 倍，较机构不持股公司低 0.93 倍。

（3）机构投资者偏好每股净资产/股息回报率较高的上市公司。机构持股公司的平均每股净资产为 4.9 元，较机构不持股公司高 1.66 元；机构持股公司的股息回报率为 1.4%，较机构不持股公司高 0.5 个百分点。

（4）机构投资者偏好规模较大的上市公司。机构持股公司的平均总资产高达 279 亿元，远高于机构不持股公司的 24 亿元。从总市值的角度看，机构持股公司的总市值平均高达 111 亿元，远高于机构不持股公司的 23 亿元。

若细分各类结构投资者，社保基金、券商资管及 QFII 持股公司的每股收益和年涨跌幅表现要好于基金、保险公司和信托。

3. 机构持股公司治理特征

（1）更高比例的机构投资者持股公司实施高管股权激励。20%机构持股公司实施了高管股权激励，较机构不持股公司高出 10.7 个百分点。另外，机构持股比例 5%以上的公司实施股权激励的比例更高达 26.5%。一种可能是机构偏好于持有进行股权激励的上市公司，另一种可能是机构持股促使更多上市公司实施高管股权激励。国内外很多研究表明，实施高管股权激励有利于降低高管的委托代理问题，提高企业价值。

（2）机构持股公司实施更高分红送转。机构持股公司平均每股分红送转为0.29元，较机构不持股公司高0.12元。另外，机构持股5%以上公司平均每股分红送转为0.37，表明机构持股比例越高，上市公司分红送转越高。证监会最近一年多一直在督促上市公司分红以回报投资者。从这个角度看，发展机构投资者有利于上市公司主动分红。

（3）机构持股公司出现违规可能性较低。在机构持股公司中，仅有11.8%曾经出现违规被各监管部门处罚，较机构不持股公司低14.4个百分点。另外，机构持股5%以上公司因违规被处罚的比例更低，仅为9.3%，表明机构投资者偏向于投资更少违规的公司，或者机构投资者能起到一定的公司治理作用，从而减少上市公司违规行为。

（4）机构持股公司拥有更多独立董事。数据显示，机构持股公司平均拥有3.34个独立董事，较机构不持股公司多0.22个，表明机构投资者倾向于投资聘请更多独立董事的上市公司，或者机构投资者促进上市公司聘请了更多的独立董事，以提高董事会的独立性。

（5）机构持股公司有更多股份出席股东大会。对于机构不持股公司，平均只有47%的股份参与年度股东大会；对于机构持股比例大于零小于3%的公司，平均有50%的股份参与年度股东大会；对于机构持股比例大于3%小于10%的公司，平均有53%的股份参与年度股东大会；对于机构持股比例大于10%的公司，平均有55%的股份参与年度股东大会。临时股东大会有类似的趋势，机构持股超过10%的公司比机构不持股公司的股份参会比例高了7个百分点。此外，根据有关学者对分类投票制度下不同类型股东参与上市公司股权再融资提案投票的情况研究，基金参与投票的股份比例为63.5%，其他机构投资者参与投票的股份比例为47.6%，十大流通股股东中的个人投资者参与投票的股份比例为27%。上述两个数据表明机构投资者相对于个人投资者更愿意参与股东大会，也更有可能通过在股东大会上投票表达自己对公司经营和决策的看法，从而发挥积极的公司治理作用。

尽管近年来机构投资者发展速度较快，但机构投资者的结构还需调整。当前我国机构投资者结构存在的主要不足是，长期资金比重相对较低，这直接影响到了对公司治理的价值导向。完善我国机构投资者结构，亟待增加长期资金的比重，养老金、公积金的入市，一直被看作是改善上市公司治理、增强买方力量的重要砝码。增加养老金、企业年金等长期资金的入市比重，有利于从根本上改善机构投资者的结构。

二、机构投资者参与公司治理的途径及障碍

从调研情况看，公募基金是参与公司治理的主体，其投资规模大，参与公司治理的案例多。PE、VC 参与公司治理的实践较少，养老金等基本没有参与公司治理的实践。

1. 公募基金

（1）参与治理途径。公募基金是目前机构投资者参与公司治理的最活跃群体之一，具体表现为：

1）主动推荐或提议罢免董、监、高。以往由于精力和人力资源有限，基金参与公司治理主要采取参与股东大会投票或者提起股东提案等方式。随着基金持股比例的增加及参与公司治理成本的下降，一些公司开始出现基金委派董、监、高的情况。推荐董、监、高参与公司的日常经营，可使基金利益得到更有效的保护，同时也表明基金开始积极参与并影响上市公司经营决策。如 2012 年，在格力电器的董事会改选过程中，基金股东主动推荐董事人选，并利用自身的持股优势成功将大股东推荐的董事人选击败。最终，由基金股东推荐的董事候选人顺利当选。这是我国第一次由国资部门推荐的候选人落选。

除主动推荐董、监、高人选外，基金也主动提议撤换不胜任或存在行为瑕疵的董、监、高，以维护自身和公司利益。如 2012 年重庆啤酒的董事长因为在信息披露工作中的失误，而被其股东大成基金在临时股东会上提议罢免，但最终因其持股比例低而没有被通过。

2）联合行使表决权，股东积极主义渐现。受"双十"限制，公募基金持股比例较低，参与治理难度大。随着股东积极主义理念的兴起，逐渐出现基金联合行动参与治理的实践。2003 年招商银行推出百亿元债转股方案遭金泰等 47 只基金、社保基金 106 组合和世纪证券集体反对事件，第一次标志我国机构投资者开始参与公司治理。2010 年，由于担心自身利益受损，双汇发展的基金股东在股东大会上集体反对《关于香港华懋集团有限公司等少数股东转让股权的议案》。基金股东的持股占比约为 20%，在其强烈反对下，议案最终未获通过。这是股东积极主义首次取得成功的典范。

3）利用媒体引导舆论对企业施加压力。更多机构投资者开始通过各种媒体表达自己对上市公司经营决策的意见，希望通过媒体或者舆论间接影响上市公司的决策和管理。由于机构投资者持股比例低，难以通过股东大会等方式直接影响公司决策和治理体系的运作，因此借助媒体等外部力量，可以使机构投资者利用外部压力来迫使公司和大股东进行改变，达到改善公司治理的目的。例

如，在熔盛重工邀约收购全柴动力中，由于熔盛重工迟迟未能完成相关手续，造成收购案久拖不决，给全柴动力的基金股东造成损失。因此，基金股东在2011年通过媒体发布《致全柴动力及熔盛重工要求就要约收购事项召开公开说明会的函》，希望全柴动力及熔盛重工对此进行公开说明，充分尊重股东的知情权。但是，最终熔盛重工基于经济因素考虑而放弃收购。

4）对违规上市公司提起法律诉讼。除了在股东大会投票、提议案或者推选董、监、高等方式外，一些基金也开始对存在违规行为的上市公司提起法律诉讼，以事后追偿的方式来参与公司治理。事后追偿将使违规者付出远比非法收益更高的惨重代价，因此将迫使上市公司及其高管主动约束行为维护股东利益，避免成为股东追偿目标，进而提高公司的治理水平。在中国当前的法律环境下，投资者只能针对上市公司的虚假陈述提起法律诉讼，目前的一些案例也集中体现在这方面。例如，2007年大成基金起诉银广夏及2011年基金股东起诉夏新电子。两起诉讼中的被告都存在虚假陈述行为，并给基金股东造成了巨额损失。为挽回损失，基金股东主动起诉违规公司并希望通过法律途径获得赔偿。虽然大成基金起诉银广夏的案件最终以原告败诉结束，而基金股东起诉夏新电子的案件至今没有结果，但这表明基金参与公司治理的方式已经更加多元化。

（2）参与治理障碍。公募基金参与公司治理障碍主要表现为：

1）基金持股比例低，参与公司治理受限。目前，我国法规对机构投资者尤其是基金管理公司参与证券市场进行了严格限制，主要表现为：一是机构投资者进入证券市场的程度有限，如养老金、年金、住房公积金等，制约了机构投资者参与公司治理的效果；二是严格限制机构投资者的持股比例和总体投资比例。例如，"单个基金持有一家上市公司的股票，不得超过该基金资产净值的10%"，"同一基金管理人管理的全部基金持有一家公司发行的证券，不得超过该证券的10%"，这在一定程度上限制了基金积极参与治理的动力。在"一股独大"、股权集中的态势下，机构投资者要想获得公司决策的话语权，就必须拥有一定量的股票份额，在现有制度环境下，机构投资者要获得一定的股票份额困难较大。

2）考核过于注重短期业绩，业绩压力导致参与度低。目前，基金公司考核体系中，短期业绩（1年）比重过大。同时上市公司分红不足，难以获得长期持股收益。最终导致经理人只得采用组合投资策略、谋求股价上涨的投机收益，导致股票换手率高、持股时间短、难有动力参与公司治理。

3）现有法律安排提高参与成本。按照有关规定，单独或者合计持有公司3%以上股份的股东可以在股东大会前提出临时提案，单独或者合计持有公司

10%以上股份的股东有权向董事会请求召开临时股东大会。以基金为代表的机构投资者，通常采用组合投资的方式，投资行业众多，同时持有多个公司的股份，导致单一公司的持股比例较低。如果机构持股比例不满足最低的持股要求，即使有动力提起议案督促上市公司改进公司治理，他们也无法用提起议案的方式参与公司治理。

4）利用诉讼手段参与公司治理的门槛高。基金公司在采用诉讼方式维护合理权益时，大多面临立案前置程序门槛高、举证难、诉讼时间过长、赔偿不足等问题。因此，即使基金公司采用诉讼方式维护自身的股东权利，结果往往是支付大量的时间和金钱，却无法得到合理的赔偿。

5）缺乏资源配套，参与能力有限。基金公司擅长资本投资，但是对其所投资的上市公司所处行业并不内行，难以保证能在多个领域有效地监控。另外，机构投资者没有足够的资源对所投资的每家公司逐个分析，提出有针对性的股东提案；更没有足够的资源对公司所提出的每一个议案逐个分析，进而去征集代理投票权，在股东大会上行使股东权利。除此之外，基金公司内部也缺少能够监督、指导、变更公司管理层、有效影响董事会的专业人才。因此，在推荐董、监、高人选时，机构投资者往往是面临无人可推的尴尬局面。

2. PE、VC

尽管近年 PE、VC 业增速趋缓，但仍继续保持增长态势。由于 PE、VC 投资短期化，持股时间短，因此其参与公司治理的积极性有限。《中国创业投资行业发展报告 2012》显示，持股时间不足 1 年、持股 1~2 年、持股 2~4 年、持股 4~7 年、持股 7 年以上的比例分别为 10.83%、19.92%、30.95%、21.28% 和 17.02%。

（1）参与治理途径。目前 PE、VC 参与公司治理主要集中于持股时间相对较长的机构，参与方式有待拓展。

1）主动在股东大会提高提案，参与企业经营决策。少数 PE、VC 等机构投资者通过在股东大会提交提案，发出自己的声音，以积极方式参与公司运营。专业机构投资者比公司高管更了解市场的发展和趋势，因此提出的与公司生产、管理及战略相关的提案，有助于公司高管做出更优决策，提高企业价值。例如，2012 年贝因美公司的 PE 股东吉维尔国际有限公司（J.V.R International Limited）就曾在股东大会提议，将公司主要精力集中到婴幼儿食品的研发和生产上，将该产品做大做强，同时将婴幼儿用品等辅业出售。该项议案使公司整体业绩有明显改善，公司股价也大幅提升。

2）利用股权优势，主动推荐董、监、高人选。创业板市场开启，为 PE、VC 提供发展空间。据深交所统计，半数以上的创业板公司均被 PE、VC 投资，

PE、VC 参与公司治理的基础日益广泛。例如，深圳达实智能由于其股权分散度高，大股东派出的董事仅占董事会的 1/3，而由 PE、VC 推荐的董事比例却高达 2/3。

（2）参与治理障碍。PE、VC 参与治理障碍主要是持股时间短。持股时间短的主要原因，一是可能与 2009 年以来国内 IPO 企业估值高企，创业投资企业热衷于投资即将上市企业有关；二是与创业投资企业相关政策引导力度不够有关；三是我国创业投资企业的长期投资理念仍不足。

1）缺乏长期投资者理念，IPO 后急于套现。根据深交所统计，投资创业板上市公司的 PE、VC 平均持股期仅为 2 年 4 个月，难以达到长期持股、改善治理的目的。这与创业板市盈率偏高有直接关系。市盈率偏高，促使部分 PE、VC 有动机在企业创业板 IPO 后获利套现。同时，PE 管理队伍不成熟，投资经验不足，也是导致投资行为短期化的原因之一。

2）发展不成熟，相关制度有待完善。目前，我国 PE 发展程度较低，缺乏准入门槛，导致 PE 成为大众化投资工具，易触及非法集资等政策红线。利益输送和利益冲突的争议在现有立法和监管框架下难以被确认和得到解决。市场对部分 PE 存在内幕交易质疑。同时，政府引导基金受政府政策限制过多，易与其他投资人产生利益冲突。这些问题降低了 PE、VC 参与公司治理的效果。

3. 养老金等

养老金作为长期投资力量，是公司治理高层次参与者，本应在公司治理中发挥中流砥柱作用。但目前，我国养老金入市存在制度性障碍，资产组合比例受限，尚未成为机构投资者主体，难以发挥其作为高层次参与者对公司治理的影响。

根据 2013 年第三季报统计，社保基金持有流通股市值仅占 0.45%，保险公司持有市值占 2.33%，持股比例过低难以在公司治理中发挥作用。养老金参与公司治理的难度主要是入市障碍。其具体表现为：

（1）养老金多层次统筹是影响其入市的关键因素。首先，养老金由省级、地市和县级政府分别统筹管理，且是各地方商业银行主要存款来源，并直接关系到地方经济的发展，如果投资股市可能并非如地方政府所愿。其次，目前真正的养老金持有人均分散在市县一级社保经办机构之中，而大部分个人账户资金又存放在财政专户中。因此，养老金的集中面临多部门、多层次的协调，难度太大。此外，养老金入市也需要有专业的金融机构来操作，而目前负责管理养老金的仍是地方政府职能部门，这在一定程度上也可能会削弱养老金入市的积极性。

（2）养老金个人账户不实是阻碍养老金入市的重要因素。养老金投资运营的关键是个人账户做实，目前个人账户的透支直接影响了其投资收益率和进入股市，如果实行做实个人账户，无疑会增加各级地方政府的财政压力。因此，必须通过相应的政策使养老金名正言顺地进入一个法制化和规范化的投资渠道。如果个人账户普遍得到做实，中国的"401K"计划也将扫清障碍。

（3）养老金投资运营风险也是影响其入市的重要原因。由于各级政府承担养老金支付的责任，事关社会稳定，因此自然高度关注养老金投资风险，如果没有有效的、可靠的固定投资收益保障，养老金入市将无从谈起。

（4）养老金投资运营主体的选择是阻碍养老金入市的原因之一。养老金投资是全国集中运营还是地方政府负责运营值得研究。如果养老金实行集中运营，那么在养老金结余数额大和存在透支的地区如何平衡，更是事关地方政府的积极性。此外，如果养老金用于地方项目投资或扶贫项目，那么发达地区政府的积极性更是无从谈起。

三、美国机构投资者参与公司治理经验

美国机构投资者有效参与公司治理主要取决于规模庞大的机构投资者数量和有效的制度安排。目前，美国机构投资者逐步替代家族开始在上市公司中发挥主导作用。1988年，美国机构投资者所持有的股票占美国著名大公司如阿莫科（Amoco）公司全部普通股的86%、通用汽车公司（General Motors）的82%、美孚石油公司（Mobil）的74%。1989年美国的公司股权证券43%由机构投资者拥有，1990年达到53.3%；2001年美国保险基金、养老基金、共同基金等机构投资者的持股比重达57.6%。这种以机构投资者为主的格局，根本上改变了成熟资本市场的结构，极大地推动了上市公司治理，使市场的整体素质得以提高。

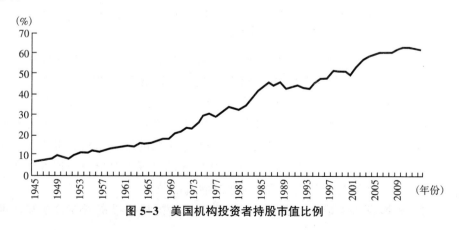

图 5-3　美国机构投资者持股市值比例

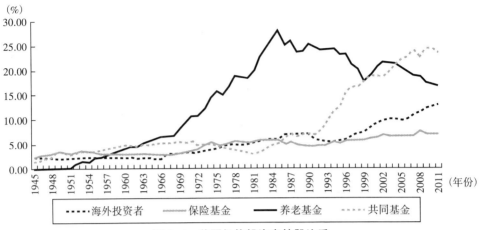

图 5-4　美国机构投资者持股比重

数据来源：美国联邦储备委员会。

1. 参与治理途径

美国机构投资者参与公司治理结构的改进主要体现在以下方面。

（1）股东投票权和代理权规则。美国监管部门对机构投资者参与公司治理提供了许多强制性制度安排。劳工部对养老基金托管者信托责任的规定要求它们必须在经营管理中行使股东的投票权。而且，劳工部要求信托管理者在行使投票权时要从自己"是这一养老计划的参与者和受益者"，从而能"得到最经济的回报和受益"的角度来作出自己的判断，即规定它们要以该计划的投资参与者而不是公司雇员的身份来表决。这一要求意味着养老基金的受托管理者们在其经营管理中不能长期被动地行使投票权或在所有投票中失误，而必须经过慎重考虑之后才能决策；并且，它们必须为其投票决策提供可以被接受的解释。

养老基金协会在最新修改的投资方针中规定：基金经理必须以负责的态度、完全本着受益人的利益，来行使投票权和股东权利，而且必须以文件形式记录其投资行动。

与投票权相关，机构投资者在代理权规则的活动中取得了明显成功。1991年，SEC 做出了一些新规定，规定使股东们在一定程度上更容易获得股东提案的通过，这些提案包括决定与经理人员报酬相关的一些问题。1992年，SEC 修订规则明确将部分权利从高管手中转给了活跃的股东：其一是修订了代理权请求规则，股东们在代理权请求过程中可以更容易地进行彼此间的协商而不需要向 SEC 提出申请；其二是扩大了公司呈报要求的范围，要求公司董事会在公司代理权公告中必须解释和说明总经理报酬收入的数额。

（2）更换或罢免董事和高管。实践证明，美国机构投资者在董事和经理人才的选任上起到了很大作用。1990 年，以 CalPERS 总裁 Dale Hanson 为首的几个最大的基金组织领袖联合致信给通用汽车公司董事会，要求该公司董事对其董事会主席 Roger Smith 的继任候选人评估的程序进行解释。通用公司的一些经理人员和董事们认为这封信十分荒唐和过分，致使尚未卸任的公司董事会主席不得不以报告书的形式致函加州州长，指责 CalPERS 的越权行为，1992 年，CalPERS 又发起了对通用汽车总经理 Stempel 的攻击，这些攻击导致了 Stempel 的被解雇。

TIAA-CREF 曾于 1993 年号召 20 家大型养老基金在选举中投票反对 Eastman Kodak 的 3 名董事；1995 年，它又曾作为一支主要的力量强迫 Graceand 公司解除其董事会主席 Peter Grace 职务，并重组董事会；它还是企图逼迫 Kmart 总经理 Joseph E. Antonini 辞职的几个机构投资者之一。1992~1994 年，机构投资者帮助 American Express、 30rden、GM、IBM、Westinghouse 等公司成功地撤换了总经理。

迫于机构投资者的压力，在过去的十几年中，美国许多国际著名的大公司，包括美国运通公司（American Express）、康柏、通用汽车公司及 IBM 公司在内，曾不得不更换其主要管理人员。在更换主要管理人员后，机构投资者所投资的这些公司的市场绩效均有大幅度的提升。

（3）利用媒体，公开批评或关注绩差公司。机构投资者还通常把长时间经营不善、市场表现不佳的公司列入黑名单，通过媒体的力量惩戒表现不好的公司管理层，被公开批评的公司往往因承受不住压力而被迫改善公司经营。除此之外，有些机构投资者还定期发表正在关注、拟投资的公司名单，给管理层施加压力，迫使其改善公司治理。最新的关于美国 Schedut 13D 公告的研究发现，当对冲基金披露其持有公司的相关意图时，证券市场会对这些披露的信息做出反应。

通常情况下，对于那些在相当长的时间内经营不善、市场表现不佳而机构投资者又不得不投资的上市公司而言，机构投资者往往会通过公开批评该上市公司的形式，如通过批评该上市公司过分冒进的扩张计划、管理层过高的薪资报酬、管理层为保护其既得利益不惜牺牲股东利益而反对对该公司进行的收购等方式，向该公司董事会及管理层施加压力，迫使该公司改善经营。但是，对上市公司的批评更多的是由机构投资者协会进行，如美国机构投资者理事会。它们定期公布一些经营不善的公司的名单，向那些它们不满意的上市公司经理施加压力。由机构投资者协会出面批评某些经营不善的公司的最大好处是，可以避免单个的机构投资者或基金经理出面批评该公司而招致该公司的报复。

（4）提出系统化公司治理建议。机构投资者协会还公布、推荐一些具体措施来强化、完善上市公司的治理结构，提高董事会的工作效率。这些措施包括：董事长同首席执行官的职能应有所分离，建议在一定范围内任命非执行董事长；引进外部独立董事，在董事会选举中采用累积投票权；公开代理过程以便股东之间能够进行更多的沟通；在董事会中进行信任投票；加强独立于执行董事的董事会会议作用；披露经理人员的薪酬；反对为保护管理层的既得利益不惜牺牲股东利益而阻碍被收购的计划在董事会及管理层通过等。在所有这些措施中，采用累积投票方式是机构股东在选择那些真正独立于公司经理的董事及保护股东利益方面最有效的方法。

（5）在集体诉讼中作为首席原告。集体诉讼是指由一位或两位原告任首席原告代表众多受害者提出起诉，起源于12~13世纪的英国，后于1966年正式纳入美国《联邦民事程序法》。该法第23条规定，受损的成员众多，多到无法进行共同诉讼的程度；各成员的诉由相同，即有相同的法律问题或侵权事实，此时，主审法官才可以将一个多人诉讼案定为集体诉讼。

在集体诉讼中，机构投资者往往被定位首席原告，代理其他集体诉讼成员参诉。通常，小股东总是希望在别人的努力之下免费搭车，机构投资者因其在资金、人力、资源和时间等方面的先天优势多作为集体诉讼中的首席原告，代表众多中小股东向公司或公司高管人员讨回公道。

美国2001年审结的Cendant公司证券集体诉讼案是典型代表。美国证券交易所上市公司Cendant 1995~1997年的年报中虚报收入、诈骗股东。在1998年4月与8月两次公布有关假账消息后，其股票市值由之前的300多亿美元跌至100亿美元。每次消息公布前，都有内部人抛售股票的行为。该公司有47.8万个股东，5月29日之前，新泽西州就有52起针对该公司的诉讼，另外5个州共有21起对该公司及相关人员的诉讼。这些案件涉及投资者众多，给法院带来极大的工作量。1998年8月4日，6个联邦区法院召集了一个7人法官小组将该案汇总成一个集体诉讼案。法庭批准由CalPERS、纽约州共同退休基金和纽约城市退休基金为首席原告，代表所有参诉的股东集体控告该公司的28位董事和高级经理。首席原告不负众望，经交涉与被告达成了28.51亿美元的赔偿协议。

2. 制度安排助推机构投资者参与治理

为了规范投资者参与公司治理的行为，最大限度地保证市场公平和信息透明，美国出台了一系列相关规定。

（1）法律规定了机构投资者持股比例。在美国，各州对保险公司投资对象和投资比例的限制都比较严格，各州允许投资的对象一般为联邦政府债券、州市政府债券、抵押贷款、公司债券和优先股等。各州投资比例限制也类似，比如纽约的法律严禁保险公司在权益上的投资超过其资产的20%，对一家公司的投资不得超过其资产的 2%。对于基金，美国《1940 年投资公司法案》要求基金管理公司不能拥有任何一家企业 10%以上的股票，且规定如果未获得 SEC 批准，基金管理公司不能和其他金融机构共同采取行动以在它们投资的企业中参加董事会或实施其他形式的控制，禁止基金管理公司与它所投资企业之间交叉所有权等。

（2）法规明确了机构投资者参与公司治理的信息披露要求。为了规范机构投资者参与公司治理过程，降低该过程的信息不对称，美国对机构投资者行为的信息披露有具体的要求。例如，美国的《1940 年投资顾问法》第 206（4）-6 规定，投资顾问（类似中国的基金管理公司）应制定行使表决权政策及程序，向客户披露该政策和程序及如何取得投资顾问行使投票权的相关信息。另外，SEC 在 2002 年增订了《1940 年投资公司法》第 30b1-4 规则，规定共同基金应披露基金代理行使所持股票表决权的相关政策及程序，并要求披露行使表决权的记录。通过信息披露，投资者可以了解机构是否履行了自身的信托责任。这些信息会影响投资者的资金投向，如果机构投资者不参与被投资企业的公司治理又没有合理的解释，会影响其后续资金来源。

为了抑制机构投资者参与公司治理产生的舞弊问题，美国 SEC 的 Schedule 13D，要求投资者披露其持有股份的意图。最后，根据美国的 FD 条例，上市公司和机构投资者进行私下接触和交流的行为有选择性信息披露的嫌疑。2010 年 7 月美国 SEC 专门针对此问题进行了解释，明确指出 FD 条例并没有禁止机构投资者和上市公司的私下交流，并提出了若干的建议和措施以避免违反 FD 条例。

（3）法律为机构投资者提供税收优惠。为了鼓励机构投资者的发展，美国出台了一系列税收优惠政策。1974 年实施的 Employee Retirement Income Security Act（ERISA）及其后多项税收政策，为员工投入退休金部分的收入提供了个人所得税减免或者优惠。这些税收优惠政策促进了养老基金和共同基金的发展，资金雄厚的养老基金和共同基金将很大比例的资金投向了股票市场，其结果是机构在被投资公司中的持股比例都不低。

此外，美国在大部分时间内都为长期资本利得提供个人所得税优惠。长期资本利得税减免或者优惠使得个人投资者没有动机进行短期操作，这使得从个人投资者处获得资金进行投资的机构投资者没有短期盈利的压力。因此，机构有动机长期持有所投资公司的股票，参与公司治理从而促进公司价值改善需要一定的时间，长期持股有助于机构实现参与公司治理的预期价格。长期持股增加了机构参与公司治理的预期净收益，从而增加了机构参与公司治理的意愿。

（4）法规要求机构投资者主动参与公司治理。20 世纪 80 年代以后，监管部门要求机构必须主动参与公司治理。例如，20 世纪 80 年代，美国劳工部由于对 ERISA 的投资组合有监管权，要求公司养老金在监督组合公司上承担更积极角色。另外，ETF 的监管机构均制定了机构行使投票权的行为准则。如果所有机构都参与公司治理，集体行动下机构的诉求更有机会成功，因此监管上的强制规定有助于提高机构参与公司治理的净收益。

（5）监管机构减少机构投资者联合行动的障碍。从 1993 年开始，监管部门减少了对股东之间交流的限制。股东之间交流管制的减少降低了股东之间协调行动的成本，有助于降低机构投资者参与公司治理的成本，从而提高了机构参与公司治理的预期净收益。因此，股东交流监管的减少提高了机构参与公司治理的动机。

四、相关建议

（1）从制度和市场环境上推动养老金参与公司治理。养老金已成为美国资本市场稳定的基石，是参与公司治理的主导力量。我国资本市场的成熟和公司治理质量的提升很大程度上需要机构投资者发挥作用，尤其是养老金等长期资金。

建议从体制上解决养老金入市障碍，培育长期资金。着力推进养老金全国统筹。实行名义账户制度，逐步做实个人账户。放开投资组合限制，提高股市投资比例。现有社保基金投资股市比例上限过低，使其难以成为机构投资者主体，难以发挥高层次参与者对公司治理的影响。建议参照国际经验，提高社保基金等投资股市比例上限，使股票成为社保等机构主要资产，提升其股市参与度。

（2）鼓励 PE、VC 参与公司治理。建议推进创业板市场制度优化，健全创业板退市制度，完善退市责任追究制度，促使 PE、VC 等机构理性投资。同时，加大对突击入股管理力度，减少创业板市场投机行为，以此来延长 PE、VC 持股时间。

加强 PE、VC 制度建设。明确 PE、VC 参与门槛，明确其针对投资人的特性。建议参照美国经验，以限定投资者身份方式提高 PE、VC 的参与门槛，防止 PE 运作碰触红线。例如，建立 PE 参与准入积分制度，重点考察 PE 参与者的资金所有量、投资经验及风险承受能力。提升监管效率，加强对 PE 管理人等的监管。例如，强化 PE 管理人的信息披露和报告要求，使监管机构掌握足够信息，以监测和评估私募基金行业的风险，增强其风险控制和危机处理能力。

（3）引导基金主动参与公司治理。建议适当放宽公募基金投资的双 10% 限制，提高基金等机构投资者入市资金比例和持股比例，鼓励机构投资者参与公司治理，推动上市公司提升治理水平。加大《基金公司对外行使投票权指引》落实力度，促进基金管理公司切实履行受托人义务，规范基金对外行使投票权行为。

（4）通过税收制度引导长期投资理念。建议可以考虑推动对机构投资者实行证券投资收益所得税减免、递延纳税等优惠政策，鼓励长期投资。国外的经验表明，除发展长期机构投资者外，通过税收手段可以有效引导以短期投资为主的机构投资者转变成长期持股的机构投资者。例如，美国通过为长期资本利得提供个人所得税优惠来推动机构投资者的长期投资倾向。

长期资本利得税减免或者优惠使得个人投资者没有动机进行短期操作，这导致从个人投资者处获得资金进行投资的机构投资者没有短期盈利的压力，使机构投资者有动机长期持有所投资公司的股票。

（5）强制性实行机构投资者参与公司治理的信息披露制度。美、英两国都规定机构投资者要将参与公司治理的过程记录在案，并定期向市场公布，使投资者了解机构投资者在公司治理方面的业绩。目前，我国尚未有此规定，因此可借鉴美、英两国模式，强化机构投资者参与公司治理的信息披露制度。

监管层可要求机构投资者将参与公司治理的情况定期披露，包括是否参加股东大会并提出股东议案，如未参加则需解释原因。此外，监管层可规定机构投资者必须参与对企业价值有重大影响的股东投票，并进行披露。

（6）建立机构投资者联动机制。针对机构投资者在单一公司持股比例不高，话语权弱的问题，可参考英、美两国的经验，鼓励机构投资者以联合行动的方式提高话语权参与公司治理。

建议监管层出台政策，在公司治理相关指引中明确机构投资者可以与其他投资者联合参与治理的方法和规则。建议由自律组织出面建立机构投资者联动平台，引导机构投资者参与治理。

第六章　控股股东

有效的公司治理是资本市场稳定发展的基石，核心是建立和完善良好的公司治理结构。股权结构作为公司治理机制的基础，不仅决定着公司内部权力的配置，而且影响企业的控制权市场的运作。世界上分别以股权集中型为代表的德日公司治理模式和以股权分散型为代表的英美治理模式，本质是因为股权结构的不同而形成的。因此，股权结构分析构成了揭示我国上市公司治理状况的起点。我国上市公司呈现出明显的股权集中的特点，健全控股股东和实际控制人治理规范，成为完善我国上市公司治理的重要内容。

一、控股股东、实际控制人的现状及实践

1. 我国上市公司股权结构情况

截至 2014 年 3 月 31 日，我国 39.73% 的上市公司为国有控股上市公司，占中国 A 股总市值的 57.2%。自然人控股上市公司 1317 家，占 A 股上市公司总数的 51.9%。其中，中小板上市公司中，自然人控股占 78.1%，创业板上市公司中，自然人控股占 88.4%。我国的上市公司股权结构特点主要体现为国有企业"一股独大"和民营企业的"一控多"的集中股权类型。

根据沪市 954 家上市公司 2013 年的年报披露，实际控制人为国务院国资委、地方国资委、中央部委及地方各级政府（部门）的上市公司总数为 597 家，占沪市上市公司总数的 62.58%。其中，实际控制人为国务院国资委的上市公司为 168 家，实际控制人为其他中央部委的共计 29 家。深市有 65% 的主板、76% 的中小板和 74% 的创业板公司存在着单一控股股东。这与欧洲大陆国家非常相似，如 82.5% 的德国公司、65.8% 的意大利公司和 64.2% 的瑞典上市公司都存在单一控股股东。从所有制形态来看，我国 63% 的主板公司、15.7% 的中小板公司是国有控股，而创业板最低，仅有 4.5% 是国有控股的。从民营控股公司的实际控制人类型来看，58.5% 的中小板公司和 49.6% 的创业板公司是由单一自然人

控制的；27.9%的中小板公司和30.4%的创业板公司是由家族控制的。如果将单一自然人控制的企业看作是广义的家族控制企业，那么两个板块80%以上的公司都属于家族控制企业。[①]

我国上市公司现行的治理结构主要有两种模式，即内部人控制模式和控股股东模式。这两种模式甚至常常在一个企业中奇妙地重叠在一起。在控股股东模式中，当控股股东为个人或民营企业时，往往出现家族企业的现象；当控股股东为国有时，往往会出现政企不分现象，国家对企业进行的大量直接干预和政治控制往往与公司价值最大化的要求相悖。

2. 规范上市公司控股股东行为的法律法规与监管政策

根据市场防范风险能力较弱，控股股东利用控制权侵占上市公司利益具有普遍性等事实，制定严密的监管政策成为约束控股股东行为的一项重要举措。中国证监会近年来制定了一系列规范控股股东行为和保护中小投资者利益的政策法规。

1997年12月16日，证监会发布的《关于发布〈上市公司章程指引〉的通知》第41条对控股股东概念首次做了明确界定。从法律层面看，2005年修订的《公司法》正式提出了控股股东和实际控制人的概念，此后证监会的部门规章和交易所的相关自律性文件对控股股东和实际控制人的定义沿袭《公司法》，做了具体化规定。2007年《上市公司收购管理办法》列举了拥有上市公司控制权的5种情形，即持股50%以上、实际支配表决权股份30%以上、决定公司董事会人选半数以上、对股东大会的决议产生重大影响及证监会规定的其他情形。2012年上海、深圳证券交易所《股票上市规则》又细化了控制的定义，规定"控制是指有权决定一个企业的财务和经营政策，并能据以从该企业的经营活动中获取利益"。

2002年，证监会发布《上市公司治理准则》，对控股股东行为规范及上市公司的独立性问题进行了规定。2005年修订的《公司法》中明确规定控股股东不得利用股东权利或关联关系损害公司和其他股东利益。同年，国务院发布了《国务院批转证监会关于提高上市公司质量意见的通知》，提出要切实维护上市公司的独立性。上市公司必须做到机构独立、业务独立，与股东特别是控股股东在人员、资产、财务方面全面分开。2007年颁布的《上市公司信息披露管理办法》中，对控股股东及实际控制人进行信息披露的6种情形进行了界定。2013年修订的《证券法》中对控股股东和实际控制人的行为进一步作出了规定，包括不得做出包括内幕交易、以欺骗手段骗取发行核准、擅自改变公开发行证

[①] 深交所：《三成左右中小板和创业板公司由家族控制》[N]，《上海证券报》，2013-08-12. http://finance.sina.com.cn/stock/y/20130812/050016413716.shtml。

券所募集资金用途等行为。

自律性规范细化了控股股东、实际控制人的行为规范准则。2007年5月18日，深交所正式发布了《中小企业板上市公司控股股东、实际控制人行为指引》，从控股股东、实际控制人恪守承诺、善意行使控制权、买卖公司股份行为规范、信息披露等方面对控制股东、实际控制人行为予以规范。明确规定控股股东、实际控制人对上市公司和中小股东承担忠实勤勉义务，当自身利益与上市公司、中小股东利益产生冲突时，应当将上市公司和中小股东利益置于自身利益之上。2010年《上海证券交易所上市公司控股股东、实际控制人行为指引》和《深圳证券交易所主板、中小板上市公司规范运作指引》对上市公司控股股东和实际控制人的行为做出了较为全面的规范，指引主要内容包括：①规定控股股东善意行使控制权，不得侵害公司财产，保证财产、人员、财务、机构和业务独立；②关联交易应当遵循程序公平与实质公平、表决权回避；③股份转让和控制权转移的及时披露义务等。2011年颁布的《关于上市公司建立内幕信息知情人登记管理制度的规定》为加强内幕交易监控，建立了内幕信息知情人登记管理制度。2014年1月上旬，证监会制定公布了《上市公司监管指引第4号——上市公司实际控制、股东、关联方、收购人及上市公司承诺及履行》，旨在进一步规范上市公司的履行承诺行为，优化诚信的市场环境，更好地保护中小投资者合法权益。

对控股股东的监管措施和法律责任主要集中体现在《证券法》和《上市公司信息披露管理办法》中。2013年修订的《证券法》明确规定，违反法定义务的控股股东和实际控制人应责令改正，给予警告，并处最高限额60万元罚款；违反募集资金用途的，还按照违规募集资金的1%~5%作为处罚上限。《上市公司信息披露管理办法》规定控股股东和实际控制人违反信息披露规定的，应处以责令改正、监管谈话、出具警示函、违规记入诚信记录、认定不适当人选等处罚措施。2006年《证券市场禁入规定》表明，对违规披露情节严重的控股股东或实际控制人，采取证券市场禁入措施。

国有控股上市公司作为我国资本市场的重要主体，除了要符合资本市场有关上市公司监管的一般规定，还要遵守股东出资人关于国资监管的基本要求。国资监管部门相继出台《国有单位受让上市公司股份管理暂行规定》（国资发产权［2007］109号）、《境内证券市场转持部分国有股充实全国社会保障基金实施办法》（财企［2009］94号）、《关于规范上市公司国有股东行为的若干意见》（国资发产权［2009］123号）等一系列相关规定，从国有股权流转、重大事项及股东行为治理方面对国有控股股东进行监管。

在国有股权管理方面，按照《国有股东转让所持上市公司股份管理暂行办法》（国资委证监会令〔2007〕19号）有关规定，符合条件的国有股份证券交易系统转让、协议转让、无偿划拨、间接转让、增资扩股、社保转持、股权受让事项，在国有股东按照内部决策程序决定后，均需经过国有资产监管部门事先审核批准。未经批准，国有股东不得进行国有股权流转变动。2009年6月，财政部、国资委、证监会和社保基金会发文《境内证券市场转持部分国有股充实全国社会保障基金实施办法》，对国有股转持进行了规定。

在国有控股股东行为管理方面，2009年国资监管部门出台《关于规范上市公司国有股东行为的若干意见》（国资法产〔2009〕123号），法规从社会责任、整体上市、股份变动、信息披露和独立性等方面首次针对国有股东提出原则性、全面性要求。在股份变动方面，继2007年"19号文"规定相关审批外，对国有股东拟通过证券交易系统出售超过规定比例股份的，增设审批事项，法规要求控股股东将出售股份数量、价格下限、出售时限等情况报经国资监管部门批准。在信息披露方面，法规明确提出国有股东应当及时将可能导致股价异常波动的重要信息及时以书面形式通知上市公司，不得在依法披露相关信息前，以内部讲话、接受访谈、发表文章等形式违规披露。在独立性方面，法规要求国有股东应依法处理与上市公司关系，切实维护上市公司人员、资产、财务、机构和业务方面的独立性。此外，《关于规范上市公司国有股东发行可交换公司债券及国有控股上市公司发行证券有关事项的通知》（国资发产权〔2009〕125号）、《关于加强上市公司国有股东内幕信息管理有关问题的通知》（国资发产权〔2011〕158号）等规范性法律文件对国有控股上市公司的相关行为都作了具体的规定。国有股东拟与上市公司进行重大资产重组、发行可交换公司债券、增发新股的，国有控股股东在上市公司董事会审议通过的方案后，逐级报送国有资产监管部门审核批准。其中重大资产重组的，上市公司还要先申请股票停牌，国有股东还要进行地方国有资产监管部门预审核，预审核后，再由上市公司股东会、董事会审议通过重组方案，国有股东遂将重组方案逐级报国有资产监督管理部门审核批准。其次，国有股东为企业发展将所持股份用于质押的，质押担保范围限制在本单位及全资或控股公司范围内，并报国资主管部门备案。

随着我国资本市场的不断成熟，公司治理实践的不断推进，我国对控股股东行为进行规范相关法律规范和监管政策的内容也日趋全面，逐步形成了较为严密的政策监管环境。

二、控股股东存在的问题

中国证券市场建立20年以来，在规范控股股东行为的制度建设和治理实践中都取得了很大的进步。目前，我国大部分上市公司在形式上基本与控股股东实现了"五分开"，但仍有相当一部分公司在人事任免、机构设置、重大决策、对外投资等方面直接或间接受制于控股股东和实际控制人，不能完全独立，严重影响了上市公司的正常经营运作和治理机制功能的有效发挥，不利于公司的规范运作和保护投资者特别是中小投资者的合法权益。实践中，控股股东存在的问题具体表现在以下几个方面：

1. 国有控股上市公司的内部人控制缺乏有效规范

国有控股上市公司是中国资本市场的一大特色。国有股权的形成、出资和上市准入制度，强制性地规定了国有股权在上市公司中的控股地位，导致了国有控股上市公司治理的先天缺陷，即"内部人控制下的一股独大"。由于国有股权的代表是国有出资人的代理人，对大股东负责实际上是对原企业的上级行政主管部门或集团公司负责，同时又由于这些持股主体是虚拟主体，对代理人的监督缺乏足够动力。经理层摆脱董事会的控制后，既可能出现作为国有股东的代理人而不理会中小股东意见，也可能出现作为内部人而不理会国有控股股东意见的状况。

现有的相关法规也没有很好地解决决策程序的科学性的问题；尽管《公司法》、《上市公司章程指引》等相关法律法规对董事长、董事、高级管理人员的行为作出了较多的规范，但对于上市公司董事会的关键人的甄别和监督都缺乏必要的制度规范。在此状况下，通过关键人控制，董事会就有可能成为其为自己谋利的工具。在过去10多年里，上市公司的董事长或高管失踪和上市公司重大亏损的曝光，都说明在股东大会—董事会关系构造中缺乏对关键人进行有效的追究机制。

2. 国有控股上市公司的独立性有待加强

在国有控股上市公司中，党管干部原则与法人治理结构并行的企业管理模式是由中国特定的国情决定的。国有企业的"国有"和"企业"这一双重属性、双重特征决定了国有上市公司"党管干部"与法人治理必然是并行的管理模式。实践中，国有控股股东以行政化方式替代市场化运作，干预上市公司的高管任免和经营运作，影响上市公司独立性的现象还比较普遍。例如，一些国有控股上市公司的高管人员任免需控股股东和国资管理部门同意，甚至需要组织部门任命，个别国有控股股东还直接下文要求上市公司按有关程序办理其指定人员担任上市公司高管的有关手续。公司的党委委员、董事会成员及高管层均存在由控股股东或组织部门推荐、考察甚至任命的情况。调研中，发现所有的国有控股公司，无论是绝对控股还是相对控股公司，甚至是参股公司，均坚定不移地坚持"党管干部"原则。例如，中国国航的董事和高管都是根据级别先由组织部或中航集团推荐，董事会再履行提名、审批等公司治理程序。华能国际的领导班子全部是公司党组成员，其选拔任用均接受党组考察推荐。中国铁建的重要人事任免是由党委会研究通过后由提名委员会履行相应的公司治理程序。在薪酬考核方面，国资委外派董事、监事、高管的最终考核由国资委批准后，再交薪酬考核委员会履行程序。在此背景下，公司董事、监事、高管的党内交叉任职现象在国有控股的上市公司中十分普遍。在坚持党管干部的原则下，国有控股上市公司尚未形成市场化的选聘用人机制，公司治理有很大的改进空间。部分大型国有控股上市公司的高管仍有行政级别，政府在人事任免上发挥决定性作用。

3. 不规范的关联交易影响市场公平

国有控股上市公司与控股股东之间的关联交易是目前较为普遍的现象。其主要原因是原国有企业进行上市剥离时，将优质资产置入上市公司，其他非经营性的不良资产由母体即控股股东负担，这种改制方式导致上市公司的资产不够完整，使得控股股东和上市公司之间存在千丝万缕的联系。在生产经营领域，控股股东可能和上市公司的产品存在上下游关系，主要原材料依赖关联企业供应，持续性关联交易大，对其经营构成不利的影响。随着股权分置改革的完成，上市公司关联交易的一个重要趋势是，控股股东、实际控制人通过更加隐蔽、间接的非公允关联交易来逃避监管、转移上市公司利益，如关联交易非关联化，向上市公司输送利润以抬升股价。部分上市公司与控股股东及其他关联方关联交易频繁，同时衍生出资金占用或贷款担保等各种形式"掏空"上市公司的问题。

4. 民营上市公司实际控制人权力过于集中，且缺乏有效制约

由于缺乏国有上市公司所具有的行政约束机制，民营上市公司大股东、实际控制人所受的约束力度不足，容易在不受外部约束的情况下把持资本和生产经营的控制权。民营上市公司的大股东、实际控制人在企业长期发展中起到了关键性作用，而企业发展所取得的成功又强化了其个人权威。这样一方面有利于企业统一决策及经营的连贯性，提高了决策效率；另一方面又会导致大股东、实际控制人"一言堂"现象。深交所在 2009 年 12 月 31 日对中小板上市的256 家民营上市公司为样本进行的分析结果显示：在我国的民营上市公司中，多个自然人制衡类型较为少见；实际控制人结构较为简单，缺乏交叉持股、股权质押和多重投票权的增强控制权的方法；实际控制人的绝对控制权较高，但由于增强控制权的方法单一，控制权与所有权的分离不显著。因此，在民营控股的上市公司中，公司治理在很大程度上只是程序式的安排，并未真正发挥权力制衡的作用，企业"三会"的诸多决定实际上是大股东、实际控制人个人意志的体现。

5. 民营控股的"一控多"造成公司治理内部失效

中国资本市场早期，由于大量民营企业融资渠道不畅无法进行 IPO 或取得银行贷款，加上股权分置状态下，场外协议转让市场存在，国有股可以远低于二级市场股价的净资产作为定价依据协议转让给自然人，由此触发民企通过协议收购方式，控制大量上市公司，再通过控制权在二级市场上获利。2007 年沪深证券市场共有各类"系"123 个，涉及上市公司 367 家，占同期深沪上市公司总数的 27%。其中，民营控股的"系"共有 47 个，涉及上市公司 113 家，家族控股占绝大多数。例如，德隆系、格林柯尔系、中科系、三九系等，截至 2012 年 6 月 30 日，深圳共有上市公司 182 家，其中民营上市公司 132 家，占比 72.5%，121 家存在实际控制人的深圳民营上市公司中，实际控制人控制的股权比例平均为 46.41%。

"一控多"为上市公司提供了更多的融资渠道。各种资本手段的运用把各个关联企业的资金串联成多米诺骨牌似的资金链。一旦链条的某个环节出现问题，就会波及多家系内的上市公司。民营"一控多"上市公司牵扯面广、隐蔽性强，系统风险巨大，一旦发生风险将会损害中小投资者的利益。民营"一控多"上市公司给市场带来的负面影响是内幕交易、操纵市场、扰乱证券市场秩序。比如，德隆系取得几家上市公司控制权前后，二级市场的股价表现均异常，涨幅最高达 3000%，最低也有 280%；而泰港系的控制人四川泰港甚至与拟收购上市公司的其他股东达成共同炒作该公司股票的书面协议。这种治理结构存在着很多问题：一是当民营企业作为收购人时，收购人会直接占用上市公司资金、上市公司为收购人及其关联人提供高风险担保、收购人通过与上市公司进行显失公平的产品购销或资产买卖交易从上市公司套取现金等方式损害上市公司和其他股东利益。二是股权结构混乱，最终控制人的管理被隐藏，逃避市场监管和法律监管，其不规范行为会产生连锁反应，放大证券市场风险。三是上市公司无法保持必要的独立性，与公司治理的基本原则相悖，不利于上市公司的规范运作。四是治理依附于管理之上，缺乏足够的独立地位。五是经营风险与治理风险相互渗透，一体化运作导致风险迅速蔓延和全面爆发。

6. 控股股东违背承诺问题普遍

上市公司控股股东、实际控制人的承诺全面涵盖了发行上市、股改、上市公司重大资产重组、再融资等环节。各项承诺在后续履行过程中出现诸多问题，严重损失中小股东利益和资本市场的诚信环境。实践中，控股股东、实际控制人背信违约行为主要包括：未按照承诺注入相应资产和业务，未在承诺期限内解决同业竞争及关联交易问题，违背一致行动承诺、违背担保承诺、违背股份保持承诺、未实现承诺的预测盈利等。承诺在不违反法律和社会公共利益的前提下，是具有法律约束力的民事法律行为，非依法律规定或取得不特定多数人的同意，不得擅自变更或者解除。控股股东、实际控制人如果发生背信违约行为，违反了《合同法》和《民法通则》有关规定，需要承担相应的法律责任。关联方注入优质资产、消除同业竞争等承诺，不少可追溯到股改时大股东承诺对中小投资者的补偿。

在实际调查中发现，一些上市公司大股东履行承诺的情况不容乐观，其中注入优质资产承诺兑现情况最差。2013 年底，证监会对上市公司承诺履行问题进行检查发现，2493 家公司中存在超期且未履行完毕承诺事项。有的已经超期多年至今没有明确的解决时间表；有的甚至已经明确无法履行。为此证监会于 2014 年 1 月初正式出台《上市公司监管指引第 4 号——上市公司实际控制人、股东、关联方、收购人以及上市公司承诺及履行》，其中重点就实际控制人在解决同业竞争和关联交易等方面的承诺履行提出明确的监管要求。证监会要求严打承诺失信行为，并要求对上市公司大股东承诺兑现情况进行监督，旨在保护中小投资者的合法权益，严打承诺失信行为。沪、深两市的上市公司纷纷披露相关方承诺情况的公告。

有部分上市公司因出现承诺"打白条"情况，发布补充承诺。例如，东方创业的控股股东东方国际集团于 2014 年 2 月 13 日向公司致函，就以前的承诺期限进行补充。2010 年 7 月 11 日东方创业发布了非公开发行购买资产暨关联交易报告书，计划以 12.20 元的价格向大股东定向发行 8172.44 万股股票，购买大股东所持的评估价值为 9.97 亿元的 5 家公司股权。该重组方案于 2010 年 12 月 18 日获证监会审核通过。重组后控股股东东方国际集团持有东方创业的股权比例由 65.39% 上升到 72.82%。2011 年 3 月，控股股东东方国际集团曾承诺"本次交易完成后 30 个月内对东方国际集团上海市对外贸易有限公司债务纠纷进行清理"，"等事项实施完毕后……启动将东方国际集团上海市对外贸易有限公司注入公司的程序"，此外，还承诺"外贸公司与上市公司业务存在利益冲突的，东方国际集团将督促外贸公司优先将该等进出口业务的商业机会让与上市公司"。但是，30 个月承诺期限早已到期，外贸公司至今未注入到东方创业。

7. 信息披露的公开性、公平性难以保证

在控股股东和实际控制人的控制下，部分上市公司无视社会公众股东和潜在投资者最大限度掌握公司治理及公司经营状况的信息需要，仅根据监管部门制定的强制信息披露准则作最低程度的披露，或违规向控股股东或实际控制人提供未公开信息，客观上导致上市公司两类股东之间、公司与外部投资者之间存在明显的信息不对称、不公平。

调研数据显示，交易所对实际控制人的 40%处罚是因行为人违规披露所致。其具体表现如下：一是定期报告中不按要求对实际控制人情况做出真实披露。一些上市公司将控股股东等同于实际控制人进行披露，或将中间控制人、名义控制人披露为实际控制人；一些上市公司虽披露了实际控制人，但对其持股情况、在上市公司和其他企业中的任职情况、关联公司业务与上市公司是否有关等重要信息语焉不详；在多个自然人共同出资设立目标公司再控制上市公司的情况下，部分上市公司对共同控制人的出资金额、出资比例及其关联关系未作披露，投资者难以判断谁是实际控制人。二是重大事项发生后信息披露不及时。比较突出的是在重大资产重组或控制权转让过程中信息披露不及时，严重损害投资者的知情权。三是违规进行选择性信息披露。由于管理体制、经营模式等方面的原因，一些控股股东和实际控制人（主要是国有控股股东）要求上市公司定期或不定期地向其提供未公开信息，具体形式包括：定期上报未公开披露的财务资料和其他重要经营信息；提前上报年度预算、经营投资计划，重大事项先向控股股东报备或报批再履行决策程序或信息披露义务；与控股股东信息系统联网或共用一套财务系统，控股股东可以直接查阅上市公司内部的财务、业务信息等。这不仅损害信息披露的公平性，还容易引发内幕交易、市场操纵等问题，更无法保证相关信息及会计核算的准确性与保密性。

三、主要国家及地区规范控股股东行为的经验

1. 美国制度

以美国为代表的控股股东规制特点体现事后规制模式，也称司法救济，美国控股股东法律规制主要围绕美国公司法关于控股股东关联交易制度设计展开。法院区分不同类型的关联交易，按照商业判断规则和实质公平规则，在不同场合对控股股东的关联交易进行公平性审查。特拉华州法院对控股股东关联交易的相关立法及判例首次确立了法院调整控股股东的行为准则。同时，美国《证券法》（1933 年）、《1940 年投资公司法》将关联方定义成文化，安然事件后通过《萨班斯法》、《公司治理规则》进一步加大违规高管刑事处罚力度和赔偿力度，强化控股股东责任。后金融危机时代，《Dodd-Frank 法案》细化高管以公司业绩为基础的薪酬附加权益薪酬激励政策，协调管理层和大股东代理关系。

（1）确保"三会"相互制衡。美国严格限制股份集中避免大股东基于投票权形成各项控制。美国大部分州公司法并没有刻意强调一股一票的原则。《美国示范公司法》第 6·02 条规定，公司章程可以授权董事会发行各种类别的股份，不同种类的股票可以在包括投票权在内的各项权利上有所不同。1992 年 6 月 9

日，纽约证券交易所提出明确允许不同等投票权的股票上市交易。多数州公司法规定股东、大股东控制上市公司，无论控制多少，投票权不高于对外发行总数的20%。美国没有监事会，董事会行使传统的经营决策权和监督职责。经理层由董事会任命，负责公司日常经营。独立董事是美国公认的有效公司治理的核心，实践中独立董事占董事会比例也超过半数，继任独立董事则是由专门的选任委员会提名选取，确保其独立性。

（2）重视管理层激励方案。Joseph研究了790例部分私有化公司样本，发现将近27%的CEO是在职或之前担任过政府官员，将近18%的公司在进行IPO后三年，有政治关联的CEO任职的公司在股权回报率低于无政府关联的CEO任职的公司。此外，美国、中国香港和中国台湾三地为将管理人利益与公司效益挂钩，广泛深入地使用股票期权激励和收购接管机制。美国对其经理人员的激励主要是经济收入激励，美国经理人员的收入由基本工资、福利及季度利润组成，同时股票与股票期权的使用使得公司经营绩效与经理报酬相联系，目的在于使经理人的利益与公司利益一致起来，提高经理层改善公司业绩的积极性。

（3）制约内部人控制机制。美国上市公司股权分散通过营造一个竞争的公司控制权市场，来对企业经营者进行治理。例如，内部人控制严重，企业管理效率降低，公司股价下跌，公司就会被更好的人接管，原来经营班子将被驱逐，实现管理惩治。随着安然事件后，企业社会责任理论地位不断提高。代理人除为股东利益最大化外，还负有兼顾顾客、雇员、债权人、供应商及社区等利益相关者利益的责任。后金融危机时代，《Dodd-Frank法案》增加了薪酬与业绩信息公开要求。高管在公开信息中需结合股票、股息和股利分派的价值变动情况说明其实际薪酬与公司财务业绩之间的联系。美国Stranhan还认为集体诉讼有助于解决代理人问题。律师积极组织集体诉讼，使小股东能够起诉公司经理和董事，以保护他们自己的利益。

（4）强化公众股东保护，严惩违规股东高管。安然事件后，《SOX法案》中最引人注目、最具实质性影响的就是要求CEO（首席执行官）和CFO（首席财务官）个人对公司财务报告承担责任的新规定，法案强化了对上市公司欺诈的刑事惩罚力度。例如，发现经CEO和CFO签字的财务报表有问题，公司CEO和CFO除了退还任职期间的奖金、报酬外，还将承担刑事责任。一般的看法认为，这将对美国上市公司高层管理者起到很强的约束作用。

2. 中国香港地区制度

与美国相比，中国香港地区拥有众多家族控制上市公司，但其治理模式与美国没有实质差异，都是由股东大会选举董事会、董事会聘请总经理，企业实际经营权和管理权掌握在家族成员手中，核心领导层由家族成员担任。中国香港联交所对上市公司控股股东的监管主要依据《上市规则》、《会计准则》和《金融监管条例》等规则。自2004年OECD颁布《公司治理准则》后，香港地区政府针对公司存在控制股东占统治地位，缺乏激励保护中小股东参与机制等问题，设立公司治理检讨委员会，研究董事会组织和结构、首席执行官、执行董事、非执行和董事长的作用，董事委任、连任和辞职的程序等，在加强公司董事会的民主性、独立性及社会责任方面提出了新的要求。

（1）关联交易中关联人认定。上市规则规定的联系人范围分为关联自然人和关联法人两类。其具体包括：①上市公司的附属公司及法人控股股东和控股股东的附属公司。②上市公司的董、监、高，直接或间接持有5%的自然人。③上市公司的董、监、高的家庭成员、受托人、受益人。④上市公司的董、监、高的家庭成员、受托人、受益人单独或共同持股比例超过30%的法人，或能决定董事会大部分成员的法人。⑤第④项的附属公司。为符合家族上市公司运营需求，允许控股股东从事竞争性业务，但需要控股股东披露不合并该竞争业务的理由，以及控股股东是否计划在将来合并竞争业务及理由和合并的时间表，充分适应家族企业的控股特点和要求。

（2）"三会"制衡规定。中国香港地区2012年《主板上市规则》规定上市公司计划撤回上市、启动反收购行动或计划的增资扩股将导致已发行股本或市值增加50%的，控股股东无权表示赞成，但可以表示反对。例如，控股股东在面对大多数小股东反对下投票通过分拆上市事项的，公司的独立财务顾问需就有关股东大会作出的决议内容向中国香港联交所提交报告。自公司上市后6个月控股股东不得出售股份。自公司上市后12个月公司业务性质发生根本性转变的，除特殊情况外，不得收购或出售股份，如属例外的，应取得控股股东以外的其他股东事先批准。上市发行人董事会必须包括至少3名独立非执行董事。选任上市公司独立财务顾问中，如独立财务顾问或其最终控制公司与上市公司的控股股东有债权债务往来或担保之数额超过独立财务顾问公司资产总和10%的，选任无效，该机构不得担任上市公司财务顾问。通过该规定降低财务顾问与控股股东合谋侵犯公司、中心股东或债权人利益。

3. 德国制度

德国模式又称双层制，公司机关由股东大会、监事会和董事会构成。股东大会选任监事，由监事构成的监事会选任董事，由董事构成的董事会负责公司的经营管理。监事会还负责对董事会的业务执行情况进行监督，另外，德国的公司治理模式非常重视职工的参与。德国模式的特点在于：其制度设置了一个功能强大的监事会，它是一种分权与制衡的典型模式。

德国政府推行企业集团制度，积极致力于公司间纵向交叉持股的发展，以形成供应商与生产商之间的纵向结合体，促进公司间的合作与集中。德国交叉持股，股权结构多元化发展始终以维系企业间长期战略关系为主要目标，持股各方不会因股价的上涨或下跌而轻易交易手中的股票，尤其在股价出现异常变动的情况下，交叉持股关系成为维系交易双方股价稳定的"蓄水池"，在一定程度上维持了德国股票市场上股价的稳定。此外，德国公司实行的共同治理机制要求企业经营者以股东和利益相关者权益最大化为目标，而不仅仅以实现股东利益最大化为终极目标。德国的监事会成员由股东和雇员代表共同组成，具有管理委员会成员任免权、经营管理权和重大项目决策权，从公司治理机制上保证了外部股东和雇员的权益，较好地克服德国的全能银行体制下产生银行内部人控制问题。

德国模式建立在银行主导的金融体制之上，不依赖资本市场和外部投资者，以银行为主的金融机构在公司治理结构中发挥重要作用，不但提供融资，而且控制公司的监事会，凭借内部信息优势，发挥实际的控制作用，这种体制据说有利于企业尤其是大型企业的长期发展。

德国上市公司股权结构中，个人持股的比重传统上一直较小，而以银行为代表的金融机构持股比重和非金融公司交叉持股比重很大。

4. 中国台湾地区制度

以中国台湾地区为代表的控股股东规制特点主要体现为"事前监管"模式。中国台湾地区借鉴德国制度，通过"关联企业"专章立法，规范控制公司的法律义务和责任。规范内容包括控制公司定义、交易条件，利益损害方基于损害赔偿请求权提起诉讼的程序规定，关联报告书制度，要求关联企业不管是否公开发行一律向主管机构披露报告和财务报表。

中国台湾地区的相关公司法规和证券交易法规规定，关联关系认定不以形式上是否存在关联契约为标准，扩大关联关系的认定范围，规定控制公司直接或间接从事不当交易导致从属企业遭受损失的，应负赔偿责任。

公司"三会"方面，中国台湾地区的上市公司依法设置股东会、董事会和监察人三大机关。中国台湾地区相关公司法规有这样的规定："公司业务之执行，除本法或章程规定应由股东大会决议之事项外，均应由董事会决议行之。"法律赋予董事会强大的公司经营决策。监察人为公司业务监督机关，享有公司业务监督权、随时查账权、董事会列席参会权、要求董事会报告等权利。法律赋予监察人众多权力以便独立行使职务。

信息披露规定方面，中国台湾地区相关公司法规规定控制股东应在每个会计年度终了2个月内编制控制企业合并经营报告书及合并报表并在年度终了后4个月内向主管部门呈递。由于中国台湾地区不禁关联交易，但需要披露交易细项，如单笔交易超过当期交易总额 10%的，需单独列示，增加信息披露的深度和广度。

公众股东保护制度方面，中国台湾地区相关公司法规规定控股公司利用控制权致使从属公司从事不当关联交易的，控股股东负责人个人与其就侵权损害赔偿承担连带责任。赔偿数额按照从属企业营业年度结束时的亏损额进行计算。为避免控制股东使用其控制力阻碍少数股东或债权人代位或代表请求，规定从属公司与控制股东所达成的和解或放弃权利的，并不影响代位或代表诉讼的提起。

四、相关建议

针对前述我国上市公司治理中存在的控股股东、实际控制人行为不规范的关键性问题，遵循控股股东对公司治理产生的影响，应进一步优化内部股权结构和外部监管制度，建立符合我国国情的上市公司控股股东的治理规范，切实平等保护不同股东权益。

1. 切实规范控股股东、实际控制人的行为

加快法律法规建设，明确将上市公司控股股东及实际控制人纳入监管范围。现行证券监管法规主要以上市公司为规范对象，对控股股东、实际控制人则定位于配合义务，直接规制较少，不能有效防范控制风险。在中国"一股独大"的现实背景下，加强对控股股东、实际控制人的行为规范，对于保护中小投资者利益具有重大现实意义。

建议在《证券法》中进一步加强对控股股东、实际控制人的规制力度。一是进一步明确中小投资者利益保护的原则。日前，国务院办公厅发布了《关于进一步加强资本市场中小投资者合法权益保护工作的意见》，明确规定了"上市公司控股股东、实际控制人不得限制或者阻挠中小投资者行使合法权利，不得损害公司和中小投资者的权益"，"对上市公司违法行为负有责任的控股股东及实际控制人，应当主动、依法将其持有的公司股权及其他资产用于赔偿中小投资者"，"坚决打击上市公司控股股东、实际控制人直接或者间接转移、侵占上市公司资产"。这些规范意见可考虑在《证券法》中落实。二是要尽快出台《上市公司监督管理条例》，切实系统地将控股股东、实际控制人纳入监管范围。明确控股股东、实际控制人应当依法行使权利、履行义务，维护上市公司独立性，不得越权干预公司经营管理、损害或者指使他人损害公司利益。完善证券民事赔偿制度，建立快速高效的民事、行政和解制度，创新证券纠纷解决机制等。建议进一步明确控股股东和实际控制人对上市公司及中小股东的诚信义务和相

关责任，加强监管部门对与上市公司有资金及业务往来的控股股东，或实际控制人及其关联方资信状况进行调查和对控股股东及实际控制人虚假披露行为进行处罚的权力；建立实际控制人信息披露诚信档案记录，对实际控制人自身及由其造成的上市公司信息披露违规行为进行记录，对有失信记录的实际控制人实行限制或监管其资本市场相关行为；构建中小股东代表诉讼机制，发挥中小股东对上市公司信息披露行为的监督作用，提高控股股东和实际控制人的违法违规成本。

2. 强化控制股东及实际控制人信息披露要求及责任

目前，《证券法》《公司法》《上市公司信息披露管理办法》及交易所自律管理规则均对控股股东、实际控制人的行为规范做出一些规定，但这些规定主要是从以股权结构为中心的信息披露方面对控制权行为加以规范的，对于其自身内部对上市公司有重大影响的行为信息披露规范较少，需要制定一套完整而系统的规则体系，全面规范控制权行为。此外，在现有制度下，因控制权优势产生的信息披露不对等、底线披露、选择性披露等现象普遍存在，侵犯了中小投资者的合法权益。

要强化披露要求，一是提高控股股东和实际控制人的披露要求，规范其披露途径。明确控股股东和实际控制人向上市公司披露信息的强制性披露义务，赋予上市公司对控股股东及实际控制人的调查权力。二是提高上市公司的披露要求。要求上市公司在定期报告中披露实际控制人控制公司的名单、资信情况，不得越级披露，也不得人为增减披露链条，上市公司要以文字形式明确说明公司的实际控制人的背景资料。当实际控制人是自然人时，应当详细披露自然人的简历及其他相关信息，该自然人直接或者间接投资的其他上市公司情况，该自然人配偶、父母、子女直接或者间接投资的其他上市公司情况。禁止上市公司向控股股东或实际控制人提供未公开信息。三是采取按照国有控股、民营控股、外资控股及其他类型进行分类披露，进一步明确控股股东或实际控制人的相关义务和责任，细化目前的法人与自然人两分法，多角度、全方位使投资人了解控股股东和实际控制人信息。

3. 完善国有控股上市公司管理体制，提高治理效率

一是推动国有控股上市公司加快整体上市步伐。通过吸收合并、股权置换、定向增发等方式，推动集团整体上市，彻底解决同业竞争及对控股股东过分依赖的问题，理顺与大股东及相关各方的关系，从体制上根除公司治理障碍。二是推动上市公司股权多元化，充分发挥股东之间的制衡作用。上市公司"一股独大"的股权结构，仅靠公司内部治理无法形成对大股东的制衡力量。因此，应进一步推动国有控股上市公司通过股权转让、不同层级国资主体交叉持股、引入战略投资者等方式，推进股权多元化，优化股权结构，强化对控股股东的制衡，以减少地方政府部门对上市公司的行政化干预，约束控股股东的行为。三是完善国有控股上市公司实际控制人的行为规范，改进上市公司高管人员管理体制，完善选用人制度，完善考核管理指标体系。明确考核标准、办法、程序，进一步理顺三个关系即国有资产所有权与公司法人产权之间的关系，所有权主体代表政府与公司负责人之间的委托—代理关系，政府与市场主体—企业之间的关系，明确各主体相关职责，规范各主体的行为。

4. 改善民营上市公司的内部治理机制

在不损害民营上市公司决策效率等竞争优势的前提下，改善其内部治理机制。通过限制、规范实际控制人的权限，强化中小股东的权利意识、参与意识，完善董事会、监事会、独立董事独立决策机制等路径，增加民营上市公司制衡、民主的基础，扩大其对公司治理的需求，为公司治理赢得更广阔的施展空间，加强对实际控制人的制衡和约束，推动民营上市公司通过股权转让、兼并重组等发展方式优化股权结构，建立股东之间的相互制衡机制。在现有的股权结构下，在制度层面加强对民营上市公司实际控制人的制衡与约束。

理顺独立董事和监事会之间的关系。合理划分监事会与独立董事的职责，构建层次分明、分工明确的双层监控体系。监事会对公司内部具体的经营情况、公司财务、业务及高管个人行为进行监督。独立董事由于拥有董事会投票权，可以在公司的各项重大决策及其监督方面发挥更大的作用。

5. 对背信违约行为建立赔偿制度

建立控股股东、实际控制人背信违约民事赔偿制度，使那些在发行融资、并购重组中做出公开承诺，事后却不履行、逃避责任的控股股东付出失信成本。制定相关配套制度，明确背信违约赔偿责任内涵。现行法律、法规、部门规章、规范性文件对背信违约行为的规定不够健全，相关条文较为笼统，责任性条款较少，可操作性不强。实践中对背信违约行为处罚力度也不够。如《股改管理办法》规定："在股权分置改革中做出承诺的股东未能履行承诺的，仅由证券交易所对其进行公开谴责，证监会责令其改正并采取相关行政监管措施；给其他股东的合法权益造成损害的，依法承担相关法律责任。"上述种种原因在一定程度上造成了控股股东、实际控制人背信违约行为屡见不鲜。鉴于此，建议参照《最高人民法院关于审理证券市场因虚假陈述引发的民事赔偿案件的若干规定》，制定相关配套制度明确赔偿责任内涵，或在立法时对各类承诺的具体要件及违反承诺的赔偿对象、标准、程序等赔偿制度核心要素予以明确。

第七章　上市公司监管制度

我国证券市场自 1990 年建立以来，上市公司监管就成为证券监管部门的一项重要工作，通过监管促进上市公司规范发展已经成为各方共识。上市公司监管，是指政府、政府授权的机构或者依法设立的其他组织，从降低资本市场风险、保护社会公众利益和维护社会安定的目的出发，根据宪法和法律制定相关的法律、法规、条例和政策，对上市公司的各种活动进行监督、管理、控制与指导。上市公司监管主要是通过规范上市公司内部董事、监事、高管人员与股东之间的相互行动，以及外部公司与控股股东、实际控制人之间的交易行为，以提高上市公司的透明度和竞争力。

上市公司作为资本市场的基石，对其实施有效监管是资本市场的基本要求。完善有效的上市公司监管制度不仅能够保证上市公司规范运作，提高上市公司质量，改善上市公司外部发展环境，而且有利于引导上市公司和资本市场之间的良性互动，进而促进资本市场的健康、成熟、规范发展。我国的上市公司监管制度经过多年的实践已经基本形成了体系，近年来，为适应资本市场改革和发展形势的需要，上市公司监管工作理念不断调整，成效显著。

一、我国上市公司监管演变进程

我国上市公司监管体制经历了从多头到统一、从分散到集中的过程。20 世纪 90 年代初期，股份制改造和证券市场的发展以分割的区域性试点为主，并处于一种自我演进、缺乏规范和监管的状态。1992 年 5 月成立的中国人民银行证券管理办公室是最早对证券市场实施统一监管的机构。1992 年 10 月，国务院决定成立国务院证券管理委员会和中国证监会，同时将发行股票的试点由上海、深圳等少数地方推广到全国，资本市场开始纳入全国统一监管框架。同时，国务院赋予中央有关部门部分证券监管的职责，形成了各部门共管的局面。1997 年全国金融工作会议确立了以证监会为核心的集中监管体制。1998 年国务院证券管理委员会撤销，中国证监会成为全国证券期货市场的监管部门，建立了集中统一的监管体制。

我国的上市公司监管大致可以分为三个阶段。

第一个阶段，1992~1998 年是探索和起步阶段。1993 年颁布了《股票发行与交易管理暂行条例》和《公开发行股票公司信息披露实施细则》，分别规范了股票发行交易及上市公司收购等活动、上市公司信息披露的内容和标准。1993 年《禁止证券欺诈行为暂行办法》和 1996 年《关于严格操纵证券市场行为的通知》对禁止性的交易行为作了较为详细的规定。1994 年《公司法》实施，规范了有限责任公司和股份有限公司的法人治理结构，为股份制企业和资本市场的发展奠定了制度性基础，至 1998 年底，证监会先后颁布实施了 250 多项法律法规。

1994 年《公司法》原则性规定了上市公司在一定条件下暂停和终止上市的情形，但长期未实施。1998 年 4 月，沪深交易所宣布对财务状况或其他状况出现异常的上市公司股票交易进行特别处理（ST）。1999 年厦海发因连续 2 年亏损成为首家 ST 公司。

1995 年 3 月至 1997 年 6 月证券市场股市、期市违规事件频繁发生。1997 年初，上市公司造假出现第一个案例，琼民源公司财务造假。其间，股市多次出现投机过度，监管层多采取行政手段，一直没有找到合适的预防机制和预警机制，对于违规公司，多以关闭、停牌来解决，监管措施较为单一。

第二个阶段，1999~2010 年为规范和发展阶段。1999 年《证券法》实施，我国资本市场进入了规范化、法制化的发展阶段。1999 年起证监会对证券市场混乱的状况进行了一系列的清理整顿，关闭了非法股票交易场所等。1999 年 10 月以国有股减持为始端，开始了股市全流通的实践探索，后虽因引发股市暴跌而暂停，但探索却未止步。

1999 年 7 月《证券法》实施后，沪深交易所公布规则，对连续 3 年亏损的公司暂停上市，并对其股票实施特别转让服务（PT）。如果 PT 后又连续 3 年亏损则终止上市，若 3 年内某一年扭亏为盈，则可申请恢复上市交易。2001 年证监会颁布《亏损上市公司暂停上市和终止上市实施办法》，首次明确上市公司退市规则，取消 PT 制度，连续 3 年亏损公司即停止交易，交易所不再提供转让服务。暂停交易后第一个会计年度公司仍未扭亏的将直接终止上市。PT 水仙成为 A 股首家退市公司。

2000 年以后，证监会出台一系列改革措施，股票上市发行审批制转为核准制。2000 年 3 月证监会决定当年 4 月起转配股逐步安排上市，由证券交易所组织实施。按照产生转配股的时间先后，分期、分批陆续进入二级市场流通。公司有多次转配行为的，按首次发生转配股的时间确定上市顺序，并同时全部安排上市。2001 年 2 月证监会宣布 B 股向境内投资者开放。2004 年 2 月国务院发布《关于推进资本市场改革开放和稳定发展的若干意见》（简称"国九条"），此后进行了一系列改革，完善各项基础性制度，包括股权分置改革、证券公司综合治理、提高上市公司质量、大力发展机构投资者、改革发行制度等。2005 年 4 月，证监会发布了《关于上市公司股权分置改革试点有关问题的通知》，启动股权分置改革试点工作。2005 年 8 月，五部委联合发布《关于上市公司股权分置改革的指导意见》。2007 年基本完成上市公司股改，实现 A 股市场的全流通，恢复了上市公司股票同权、同股、同利的本来属性，从根本上解决了长期困扰我国资本市场"双轨制"的问题。2006 年 5 月，证监会公布《首次公开发行股票并上市管理办法》，标志着因股权分置改革暂停近一年的新股发行重新启动。2005 年《公司法》和《证券法》进行了全面修订，鼓励市场创新，拓宽资金入市渠道，对不利于资本市场深化改革的限制性规定作了适当调整，从法律上保障资本市场健康有序发展。

针对上市公司的治理和规范也成为这一时期监管部门的工作重心。2001 年证监会发布《关于在上市公司建立独立董事制度的指导意见》，标志我国正式引入独立董事制度。2002 年证监会和国家经贸委联合发布了《上市公司治理准则》，从股东与股东大会、控股股东与上市公司、董事与董事会、监事与监事会、绩效评价与激励约束机制、信息披露与透明度等七个方面规范上市公司规范运作。之后，证监会又相继出台了一系列具有较强可操作性的规定，对上市公司发行证券及证券交易各个环节的信息披露、资金往来和对外担保等问题作出了具体规定，有效地规范了上市公司的行为。2006 年，证监会完成了"清理上市公司资金占用"工作，出台了一系列严格限制控股股东及其关联方侵占上市公司资金的规定，提高了上市公司质量。从 2007 年《上市公司信息披露管理办法》实施起，证监会以信息披露违法案件处罚决定书的形式对涉及违法行为的责任人员采取了市场禁入措施进行处罚，对信息披露涉嫌犯罪案件移送司法机关，一定程度上遏制了操控内幕信息的违法行为。2007~2009 年开展上市公司治理专项活动，全面排查上市公司"三会"运作、信息披露、内部控制、独立性等治理方面的问题，累计整改 1 万多个问题，健全了上市公司在关联交易、对外担保、财务管理等重点环节的内部控制制度，完善了信息披露制度，提高了上市公司运营透明度，积极推动上市公司股权激励制度。进一步促进了上市公司股东大会、董事会和监事会规范运作，增强了独立性。监管机构基本确立了上市公司治理的原则和框架，并督促上市公司逐步走上规范发展的轨道。

第三个阶段，2011 年至今为调整和转型阶段。2011 年起行政审批改革的方向为"放松管制、加强监管"，监管机构进行了一系列制度改革，给证券机构、上市公司松绑，降低相关业务门槛，同时加强对证券市场违法违规的打击和惩罚力度。2011~2012年证监会推出的各项政策、办法达70多条，包括鼓励上市公司分红、内幕交易零容忍、IPO制度改革、打击炒新、完善退市制度、引入长期投资者、降低交易和监管费用、推动开办新三板市场、恢复国债期货交易、推出转融通业务等，在保障股民权益、严打违规行为、释放证券市场主体创新活力方面进行了全方位的改革。2013年，监管机构明确提出"宽进严管"、加强监管执法为当前我国资本市场监管转型的着力点。资本市场监管需要更加尊重市场客观规律，扭转"重审批、轻监管"的倾向。将主营业务从审核审批向监管执法转型，将运营重心从事前把关向事中、事后监管转移。一是大幅取消、简化行政许可审批事项，2002年以来，分批次共清理取消了138项行政审批事项。二是多举措推进并购重组市场化机制，2013年10月8日正式实施并购重组分道制审核，对符合标准的并购重组申请，实行豁免审核或快速审核。下一步将落实《国务院关于进一步优化企业兼并重组市场环境的意见》（国发〔2014〕14号）和《国务院关于进一步促进资本市场健康发展的若干意见》（国发〔2014〕17号）的精神，进一步取消下放部分审批事项，简化审批程序，鼓励市场化并购重组。三是推动新股发行体制改革和退市制度改革，完善投资者保护制度。2012年以增加市场化退市指标为主，制定实施了新的退市制度，构建多元化的退市标准体系，细化了重新上市的标准和程序等，在一定程度上缓解了退市标准单一、炒作绩差公司等问题，推动退市的常态化、机制化。2013年11月30日，证监会发布《关于进一步推进新股发行体制改革的意见》，完善新股发行市场化机制，推进股票发行从核准制向注册制过渡。针对国务院办公厅《关于进一步加强资本市场中小投资者合法权益保护工作的意见》（国办发〔2013〕110号）制定投资者保护的细化措施，完善相关制度。根据国发办〔2014〕17号文的精神，将继续推进股票发行注册制改革，建立和完善以信息披露为中心的股票发行制度。四是着手修订《上市公司收购管理办法》、《上市公司重大资产重组办法》、《上市公司治理准则》、《上市公司章程指引》、《上市公司股东大会规则》等法规规章，同时加大了对违法违规行为的打击力度。五是提出"建立健全良性高效的上市公司监管机制"，进一步明确将信息披露作为上市公司监管核心；厘清上市公司监管职责分工，深化辖区监管责任制，加强内部协作，提高监管效率；从市场化约束机制入手，通过上市公司治理和内控约束、中介机构专业约束、市场外部约束和监管部门的监管执法，推进各方归位尽责。

我国上市公司监管的演进呈现以下特征：

第一，由政府行政监管向政府监管为主自律管理为辅转变。早期的监管以政府行政监管为主，随着上市公司数量激增和监管压力、复杂性的增加，自律监管成为必要的补充。当前，我国上市公司监管模式为政府监管为主、自律管理为辅，主要由证监会、证监会派出机构、证券交易所和上市公司协会等进行监管。证监会是证券市场的主管部门，《证券法》明确规定其"依法对全国证券市场实行集中统一监督管理"；派出机构是依据授权进行监管；交易所对上市公司信息披露进行监管，监控二级市场的交易；上市公司协会则是对上市公司群体进行自律性管理。上市公司监管法律法规体系包括：一是国家层面的法律，包括《证券法》、《公司法》等；二是行政法规和部门规章，如《首次公开发行股票并上市管理办法》、《证券发行与承销管理办法》、《上市公司信息披露管理办法》、《上市公司收购管理办法》等；三是自律规则，主要包括交易所制定的交易规则。

第二，从上市公司外部监管转向注重以公司治理监管为主的内部约束机制。多年来，证券监管部门为构建上市公司法人治理结构和提升公司治理水准付出了巨大的努力，取得了一定成就。我国规范公司治理的法律法规体系逐渐健全，证券市场建立了和国际通行规范初步接轨的上市公司信息披露制度，涵盖了从发行预披露到并购中的股东权益变动说明、从定期财务报告到临时重大事项报告、从发行路演到日常投资者关系管理的各个环节，从信息披露的内容、形式到手段都作出了较为科学合理的规定，上市公司信息披露质量明显提高。调研显示，上市公司普遍建立了《信息披露管理办法》、《重大信息内部报告制度》、《投资者关系管理制度》等信息披露制度，通过信息披露主动接受市场检验的意识有所提高，能够及时、准确、完整、真实、有效地披露信息。提供虚假信息、蓄意误导和欺骗投资者现象有所遏制。

公司内部法人治理结构日益规范完善，根据调研，几乎所有上市公司都建立了独立董事制度，大部分上市公司独立董事人数超过董事会人数的1/3，多数公司建立了以独立董事为主组成的董事会专门委员会，并为独立董事获得上市公司信息、参与上市公司决策创造条件，如青岛海尔、无锡威孚等上市公司还设立了独立董事的工作班子，配备了专职人员。大部分独立董事能够按规定履行职责，保证工作时间，出席董事会议，审议有关议题，发表独立意见，在增强董事会独立性、保护中小投资者权益等方面发挥着积极的作用，特别是对关联交易的审查作用开始显现，对一些重要事项发表的独立意见开始受到市场重视。其作为上市公司治理结构的延伸，越来越多的公司建立了以财务管理、资金管理、人力资源管理、营销管理、风险控制等为主要内容的内控制度，一些公司还制定了《募集资金管理办法》，还有一些上市公司已经形成了具有自身特色的内控体系，执行情况良好，也取得了一定成效。在各项制度完善的基础上，我国上市公司逐渐形成一种与西方相对接的公司治理文化。

第三，逐步强化事中、事后监管，明确将信息披露作为上市公司监管核心。在当前政府职能转变的大背景下，监管机构积极推进从事前监管向事中、事后监管的转型，逐渐减少对上市公司具体业务的事前行政管制，逐步强化事中、事后监管，同时明确了以信息披露作为监管核心。从国际发展趋势和发达市场经验来看，信息披露无疑是监管的核心。近年来，监管机构进一步完善了上市公司信息披露监管方面的法规体系，鼓励公司自愿、主动披露信息，加强对信息发布的监管，建立舆情协作机制，推广交易所信息披露直通车，提高透明度。下一步将以投资者需求为导向推动制定覆盖多板块的信息披露管理办法，推动差异化的信息披露改革和组织发布行业信息披露指引等。

二、我国上市公司监管存在的问题

随着资本市场改革的稳步推进，上市公司监管的艰巨性和复杂性逐步加大，加上政府职能转变和简政放权，上市公司监管制度逐渐暴露出与上市公司发展不相适应的环节和领域。

1. 监管模式和规则体系问题

（1）监管法律法规体系不健全。缺乏与《公司法》、《证券法》等法律相配套的实施细则和相关法律，如《上市公司监管条例》、《证券交易法》、《证券信誉评级法》等，在法律手段运用上可操作性差、执法力度弱，监管存在部分空白地带。

现有法律法规之间衔接性比较差，如《证券法》与《公司法》之间不衔接。在证券法律制度中，证监会是执法单位，维护市场秩序，是裁判员的地位。在公司法律制度中，证监会不是上市公司的主管部门，而是教练员的地位。公司是独立的、自治的法律主体。而且，《刑法》、《民事诉讼法》、《行政法》等法律没有做出相应补充规定来配合《证券法》规定的法律责任，证券监管的法律手段在实际中难以奏效。

部分规则难以跟上市场和实际操作的变化。有些规则在制定后长期缺乏评估、修订，导致出现无法可依、有法难依，或与实际情况背离的局面，如《证券、期货投资咨询管理暂行办法》、《外国证券类机构驻华代表机构管理办法》分别颁布于1997年、1999年，至今未作修订，其中有些规定已与现实脱节。又如1994年国务院证券委、体改委发布的《到境外上市公司章程必备条款》，对企业赴境外上市的章程必备条款作了系列具体规定，要求企业必须写入章程。但是，其中很多规定只是基于当时的特殊背景，现在看来不尽合理，如要求股东大会提前 45 天通知，时间远远长于中国香港地区的规定，导致境外上市公司的治理成本较高，对企业海外扩张形成很大阻碍。而且，证券委、体改委两个机构早已调整，但该规定一直未更新也未废止。

（2）传统的监管理念重事前行政管制，轻事中、事后监管。调研中，企业提出现行行政许可、审批事项过多、成本过高、效率过低的问题。监管的部门多、政策多，如证监会、交易所、证监局、行业协会都可以提出培训，从培训的例子就体现政出多门。各种监管和审批流程对上市公司约束多，有些规则过于细化，将公司自治范围内的事项也纳入行政管理范畴，操作上难以执行。事中、事后监管不足，监管力度不到位。例如，持续信息披露方面，受囿于监管力量，难以保证对上市公司的定期报告和临时报告做实质性的审核。

（3）监管执法手段有限，行政执法难。实践中行政执法案件存在发现难、取证难、处罚难、执行难等问题。资本市场违法案件，因为执法手段不足，调查困难，查实率仅 60%~70%。当事人往往不配合调查，甚至发生暴力抗法事件。案件难以及时查证和处罚，给投资者带来了损失，还可能引发系统性风险，危及市场的安全运行。需要跨部门配合时，可能因为跨部门申请手续及审批过程较长，贻误时机、扩大损失。如亿安科技案件，涉案人员在查处期间转移资产，由于查处手段有限，难以及时保护中小投资者利益。2005 年《证券法》赋予证监会现场检查权、调查取证权、查阅复制资料权等，并新增了冻结、查封权。2006 年证监会颁布了《冻结、查封实施办法》，明确了行使权力的相关程序。这些强制措施还难以满足现实需求。

（4）自律监管机制尚不完善，作用有待进一步发挥。我国现行法律法规并没有清晰界定证监会、证券交易所及上市公司协会等监管及自律管理主体对交易会员、上市公司和证券交易监管的权限划分。相关监管部门的职能、层次不明确，同时没有一套严密有效的措施来确保履行其职能，不利于对上市公司实施监管。证券监管机构对证券市场实行集中统一的领导，包括行业准入、业务审批、发行审查、上市监管、违法查究、风险处置、投资者教育和保护等，相比之下证券交易所的自律监管权力有限。例如，证监会负责监管股票发行过程中的信息披露，上市后的持续信息披露由交易所监管，但是受监管力量和监管手段的制约，发现问题的能力较为有限。自律监管通常以比较柔性的道义劝说、质询、谴责等方式进行，监管的刚性和震慑力不足。然而，上市公司协会的定位、职能和授权等有待进一步清晰，自律监管权力相对缺失。

2. 信息披露监管尚不完善

从各国公司治理的实践来看，通过外部监管纠正上市公司治理结构出现的偏差，重点在于通过监管完善其信息披露制度。目前，我国信息披露制度存在不完善，不足以保障中小投资者利益。

（1）强制性信息披露制度存在欠缺。当前对强制性信息披露的要求主要在于财务信息，涉及招股说明书、上市说明书、定期报告和临时报告等方面，涵盖面较窄；就财务信息而言，强制性信息披露的标准也不够高，导致上市公司对或有事项、社会责任方面的信息披露不充分，表外信息披露不足。

（2）信息披露重大性标准模糊。我国对"重大性"的判断标准某信息是否会影响投资者的决策或证券价格。按照投资者标准，法律要求发行人一律从理性投资者的角度出发来考虑何谓重大，但由于投资者往往是非理性的，投资者的决策和证券价格的标准往往存在不一致性。信息是否会影响投资者决策，仅凭借立法的规定往往难以奏效。由于市场价格不能完全反映披露信息，因此依据证券价格判断某一信息是否重大的可行性也不足。实践中，因为这两个标准的界限比较模糊，而且带有很大的主观性，往往很难准确加以适用。

（3）自愿性和预测性信息披露相关规定存在不足。这两类信息披露进行监管的本意在于鼓励上市公司进行自愿性信息披露和预测性信息真实披露，从相关的法律实践来看，更多的是强调上市公司的义务。在预测性信息披露方面，我国上市公司上市之前必须在招股说明书和上市公告书中对利润总额、每股盈利及市盈率等预测性信息进行披露。在公司上市之后的定期报告中是否披露盈利预测信息，则出于自愿，不做强制性要求。相较而言，预测性信息的规定还很松散，缺乏科学完整的体系。预测性信息披露的范围也很狭窄，主要包括公司发展计划和盈利性预测两种，基本没有涉及更多的信息披露问题，使得大量有价值的预测性信息被排除。监管体系鼓励公司进行自愿性信息披露的措施尚处于初步阶段，缺乏类似于美国的"安全港规则"预测性信息披露免责机制，使得上市公司发布预测性信息时多有顾虑。例如，涉及自愿性信息披露的《上市公司投资者关系管理指引》第3章第14~19条，均强调上市公司进行自愿性信息披露的义务和规则，而对于预测性的信息披露并无相应的保护措施，使得上市公司进行预测性信息披露时多有顾虑，害怕因为预测性信息的不准确而承担相关责任。

3. 快速再融资制度欠缺，债券发行审核体系不统一

再融资包括增发、配股和发行债券融资等。我国上市公司再融资选择从单一配股逐渐过渡到配股、公开增发、可转换债券和定向增发等多种方式并存的状态。由于我国直接融资尚未完全市场化，企业高度倚重间接融资，这样的融资结构很容易导致企业的高负债率，从而出现系统性金融风险。从国际比较看，截至2012年底，欧美主要发达国家的非金融企业负债总额占GDP的比例在70%左右，有些国家只有50%左右（如德国），而我国的非金融企业的债务占 GDP 的比例高达 120% 左右。高负债与产能过剩叠加，很容易导致企业的债务危机，引发金融风险。总体而言，我国再融资监管的行政化倾向较强，审批效率不高。

（1）快速再融资制度欠缺。我国目前承认公司债券和优先股的储架发行。证监会 2007 年《公司债券发行试点办法》第 21 条规定，发行公司债券，可以申请一次核准，分期发行。自核准发行之日起，应在 6 个月内首期发行，剩余数量应当在 24 个月内发行完毕。超过时效未发行的，须重新核准发行。首期发行数量不少于总发行数量的 50%，剩余各期发行数量由公司自行确定，每期发行完毕后 5 个工作日内报证监会备案。《优先股试点管理办法》第 40 条规定上市公司发行优先股，可以申请一次核准，分次发行。但是，储架发行适用范围有限，相关配套制度规则尚存在不足。成熟国家如美国的储架发行也适用于股权再融资，且实行分级管理。对于知名成熟发行人自动适用储架注册规则。另外，我国缺乏闪电配售等快速再融资制度，资金募集使用上欠缺灵活性。闪电配售制度的缺乏延长了非公开发行的周期，使上市公司的股价在配售之前更加容易出现不良的波动，中小股东的利益容易受到损害。

（2）不同债券品种审批主体和交易平台之间存在不一致。目前，债券市场已经形成了面向不同类型企业、适用不同发行要求的多层次债券市场，包括公司债、企业债、集合债券、可转债、城投债、中期票据、短融产品等，但不同产品推动和审批主体不一致，审批环节不一，企业债、城投债由发改委审批，短融和中期票据、集合债券由央行审批，公司债和可转债由证监会审批。债券的交易平台也不一致，部分在交易所上市交易，部分在银行间债券市场交易，部分在交易所和银行间市场都可交易。总体上，上述债券产品目前涉及发改委、央行、证监会等不同部门审核，交易方式不一，企业难以高效掌握和运用相关产品。

4. 并购重组相关政策不尽合理

（1）调研中，上市公司反映并购重组税收负担过重。我国已出台了多项税收政策和规定以规范引导公司并购行为，但至今还没有一部完整的公司并购涉税法律。发生并购活动的企业税收负担过重。2009 年财政部、国家税务总局发布《关于企业重组业务企业所得税处理若干问题的通知》（财税〔2009〕59 号）（以下简称"59 号文"）规定了适用于特殊性税务处理的各种企业重组类型。第 6 条第 2 款和第 3 款规定：对于股权（资产）收购，如收购（受让）企业购买的股权不低于被收购（转让）企业全部股权（资产）的 75%，且收购（受让）企业在该股权（资产）收购发生时的股权支付金额不低于其交易支付总额的 85%，可适用于特殊性税务处理。但是，在并购实务中，该项税收制度安排已明显成为上市公司并购重组的掣肘。①股权支付比例问题。现实中被收购企业的股东通常更愿意采取"现金＋股权"等组合支付方式，如果股权支付比例小于85%，则不能享受到特殊性税务处理的优惠。过高的股权支付比例有碍于上市公司创新性选择多样化的组合支付手段。②重复纳税问题。由于股权（资产）收购方（往往是上市公司）获取的股权计税基础是原计税基础，因此上市公司如果在以后再次转让该股权时，其不仅会产生该同一笔交易在收购方和被收购方两次纳税的情况，而且如果上市公司采取特殊性税务处理方式，其缴纳的所得税款要远远高于其采取一般性税务处理方式缴纳的税款。此外，在企业合并、分立的重组交易中，如果选择特殊性税务处理方式也会出现上述重复纳税的问题。③特殊性税务处理方式制约并购重组手段的创新。实践中存在大量发行股份购买资产（股权）加资产置换的重组方式，为了将上市公司的劣质资产置出，往往会造成股权支付比例达不到特殊性税务处理的要求，如果再加上被收购方的现金权要求，则股权支付比例就会更低。目前，特殊性税务处理的股权支付比例要求制约了并购重组手段的创新。④不同主体之间的税务处理不一致问题。目前，"59号文"只适用于法人实体，但不适用于自然人股东。根据《国家税务总局关于个人以股权参与上市公司定向增发征收个人所得税问题的批复》（国税发〔2011〕89号），自然人以其所持股权评估增值后，参与上市公司定向增发股票，属于股权转让行为，其所得应按照财产转让所得项目缴纳个人所得税。

（2）政策开放度不高，阻碍跨境、跨区域、跨所有制并购的并购重组。我国现行并购重组监管政策的制定、修改存在滞后，在一些国际化、市场化程度高的行业，开放度不够。少数现行重要政策法规对于并购后企业，特别是"走出去"进行海外并购的中国企业的保护和支持作用不明显，甚至会阻碍企业的发展壮大。

证监会和国资委出台的相关跨区域、跨所有制并购重组政策效果不明显，存在地方政府主导跨区域并购现象。例如，地方政府要求本地企业不能放弃控制权，导致并购重组项目的"流产"。地方政府为避免利益流失，不愿意引进好企业对其所属企业进行兼并重组。

国有资本跨所有制流动存在较多障碍，例如国企高管和国资部门担心被扣上国有资产流失的帽子而过度谨慎，向民营企业转让股份审批繁冗，影响跨所有制并购重组的效率和积极性。

5. 股权激励备案制度和所得税影响实施效果

目前，实行的股权激励备案制度规定，上市公司自主制定股权激励计划，并上报证监会备案。涉及国有控股的还需要国资委审批，此外个人所得税政策因素导致行权难。根据《关于个人股票期权所得征收个人所得税问题的通知》（财税〔2005〕35 号），对于股权激励对象，股票期权授予日不征税，行权日以取得股票的实际购买价与购买日市场价的差额缴纳个人所得税。"35 号文"规定高管人员在行权 6 个月内需缴纳个人所得税，但行权时点获得股权激励的高管尚未出售其获得的股权，就必须提前交税，造成获得激励的高管支付个人所得税面临较大的资金压力。为此，激励对象不得不通过减持来筹措资金，根据规定减持比例又受到限制，因此股权激励的效果明显降低。考虑到该情况，不少上市公司也在减少股权激励。

6. 违法违规行为处罚力度偏轻，民事诉讼和救济机制缺失

行政处罚措施力度不足。根据对证监会派出机构监管措施决定文书的分析和抽样调查，部分监管措施针对的违法行为，严格依照法律规定，应予行政处罚，但只采取了监管措施，法律上二者可并行适用。2013 年共采取的 492 项监管措施中至少 22 项所针对的违法行为依法应予行政处罚，但只采取了监管措施，包括信息披露违法、短线交易等违法行为。

刑事量刑偏轻。我国《刑法》关于上市公司违反证券法律规定的犯罪行为的刑事处罚总体偏轻，刑罚多为 10 年以下，实践中量刑更是畸轻，罚金刑亦偏轻。有些上市公司信息披露违法极其严重，根据《刑法》第 161 条和相关司法解释规定足以构成"违规披露、不披露重要信息罪"，但在司法实践中被追究刑责的案例极为少见。2013 年证监会对"万福生科案"的行政处罚首次加大力度，公司造假上市后中介机构承担巨额的连带责任，但对上市公司及相关责任人的处罚依然太轻。相比之下，如美国"安然事件"曝光后，公司前董事长被判 175 年的监禁，及 570 万美元的罚款，安然公司随后破产。再如，网易（NASDAQ：NTES）刚上市时，因为误将 100 万美元的合同报成收入，险被摘牌。

民事赔偿规定不足，诉讼和救济机制缺失。现行法律对法律责任重点规定了行政处罚和刑事责任，对民事赔偿仅有简略的、操作性不强的规定。《证券法》对各类虚假陈述行为人的民事赔偿责任形式作了规定，并赋予被侵权的投资者享有民事赔偿诉讼的权利。但在财产责任方面，对投资者的民事赔偿力度不足。证券欺诈民事赔偿诉讼中，投资者很难得到实际补偿。民事立法缺少对证券纠纷特殊性的对应性规定，受害投资者缺乏合适、有效的诉讼途径寻求救济。

三、主要国家和地区上市公司监管的做法

1. 美国的做法

美国证券市场发展较早，证券监管法律也相对成熟，形成了一套较为严密

完整的体系。其监管法规以 1933 年的《证券法》和 1934 年的《证券交易法》为核心，随后又制定了 1935 年的《公用事业控股公司法》、1940 年的《投资公司法》、1940 年的《投资顾问法》和《蓝天法》等。

（1）政府监管和自律监管结合的模式。美国证券监管机构主要包含两个层次：一是证券监督交易委员会，代表政府统一管理全国股票的交易活动。二是联邦证券交易所和美国证券交易商协会，实行行业自律监管。1934 年的《证券交易法》设立了证券交易管理委员会（SEC），开创了由政府集中统一监管的监管模式。美国证券交易委员会作为独立控制委员会，具有广泛的监管权力，具有相应的行政立法权和行政司法权。SEC 作为统一管理美国证券市场的最高行政机构，直接隶属于国会，独立于政府，核心职能主要包括三个方面：一是根据国会通过的联邦证券法律，进行解释并制定相关的配套执行细则。二是监督管理法律和规则的执行，对违法者进行行政处罚，直至提起刑事诉讼。三是注册权。证券、证券发行人、证券经纪和交易商、证券投资公司、证券投资顾问公司、证券交易所等的发行和设立，需要在 SEC 注册。

美国证券交易所和全国证券交易商协会（NASD）是证券监管的自律组织。证券交易所自律管理的职责主要有：一是对会员的监管。交易所统计会员的资产、负债、销售、盈利、资信等经营活动情况和财务情况，并按期进行披露。二是证券注册制度。除了享有豁免的证券以外，所有在证券交易所上市和发行的证券，都要在证交所通过注册。三是对交易活动进行监管，对违规行为进行处罚。四是对上市公司的监管，主要包括对发行上市形式审核和对上市公司信息披露的监管。全国证券交易商协会的主要职责是阻止欺诈和操纵行为，削减不合理利润，保护投资者和公众的权利。协会可以通过罚款、批评、开除等手段惩罚其成员。在涉及公众利益的问题上，协会可以通过制定法规限制或禁止会员从事向非会员提供只有会员才享有的利益活动。

（2）成熟的信息披露是美国联邦证券监管制度的核心。美国 1933 年的《证券法》中首次规定实行财务公开制度，被认为是世界上最早的信息披露制度。成熟的信息披露制度是美国联邦证券监管制度的核心，也是美国在对证券发行实行宽松、开放的注册制的同时仍能对证券市场进行有效监管的根本原因。在信息披露方面，美国属于集中立法型监管。信息披露的制度规范主要分以下 3 个层次：以《证券法》和《证券交易法》为主的一系列由美国国会颁布的相关法律；美国证券交易委员会制定的各种规则或规定；美国证券交易商协会和纳斯达克（NASDAQ）等制定的相关市场规则。信息披露监管制度经历了由硬性信息披露阶段到软性信息披露及综合信息披露体系建立的过程。美国现行信息披露处于强制性信息披露和自愿性信息披露相结合的阶段。

上市公司的强制性信息披露包括：一是证券发行信息公开制度，也称为信息初期披露，指证券发行人首次公开发行证券时应当使用招股说明书，依法如实披露可能影响投资者做出投资决策的所有信息。二是证券信息持续披露制度，指证券发行后，发行人在其经营过程中应当依法公开其可能影响投资者决策的经营、财务、信用状况的一切信息，包括定期和不定期的公开信息。三是证券市场中其他相关主体可能影响投资者证券交易决策的相关信息都要依法公开，包括上市公司股东、实际控制人、收购人等相关信息的公开，公司内部人持股及变动报告等。1933 年的《证券法》和 1934 年的《证券交易法》分别对信息的初次披露和持续披露作出了明确规定。

预测性和自愿性信息披露。预测性信息（又称软信息）的披露有自由披露与持续性披露两种不同的监管方式。美国 SEC 最早是禁止披露预测性信息的，因为这种信息在本质上是不可信赖的，而且促使无经验的投资者在做出投资决策时不恰当地依赖这种信息。由于市场对于预测性信息的日益重视，出于对中小投资者公平对待的考虑，1973 年 SEC 制定了安全港规则来鼓励上市公司披露财务预测信息。安全港规则是指只要预测信息有合理的依据并且是诚实善意的，那么即使预测与实际存在偏差，企业也不必承担责任。如果实际情况与先前预测不符，发行人只有被证明违反诚信原则才承担责任。1978 年 SEC 专门制定了《揭示预测经营业绩的指南》、《保护预测安全港规则》等有关规定对预测企业盈利信息具有重要的指导和规范作用。20 世纪 90 年代开始鼓励自愿性信息披露。2001 年 FASB 发表《改进企业报告——对增进自愿披露洞察》总结了自愿性信息披露的 6 项内容：公司业务方面的数据；管理层对以上数据的分析；未来发展（业务规划、盈利预测）的前瞻性信息；管理层及股东的信息；公司的背景信息；未确认无形资产的信息。鼓励企业进行适当的自愿披露，包括一些有一定依据的预测性、前瞻性会计信息和管理当局的意图等。鼓励企业披露关于履行社会责任和关于企业增值的会计信息等。

临时报告"重大事项"的标准。美国证券法对于重大性的标准采用比较宽泛的双重标准制，重大性标准是通过 3 个典型案例得到发展与修正。确定重要性的标准有两个：一是影响投资者决策标准。Basic Inc.vs.Levinson（1988）案中，联邦最高法院重申事件的重大性取决于理性投资者会如何看待未公开或者不实公开的信息。判断信息是否属于重大事项、是否需要及时披露，主要取决于该事项是否会影响一个理性投资者的投资判断。二是股价敏感标准。一件事项是否重要取决于其是否会影响上市证券价格。只要符合两者之一便构成重大事项，即产生信息披露的义务。

严格的法律责任体系。针对信息披露存在重大的不实陈述或误导性信息，公司及相关机构/人员将依具体情况分别承担《证券法》和《证券交易法》的法律责任。《证券法》第 11 条针对登记声明，规定发行人、任何在登记声明上签字的人、发行人的董事、承销商及提供专业意见的会计师/工程师/评估师等必须为登记声明中的重大不实陈述向任何证券购买者承担责任。第 12（b）条针对招募说明书，规定发行人必须为招募说明书中的重大不实陈述向直接从它那里购买证券的人承担责任。《证券交易法》第 10（b）条则是一般性的反欺诈条款，规定任何人必须为其与证券买卖有关的任何欺诈或重大不实陈述承担责任。追究责任的方式上，既可以由 SEC 提起执法诉讼（Enforcement Action），也可以由投资者提起私人证券诉讼。2002 年《奥克斯法》规定，所有承担证券交易法下报告义务的公司在向 SEC 提交定期报告的同时，必须提交公司 CEO 和 CFO 签署的书面保证。法案加重了《证券交易法》规定的处罚。对于虚假及误导性陈述，一旦定罪，可被处以高达 500 万美元的罚款和 20 年的监禁（此前公司高级管理人员财务欺诈犯罪的最高刑期为 5 年），针对自然人的罚金最高达 2500 万美元。

（3）再融资适用公开注册制，快速再融资制度成熟。美国的再融资制度是发达资本市场的代表，SEC 的监管政策也是以市场化为导向，比较完善。

增发实行公开注册制。增发仅需要到美国证监会登记招股（或招债）文件，履行审阅程序，不进行实质审批。不同于中国的增发，美国证监会着重于披露的真实、准确和完整，而非业绩指标。对财报而言，没有利润数额要求，只是需要披露最近数据。对成长型公司（年营业收入少于 10 亿美元），披露过去两年财报；其他公司披露过去 3 年财报；如果当期财年已过 9 个月，则需提交当期的数据（季报或半年数据）。

储架发行制度。储架注册规则采用前，原则上发行人每次证券发行均需事先向 SEC 进行注册。储架发行制度推出后，一次注册长期有效，登记的公司可以对其近期准备发行的证券进行预先登记，在登记生效后的 2 年内根据市场情况随时发行（一次或多次），无须另行登记。SEC 规定了 11 种储架发行证券类型。储架发行人通常分为知名成熟发行人、成熟发行人、非成熟发行人和非申报发行人，对不同的发行人注册的要求不同。对于知名成熟发行人适用自动储架发行，储架注册有效期限为 3 年。新注册说明书无须获得 SEC 审查和确认令，一经提交即可有效。储架发行制度可以降低上市公司融资的合规成本，上市公司在发行方面也可自主选择发行时机。

闪电配售制度。闪电配售方式即上市公司直接通过市场询价完成新股增发，不需要路演的再融资方式。闪电配售又称为"先旧后新"配售，在发行过程中，控股股东先向投资者出售其旧有股份，然后再认购相同数量新股。引入闪电配售，能够缩短非公开发行的周期，避免发行价格提前泄露而造成股价异动，造成中小股东利益损失。

小额发行与私募发行注册豁免。美国证券发行采用的是注册制，非经 SEC 注册的证券不得发售，但是美国有"豁免交易"的重要规定，它是指证券本次发行与销售享受注册豁免，但后续交易就必须进行注册，除非符合其他豁免的要求。美国证券豁免制度的核心是小额发行与私募发行豁免发行，豁免交易包括下列情况：①仅为交换而进行的证券发行；②仅向某一州内居民或准居民发行和出售的证券；③关于小额发行的豁免（美国证监会 1982 年公布的 D 条例的 504、505 规则授权 SEC 就 500 万美元以下的发行制定豁免登记注册规则）；④关于小企业发行证券的豁免；⑤一般投资者、交易商、经纪人的全部或部分证券交易行为的注册豁免；⑥私募发行的豁免；⑦二级市场的交易豁免；⑧其他的证券交易豁免情况。

（4）并购重组适用自愿性要约收购，信息披露采用形式核查。美国对并购的监管以 20 世纪 80 年代为分界线，经历了一个从严厉到宽松的政策转变。对于一般行业的企业并购，政府监管部门主要有司法部反垄断局、联邦贸易委员会和证监会，但三者的职能各不相同。司法部和联邦贸易委员会联合发布的《横向并购指南》是美国控制企业并购最具体、最具操作性的行政规定。规定在一定程度上鼓励有效的并购。在并购本应当被禁止的情形下，如果相关各方能够证明其并购行为将会显著提高企业经济效率，将不受到监管干预；若某财务状况不佳的公司进行并购能够显著提高经济效率，将得到优先考虑。

美国的并购重组监管以反垄断和内幕交易监管为重点。美国司法部反垄断局和联邦贸易委员会进行反垄断的实质审核，核心是评估并购是否会导致垄断、损害市场竞争，目的在于保护消费者利益。由于在重大资产重组，尤其是借壳上市时，控股股东存在巨大的控股权溢价。因此，SEC 注重内幕交易监管，对于内幕交易监管的处罚较为严厉。

信息披露采用非实质性形式核查。上市公司并购信息披露主要包括大宗持股变动信息与要约收购信息，两者均由 SEC 负责监督，但 SEC 并不对信息披露的内容作实质性的审查，也不对要约收购做事前审批。SEC 是形式审核，核心是要求公众公司将与并购相关的信息进行及时、准确、完整的披露，主要是要求交易双方进行信息披露。通过直接的要约收购持有一个上市公司的股份超过 5%，同时并购正在进行，双方需要以信息披露的方式告知 SEC，目的是保护投资者的利益。

自愿性要约收购。美国的要约收购制度属于自愿性要约收购。收购人可自主发出要约自行确定要约比例但收购人在收购过程中要不断地就收购人的背景、收购意图、收购计划等信息予以充分详细的披露。美国的要约收购立法承认控制权股份转让的自由，因此未设定强制要约收购制度，而是通过制度强调收购有关当事人信息披露义务和控股股东对其他小股东的信托义务来保护中小股东的利益。美国上市公司收购的重要立法《威廉姆斯法案》可以认为在一定程度上只为公司收购提供技术指导，对要约收购保持中立的态度，不对一项公开收购要约的价值作出判断，也不试图对有关的公司收购活动进行鼓励或限制，而是力图贯彻信息公开和公平对待各方当事人的原则，为目标公司股东作出明智的决策创造一个良好环境。

（5）股权激励制度以自律性监管为主。美国对股权激励计划也是以自律性监管为主，辅之以行政性的监管。《证券法》、《国内税务法则》、《美国模范事业公司法》、州《公司法》和《证券交易法》等对股票期权的实施做了原则性的规定。《证券交易法》规定在委托书中应当披露公司高管人员持有的股票期权数量、行权状况与行权收益等信息，是美国现行股票期权信息披露的主要法规。《美国模范事业公司法》对上市公司为股票期权计划提供股票来源，而回购股票时需要遵循的原则进行具体规定。

员工持股激励的豁免和禁售规定。《证券法》规定扩大上市公司在一个会计年度中为了员工持股而相机发行的新股额度，该发行可豁免登记。对于公司业绩的要求，法律并没有详细规定，而是把这一权力交给企业根据自身的特点加以规定。对于已获赠但是按照授予时间表尚不能行权的股票期权，高级管理人员可以行权，但是行权后只能持有而不能出售，同时公司有权对这部分股票以行权价进行回购。根据美国国内税务法规的规定，股票期权是不可转让的。

股票期权的行权价的确定。不同公司对公允市场价格的规定不同，有的规定是赠与日最高市场价格与最低市场价格的平均价，有的规定是赠与日前一个交易日的收盘价。但是，对非法定股票期权的行权价并没有具体规定，实践中一般低于赠与日的公允市场价格，甚至可以低至公允市场价格的50%。

税收豁免。根据《国内税务法则》，公司赠与期权获授人股票期权时，公司和个人都不需要缴税，对激励性股票期权收益中符合规定的部分，可以作为资本利得应税。同时，可以从公司所得税税基中扣除，如果期权获授人出售股票时距赠与日已经两年，同时距行权日已有一年，则所得应按长期资本利得应税。

获赠、行权时的信息披露及定期财务报告。上市公司实施股票期权计划时必须按照既定的规则来进行相关的信息披露，一般来讲股票期权计划的信息披露包括以下内容：赠与时应当给予披露。公司应当在赠与时就股票期权赠与的数量、行权价格、有效期限、高管人员获赠情况等进行公开披露，并报证监会和交易所备案。股票期权行权日应发布提示公告。行权日之前，公司应提前公告。行权日结束及股票登记完成以后，公司应就行权的数量、行权价格及高管人员行权情况、股票期权持有的情况进行披露。公司应在财务报告中披露公司股票期权计划的有关情况及高管人员持有的股票期权及获得情况。

2. 中国香港地区的做法

我国香港地区上市公司企业管治的法律框架主要分为两个层次：一是法律层面，主要为《公司条例》；二是自律规则，主要为中国香港交易所《上市规则》及作为其附录的《企业管治守则》，其中《企业管治守则》规定了良好企业管治的原则及守则条文和建议最佳常规。《企业管治守则》中守则条文及建议最佳常规均为非强制性规则，上市公司须在中期报告及年报中说明其于会计期间有否遵守守则条文。守则条文以"不遵守就解释"为原则，上市公司可以选择遵守，也可以选择偏离守则条文，但如有任何偏离守则条文的行为，须在年报及中期报告中提供经过审慎考虑的理由。建议最佳常规为指引性规则，即中国香港交易所鼓励上市公司说明是否遵守建议最佳常规。守则条文与建议最佳常规互相衔接，在市场环境及上市公司条件基本具备的情况下，部分建议最佳常规可能会上升为守则条文。中国香港交易所通过《上市规则》、《企业管治守则》及建议最佳常规，构建了既有较高企业管治标准，又不失灵活性的监管制度框架。

中国香港证券市场监管采取的是以自律监管为主的模式。中国香港交易所作为最重要的自律机构，不仅仅是交易、结算规则的执行者，本身也是交易规则和自律规则的制定者，充分发挥了其作为一线监管机构的作用。证券交易所是中国香港证券市场的唯一自律监管组织，是香港地区目前证券市场最重要的自律团体。相对而言，中国香港证监会对自律监管高度授权，更多的是对自律监督的一种看护。中国香港证监会作为证券市场监管的公权力机构，具体职能有：负责执行证券监管立法，确保证券市场公平运作；负责内幕交易、证券权益披露、公司收购合并、股份回购等证券法规所涉及的事务；监管证券交易所，证券交易所上市规则的制定和修改都必须获得证监会的批准，证监会在认定存在利益冲突的情况下可以向中国香港交易所发布命令等。证监会享有传唤权、搜查权、扣留权等，《证券及期货条例》还赋予证监会刑事检控权。中国香港证券交易所在证监会的监督下享有对上市公司的上市监管权，还对证券交易活动负有监管职责。联交所为确保证券市场的公平有序，专门设立市场监察科，负责市场监察。

香港地区对上市公司的管治以信息披露为核心，守则条文遵循"不遵守就解释"为原则，即上市公司可以根据自身实际偏离守则条文，但必须向股东交代如何以严格遵照有关守则条文以外的方法达到良好企业管治，监管部门以事后的信息审阅为主要监管手段，同时还要求发行人发布《企业管治报告》，列载其年报所涵盖会计期间的企业管治信息，提供企业管治信息披露透明度高。

上市公司再融资，中国香港联交所为主要监管机构。对于增发，联交所并不进行过多实质性的监管审核，仅从信息披露、发行价格等方面予以限制和监管，证券发行规模20%以内的一般授权给董事会，超过20%的发行权限归股东大会决策，中国香港联交所仅履行备案程序。对于配股，由于向控股股东配股属于中国香港联交所的关联交易范畴，因此须履行相关审核程序，审批要求主要包括独立股东批准、独立财务意见和对外披露。对于可转债发行，中国香港联交所上市规则规定，所有可转换债券发行前必须获得交易所批准。

香港地区规定了闪电配售的快速再融资制度。香港地区上市公司增发新股可采取闪电配售方式，即上市公司直接通过市场询价完成新股增发，不需要路演的再融资方式。闪电配售时间短，效率高，比新股配售更受欢迎。配售现有股份可按T+2交收的方式立即执行，而发行新股需要遵守联交所的上市批准和股份注册机制，可能需时一周。闪电配售在与新投资者进行交收前，无须取得上市批准。该方式可将签订配售协议日期至交易完成日期之间的股价波动风险减至最低。香港地区上市公司的年度股东大会可授予董事会发行新股的一般性授权，数目不得超过授权时已发行股本的20%，另加上发行人获授权后回购的证券数目（最高以10%为限）总和。在授权有效期内，如上市公司配售新股、供股的股份数目不超过未使用的一般性授权，则董事会就有权决定，不需要再召开股东大会，如发行比例超过20%，则需召开特别股东大会审议和公告。为防范关联交易，中国香港交易所《上市规则》还规定，除了已获独立股东批准之外，发行人只有在《上市规则》第14A.31（3）条所载情况下，才允许根据一般性授权向关联人士发行证券。

上市公司并购重组主要由董事会、股东大会自主决策，交易所的自律监管主要关注相关信息披露是否充分，证监会仅在借壳上市、私有化退市等极少数交易形态中进行行政性审查。

四、相关建议

目前，我国上市公司监管的核心问题是监管转型。因此，有必要完善既有的证券监管法规体系，推动监管市场化，更多发挥自律组织监管作用，加强以信息披露为核心的监管，加大对违法违规行为的处罚力度。

1. 完善证券法规体系和监管机构职能

尽快出台《上市公司监督管理条例》等证券监管基础性规范。《上市公司监督管理条例》为证券监管领域的基础性规范，是上市公司规范运作的前提，也是监管机构实施监管的依据。通过条例对《公司法》、《证券法》相关内容进一步具体化，对《上市公司信息披露管理办法》和《上市公司治理准则》等的配套实施追究法律及经济责任，对上市公司存在的信息披露不规范、治理结构不完善、大股东行为缺乏有效约束、董事和高管人员未能勤勉尽责、不重视对中小投资者的保护和回报等问题加以规范。积极推动《上市公司监督管理条例》的尽快出台，将完善上市公司信息披露制度与建立完善的公司治理法规体系有机结合，使对上市公司的监管从规范强制信息披露入手向完善法人治理结构延伸，更能够体现保护投资者特别是中小投资者权益，促进资本市场健康发展。

扩大证券监管机构的执法授权。美国 SEC 为独立的监管机构，是一种独立委员会制度，这种制度安排与美国的行政、立法、司法三权分立的政治体制相适应。我国的行政、司法结构和美国不同，不能完全照搬美国式的独立委员会制度。但是，为了保证证券市场的公开、公平和公正，保证证券执法的力度和约束力，有必要扩大证监会的执法授权，扩大其调查权，赋予证券监管机构调查各类资金账户，包括单位或个人用于证券交易的银行资金账户、享有向司法机关申请搜查令、冻结财产令等权限，并规定有关执法机关履行配合、协助调查的义务等，增加派出机构相应的权力，提高监管效率。

2. 强化自律监管，形成与行政监管并行的自律管理体系

行政监管和自律管理都是市场监管的重要方式。随着经济的增长，上市公司数量激增，要保证上市公司的治理和运营符合法律规定，保证市场的运营不存在过大风险而给政府行政监管造成压力，迫切需要自律监管组织承担部分协调、监管和互动的角色。自律管理组织具有贴近市场、贴近上市公司的优势，运营机制更具市场化和灵活度，可以弥补行政监管的不足。从海外上市公司自律规范的成功经验来看，完善的自律管理组织有助于加强上市公司自律管理，搭建上市公司与政府部门交流协调的桥梁，更可以起到政策传导、指引作用。

目前，对上市公司的自律管理以沪、深两个交易所为主，相对分散，且部分制度规则、监管制度措施存在差异和不统一，如对于大股东的相关监管公告"窗口期"定义范围就存在差异。《深圳证券交易所创业板上市公司规范运作指引》第 4.7 条规定，控股股东、实际控制人在定期报告公告前 30 日内，业绩预告、业绩快报公告前 10 日内，重大事件筹划期间至披露后 2 个交易日内不得买卖上市公司股票。换言之，控股股东所持限售股在上市公司定期报告披露前 30 日内不可减持。《上海证券交易所上市公司控股股东、实际控制人行为指引》第 4.7 条则规定，控股股东、实际控制人在上市公司年报、中期报告公告前 30 日内不得转让解除限售存量股份。深交所规定大股东和实际控制人在定期报告公告前 30 日内不得减持；上交所规定在年报、中报公告前 30 日内不得减持。又如，涉及新股首日交易及临时停牌的制度，深交所《关于首次公开发行股票上市首日盘中临时停牌制度等事项的通知》和上交所《关于进一步加强新股上市初期交易监管的通知》相关规定也存在差别。上交所直接规定了连续竞价阶段的最高和最低限价，有效申报价格不得高于发行价格的144%且不得低于发行价格的64%。深交所对股价停牌的规定存在变数，并未明确最高限价。

建议统一自律监管规则，更多发挥上市公司协会作为统一自律监管平台的职能，形成与行政监督管理相并行的会员自律管理体系或组织体系。从国外经验来看，如中国香港上市公司商会、加拿大上市公司协会、新西兰上市公司协会等上市公司自律组织对推动上市公司自律管理均发挥了重要职能。

在监管转型和市场化改革中，协会应承担更多的自律管理职能。通过制定自律规范、组织行业培训、开展调查研究等活动和手段，有效地履行自律管理和软性约束职能，在公司治理、规范运作、行业交流等方面发挥积极的作用。

发挥协会自律管理机制形成上市公司治理自律监管体系。制定上市公司治理自律准则、董监高履职指引等指导公司自律，制定上市公司相关治理规范等推动上市公司治理结构和机制不断完善，提升上市公司质量。

推动建立上市公司信用管理体系和诚信体系建设，建立系统的诚信数据档案，制订对上市公司普遍适用的诚信法则，将诚信、违规惩戒等与上市公司信息披露、合规和内控等监管挂钩，推动上市公司监管差异化和有效性。

组织上市公司董事、监事、独立董事、董事会秘书等高管认证管理、教育和培训，引导上市公司及相关从业人员更好地承担起改善公司治理、依法合规进行信息披露和依法进行资本运作，以及履行好社会责任等方面的义务。

3. 改革相关审批和税收制度，完善快速再融资制度，推进监管市场化和差异化

（1）改革并购重组审批制度，给企业更多自主权。减少并购审批，为跨境、跨区域、跨所有制并购重组提供顺畅渠道。建议对于跨境投资与并购，除了涉及国家安全的以外，在一定限额内只需备案，不要审批。加快资本项目可兑换改革，简化海外并购的外汇管理，突破限制外资持有国内上市公司股份的规定等。改变区域并购重组审批"拉郎配"现象，制定跨区域并购重组的利益调整指导意见。跨所有制方面，建议修改相关规定，保障公司在并购中的自主决策权。

（2）突破制约并购重组和股权激励的税收障碍。突破制约并购重组的税收障碍。一是扩大特殊性税务处理的范围，对交易结构符合"59号文"规定、适用特殊性税务处理的企业重组中被并购企业的自然人股东给予延期纳税的优惠；二是进一步降低享受优惠的门槛，放宽重组交易中股权类支付对价比例不低于85%的要求，并与证监会发布的重组配套融资比例相衔接。

改革股权激励税收制度，完善上市公司激励约束机制。一是适当延后股权激励纳税义务产生时点，将目前行权的时间或限制性股票解禁的时点调整为股票实际出售时，即股票实际出售以后开始纳税，这也是美国、英国、日本等国际成熟市场的通常做法。二是将纳税时点延后这一优惠政策扩大到高管以外的普通员工。

（3）完善储架发行制度，以创业板为试点引入快速再融资制度。2007年以来，监管机构逐步丰富了再融资品种，简化审核程序，深交所也在研究探索创业板上市公司的小额快速再融资。有必要将储架发行的做法推广到更多的再融资品种，并完善配套规则。储架发行对于现有发行审核模式的挑战在于储架发行的部分资金是在1~3年后募集使用，对于这部分募集资金投资项目的必要性、可行性在申报时难以准确审核。为避免这个难题，储架发行可先推广到债权约束较强、募集资金使用审核较宽松的债权融资品种，对于股权再融资品种，可设定一个规模上限，上限之内可以建立储架，由自律机构补充审核募投项目。以创业板上市公司为试点引入闪电配售和小额豁免等快速再融资制度。2014年发布的《创业板上市公司证券发行管理暂行办法》推出"小额快速"定向增发机制，对于一定额度内的非公开发行股票融资发行审核适用简易程序，提升了再融资效率。将来可以引入小额豁免，根据融资规模、融资品种、发行方式、分红情况、财务指标、保荐机构及保荐人等方面设定快速再融资的资格条件，探索制定细化的分类评价和监管标准，完善相关配套制度。

（4）对上市公司实施差异化监管。当前，我国上市公司具有较强的多元性，上市公司的类型千差万别，质量良莠不齐，通过统一的行为规范规制所有上市公司的行为较为困难，且证券监管资源极为有限，以统一的标准进行监管，难免会造成监管资源与监管力度分配的不均衡，容易导致该监管的不加强监管，不该监管的监管过度的局面。对上市公司实行差异化监管是优化监管资源配置，增强证券监管有效性，减少高质量上市公司的社会成本，增强对违法违规公司的监督约束力度。目前适用的上市公司并购重组申请分道制审核，即属于差异化监管的例证，可以探索每个财务会计年度对上市公司的信用和质量等进行评估，出台《分级管理名录》，实现上市公司差异化监管的动态管理，对公司治理结构和信息披露等行为实施差异化监管。对于那些质量较差、出现过违法违规行为的上市公司，可在法律法规中增设相关规定，加大这类公司合规成本和监管力度。

4. 完善信息披露制度，增强上市公司透明度

完善信息披露规则体系，加强信息披露监管。一是尝试监管部门主动发布

公告，在上市公司或者其他信息披露义务人拒绝对有关公司传闻和股票交易异常发表评论的时候，监管部门可以发布相关信息，向市场作出说明。监管部门认为信息披露义务人的回复有很大疑点时，可以有选择地向市场公开监管部门的质询和公司的回复。二是增强信息披露的有效性，定期报告方面，要强调对经营成果和财务信息的披露，引导上市公司完善管理层讨论与分析。

鼓励上市公司进行自愿性信息披露。一是加强自愿性信息披露的研究和指导。目前，信息披露绝大多数集中于强制性信息披露，极少涉足自愿披露问题。证监会《公开发行股票公司信息披露的内容与格式准则》1~6号的有关条款中注明"不限于此"，给自愿披露留有余地。2003年深交所发布《上市公司投资者关系管理指引》首次引入了上市公司自愿信息披露概念。但是，没有明确信息内容、种类、披露方式、评价说明的指标等，有必要借鉴美国FASB自愿性信息披露的内容。二是引入"安全港"原则保护上市公司自愿性信息披露。在预测性信息披露制度方面制定"安全港"原则，我国在没有相关保障原则的前提下强制规定了披露预测性信息，给现实中的信息披露带来许多问题，使得上市公司管理层做出信息披露时过于犹豫。因此，可以规定，如果企业预测信息是凭借合理依据并且无恶意披露的，即使预测与实际存在偏差，也不应让企业承担责任，以此来激励和促进上市公司自愿披露信息。

提高强制性信息披露标准。一是将强制性信息披露标准的覆盖面扩大到非财务信息等软信息。上市公司的非财务信息对于投资者决策的重要性日益增加，而我国当前强制性信息披露的标准较低，上市公司达标容易，但对于投资者意义不大。从美国相关经验来看，完善非财务信息的披露对于证券市场秩序意义重大。建议将强制性信息披露具体落实到非财务信息。二是界定重大性的标准。目前，我国对于重大性标准模糊，在实践中不具有可操作性，可以借鉴国外的影响投资者决策和股价敏感双重标准，规范上市公司及时披露重大事项。

尝试建立上市公司内部信息披露责任制，将信息传递制度作为公司内控制度建设的重要方面，加强对董事、监事、高级管理人员的责任追究，明确上市公司董事长在信息披露中为第一责任人，严格对董事会的履职情况进行考核。在符合中国现实的基础上，对现在还比较模糊的规定做出更加详尽的规定。从已经发生的一些信息披露的案例中，总结出一些其他有利于判断信息是否重大的标准，从而完善我国依据投资者决策和股份的二元制度。

充分发挥中介机构的作用。一是建议尽快出台证监会派出机构对会计师事务所和资产评估事务所的监管责任制，及时记录和公布违规中介机构和人员。二是考虑将会计师更换制修改为事务所更换制，建立起事务所之间的相互监督机制。

5. 加大对违法违规行为的处罚力度，完善对投资者的司法救济制度

目前，证券市场的违法违规行为包括欺诈发行、虚假记载、违规信息披露、内幕交易、短线交易、操纵市场等。证监会 2013 年执法、处罚力度明显加大，作出的处罚决定同比增加了 41.1%。其中，内幕交易案件占比 52%，而信息披露违法案件仅占 9%，这与以信息披露为核心的监管要求并不适应。成熟资本市场国家如美国，SEC 查处的证券违法案件，信息披露违法案件居首。因此，有必要加强信息披露方面的行政监管和处罚力度。

针对证券违法行为，应当厘清监管措施与行政处罚措施关系，严格规范实施。加强证券监管的司法介入程度、行政与司法的协作，对违法违规者依法追究刑事责任，提高违法违规的预期成本。为了更有力保护投资者利益，应当完善相应的民事诉讼和赔偿机制。实践中由于民事赔偿实体法的不完备和程序法上的可操作性差，相当多投资者的损失并没有得到及时补偿，司法救济手段难以落到实处。建议出台针对投资者的民事诉讼和赔偿司法解释，完善集体诉讼、行政和解和民事赔偿等制度。加强对董事长、总经理及高管、控股股东等相关人员的培训与监管，培育市场诚信秩序，结合《证券法》的修订，加大对中介机构的惩戒和处罚力度。

第八章 独立董事最佳实践案例

案例 1：中联重科

一、公司基本情况简介

中联重科股份有限公司（简称中联重科）于 1992 年 9 月在湖南长沙创立，2000 年 10 月在深圳证券交易所上市，2010 年 12 月在香港联交所上市，是中国工程机械首家 A + H 股上市公司。公司主导产品是混凝土机械、起重机械、土方机械等重大高新技术装备，其中混凝土机械和起重机械均居全球前二位。源于原建设部长沙建设机械研究院的中联重科，拥有 50 余年的技术积淀，是中国工程机械技术发源地，获得我国混凝土机械行业第一个国家科技进步奖，建筑行业唯一的建设机械关键技术国家重点实验室、国家混凝土机械工程技术研究中心、国家级城市公共装备技术研究院，是工程机械行业国家标准的制定者，是国家在国际标准化组织 ISO 中履行流动式起重机、塔式起重机国际表决和国内归口职责的唯一代表，是混凝土机械等 2 个国家标准化分技术委员会秘书处单位，建筑施工机械等 3 个技术委员会主任委员单位。公司研发投入占年营业收入的 5% 以上，年均产生约 300 项新技术、新产品，对公司营业收入的年贡献率超过 50%。仅在 2011 年，中联重科就推出了全球最长碳纤维臂架泵车、全球最大履带式起重机、全球最大塔式起重机及全球最大吨位单钢轮振动压路机等世界领先产品。成立 20 年来，中联重科收入和利润的年均复合增长率超过了 60%。2011 年，公司销售收入近 850 亿元，利税过 120 亿元，员工约 3 万人，在《福布斯》综合排名全球工程机械行业居第 6 位，排名中国工程机械行业第 1 位。公司第一大股东是湖南省国资委，持股 16.19%，公司属于国有参股公司，无控股股东及实际控制人。

二、独立董事实践要点分析

1. 健康均衡的股权结构，确保独立董事的选聘公平

湖南省国资委是公司的第一大股东，持股 16.19%；战略投资者弘毅投资持股 7.08%；管理层持股 7.16%；其他股东持股比例不超过 2%。合理分散且相对均衡的股权结构一方面有利于凝聚股东一致的利益目标，共同支持公司发展，实现全体股东利益的最大化，另一方面有利于独立董事的选聘公平。

中联重科 7 名独立董事分别由湖南省国资委提名 1 人、弘毅投资提名 1 人、管理层提名 1 人，其他 4 名独立董事由董事会提名，并经股东大会以累积投票制选举产生。健康均衡的股权结构，使得在独立董事的选聘方面，能够达成一致的标准，即主要考察独立董事的独立性、专业能力、协调组织能力等，从而最大限度地确保选聘公平。

2. 整体上市，全透明的财务、信息呈报体系，确保独立董事的知情权

2007 年，中联重科通过反向收购母公司原建设部长沙建设机械研究院的资产，实现整体上市。随着母公司的注销，公司所有的交易都是按照市场交易进行，没有渠道进行关联交易和利益输送。同时，整体上市使得公司的管理要求更加规范，信息披露尤其是财务报表体系全透明呈现。一方面，投资者能全面、准确地一览公司的价值和风险，保障了投资者的公平权益；另一方面，确保了独立董事的知情权，独立董事对公司经营和财务状况明察秋毫，为其更好地履行各项职责提供了必要条件。

2010 年，公司的 H 股 IPO 从经公司内部审批、中国证监会及香港联交所审批，到 H 股成功上市，历时仅半年时间。公司的再融资审批及实施之所以能顺畅地通过，归根结底是源于公司一贯优秀的治理结构和整体上市的全透明体系，赢得了独立董事、监管部门及投资者的高度认可。

3. 独立的专家型董事会，确保独立董事的话语权

中联重科已建立了独立的专家型董事会：7 名董事会成员中，独立董事为 4 人，占比超过半数；非执行董事 5 人、占比超过 2/3；董事会 4 个专业委员会也都以独立董事或非执行董事占绝大多数；4 名独立董事分别是会计、管理、人力资源和战略方面的专家。这种治理结构为独立董事的话语权以及公司高效科学的决策提供了保证，并给股东持续创造了良好的价值回报。同时，公司 4 名独立董事在履行职责方面勤勉、尽责，除了履行法定职责外，独立董事还利用自己的专业知识和经验，对公司的外部动态予以高度关注。

2009 年，外界出现了质疑中联重科收购 CIFA 的负面报道，引起资本市场波动。独立董事在获悉后，当即要求公司董事会就此进行讨论，并作出解释。公司董事会召开会议，向独立董事详细解释了有关情况，获得了独立董事的支持，并在独立董事的建议意见下，对负面报道作了相关妥善处理，有力地维护了公司在资本市场的形象及公信力。

4. 完善的内控机制体系，确保独立董事的监控权

中联重科的内控工作萌芽于企业成立伊始，并随着企业的壮大而不断成长。从内控管理历程来看，中联重科的内控管理始终置于董事会尤其是独立董事的监控下，已建立起包括风控、审计、督察、法务、持续改进、信息化、经济责任考核、财务、人力资源管理、招投标十大体系在内的全方位内控与风险管理体系，加强对公司运行的有效监控。

在公司内控建设方面，独立董事发挥了重要作用，其监控权得到有效确保。董事会审计委员会由 2 名独立董事、1 名非执行董事组成，每年至少召开 4 次会议，检查公司内控工作进展，评价公司内控建设成果，指引内控实施方向并制订进一步实施方案，从而全程监控公司内控运行，确保公司的持续健康发展。审计委员会对公司的定期报告进行审议，公司财务线、风控线、经济责任委员会及审计部等有关负责人必须现场回答委员的问题。然后，由身为财务专家的独立董事在董事会上对财务报告发表意见。尤其是在中联重科，甚至连财务分析报告的格式都是按独立董事的要求做成，以确保独立董事的监控权得到落实。

三、关于独立董事实践工作的建议

（1）继续完善公司治理架构，进一步强化独立董事在公司董事会中的话语权，督察公司管理层决策、经营，维护好全体股东的合法权益。

独立董事的话语权主要表现在：

1）投票权。公司将坚持独立董事在董事会席位中占据多数的架构设计及规范的全透明的财务、信息呈报体系，从根本上保障独立董事的知情权和话语权，远离"一家独大"、"内部人控制"、"橡皮图章"、"暗箱操作"等问题。

2）影响力。独立董事地位超然，其意见代表全体股东尤其是中小股东的公平利益，且均是行业领域专家，影响重大，可以说独立董事无小事。公司将严格按照有关法律法规，规范决策及执行程序，事前征求独立董事意见，事中尊重其意见，事后贯彻其意见，确保独立董事的影响力"落地成钉"。

（2）继续健全董事会专门委员会工作机制，进一步强化公司独立董事专业服务及独立监督的职能，为公司决策提供专业支持和有效监察。

董事会专门委员会从审计、薪酬与考核、提名、战略与投资等重大决策方面为公司提供专业支持及独立监察，为公司的长远健康发展保驾护航，这既是监管部门法规的外部约束，也是公司自身发展的内在需求。公司将继续依法全面开展董事会各专门委员会工作，指定公司内部相关业务部门配合，建立健全相应的工作记录档案，为其行使职责创造良好条件。

（3）继续加强内控体系建设手段，进一步强化独立董事对公司运行的有效监控，保证公司的发展质量。

1）内控管理深入化。继续由公司分管内控专项工作的副总裁及内控总监，协同配合独立董事开展公司内部控制工作，采取多种措施，使内控管理的理念深入全体员工的内心，使内控管理的方法与其他管理方法深度结合，使内控体系的抗风险、防风险能力向纵深发展，使公司的持续发展打上有效内控的烙印。

2）内控管理信息化。搭建公司内控与风险管理信息化平台，提高独立董事监控工作的效率，使公司的风险信息的收集、传递与反馈实现及时、准确，使风险评估流程实现沟通充分、有效，使风险的提示实现及时、分层与系统。

3）内控管理精细化。在既有的内控体系框架下，强化独立董事的监控及指引地位，协同有关董事会专门委员会，搭建多个内部控制的子系统，如战略风险控制系统、法律风险控制系统、财务风险控制系统等，使每个子系统都能够在更加具体的领域内实现更加精细的控制，使每个流程所具备的潜力得以充分发挥。

案例 2：兴业矿业

内蒙古兴业矿业股份有限公司（以下简称公司）前身是成立于 1975 年的赤峰市煤气热力总公司，最初经营民用液化气，1981 年开始经营城市集中供热业务。1994 年，经赤峰市经济体制改革委员会赤体改发（1993）13 号文批准，并经赤体改发（1994）9 号文批准，由赤峰富龙公用（集团）有限责任公司（原名赤峰市煤气热力经营总公司）独家发起，以定向募集方式设立赤峰富龙热力股份有限公司。1994 年 2 月，公司在内蒙古自治区工商行政管理局登记注册。2007 年 9 月，公司名称由赤峰大地基础产业股份有限公司变更为赤峰富龙热电股份有限公司，2008 年底启动与内蒙古兴业集团股份有限公司的重大资产重组。重组完成后，上市公司的主营业务由原来的城市供热、供电转化成为有色金属资源的采选和冶炼，2011 年 12 月 22 日，经自治区工商局及深交所核准，公司名称及证券简称正式变更为"内蒙古兴业矿业股份有限公司"和"兴业矿业"。一直以来，公司都致力于完善法人治理结构和切实维护中小股东的权益，为了达到这一目标，实现公司的可持续发展，进一步促进公司规范运作，改善董事会结构，强化对内部董事及经理层的约束和监督，使董事会的各项决策更加有效，公司在独立董事工作实践过程中，认真执行相关法律、法规及中国证监会颁布的《关于上市公司建立独立董事制度的指导意见》、《中国上市公司治理准则》的规定，以完善公司的法人治理结构和切实维护上市公司和广大中小投资者利益为目标，以构建科学合理的独立董事制度体系为主线，对独立董事的选聘机制、工作机制和激励机制进行了不断的丰富、完善和优化，下面就相关工作的做法和认识作一简要介绍：

一、优化独立董事的选聘机制

公司根据《指导意见》和《上市公司治理准则》，在《公司章程》、《独立董事制度》中对独立董事人选的范围（如职业倾向和知识结构）、任职资格条件、选聘主体、选聘产生程序等问题作出了明确、具体的规定，并在实际执行中重点通过以下措施来保障独立董事的独立性和适当性。

1. 切实充分地发挥中小股东权利，保障独立董事的独立性

保护中小投资股东的合法权益是独立董事工作的基本目标，因此独立董事的选聘应充分发挥广大中小股东的权利，由此产生的独立董事才能有效保证其独立性，真正切实维护中小投资者的合法权益，监督和制约大股东，抑制和克服大股东"一股独大"、"一股独霸"的现象，完成其应尽的使命。公司在历届独立董事的选聘过程中均能充分征求中小股东的意见，按照相关制度的要求严控选聘主体的任职条件，并在股东大会中通过现场投票与网络投票相结合的方式切实有效地使中小股东能够真正地参与其中。除此之外，在表决过程中采取累积投票制，其目的也在于充分发挥中小股东的权利，使中小股东选出代表自己利益的独立董事，避免大股东垄断全部董事的选任。

2. 合理确定独立董事的人数、专业及构成，保障独立董事的适当性

独立董事的人数、专业及构成的合理性是保障独立董事顺利履行职责、切实发挥其应有作用，改善董事会结构，完善公司法人治理结构的重要条件。公司按照国家法律、法规及有关监管规定的要求设立独立董事，在《公司章程》、《独立董事制度》中规定公司董事会成员中应当有1/3以上是独立董事，由会计专家、经济管理专家、法律专家、技术专家等人员出任，其中至少有1名为会计专业人士和1名法律专业人士，且独立董事应在董事会提名与治理委员会、薪酬与考核委员会和审计与法律委员会成员中占多数并担任主席，其中审计与法律委员会中至少有 1 名独立董事是会计专业人士。

二、改善独立董事的工作机制

1. 有效发挥独立董事在公司治理中的作用，切实保障独立董事顺利开展工作

为了充分有效地发挥独立董事在公司治理中的作用，公司重点从构建科学合理的独立董事制度体系入手，用明确的规则来保证独立董事行使职权的权威性与必然性，分别在《公司章程》、《董事会议事规则》、《独立董事制度》、《董事会战略与投资委员会工作细则》、《董事会提名与治理委员会工作细则》、《董事会审计与法律委员会工作细则》、《董事会薪酬与考核委员会工作细则》和《独立董事年报工作制度》中对独立董事的职权、义务等方面做出了明确的规定和说明，为独立董事独立开展工作，提供了必要的制度保障。

在提供制度保障的同时，公司还为独立董事履行职责创造了良好的实施环境。首先，公司确保独立董事享有与其他董事同等的知情权、调查权，并为独立董事履行职责提供必需的工作条件，由公司董事会秘书为独立董事履行职责提供协助，如介绍情况、提供材料等。在独立董事行使职权时，公司有关人员均应积极配合，不得拒绝、阻碍或隐瞒，不得干预其独立行使职权。其次，公司为独立董事提供适当的津贴，且独立董事聘请中介机构的费用及其他行使职权时所需的费用均由公司承担。

2. 完善独立董事与审计机构之间的工作联系，加强其与审计与法律委员会的工作衔接

审计与法律委员会的主要成员是独立董事，独立董事能否真正独立、勤勉工作，直接关系到审计委员会制度的实施效果。公司在拟聘会计师事务所时，分别由独立董事及审计与法律委员会对公司拟聘的会计师事务所是否具备证券、期货相关业务资格，以及为公司提供年报审计的注册会计师（以下简称"年审注册会计师"）的从业资格进行检查，并发表独立意见和审议意见。

公司在年审注册会计师出具初步审计意见后和召开董事会会议审议年报前，至少安排一次每位独立董事与年审注册会计师的见面会，沟通审计过程中发现的问题，独立董事履行见面的职责。

三、丰富独立董事的激励机制

独立董事与公司其他高级管理人员一样，都是公司价值的创造者和人力资本的支出者，其不仅要有丰富的知识、经验、高水平的能力作底蕴，还必须对其在公司董事会中所发表的意见负法律责任，承受一定的风险。因此，要使独立董事充分履行其职责就必须建立科学的激励机制，对其进行有效的激励、评价和问责，只有这样才能促使其更加勤勉尽责地为公司发展及维护广大中小投资者利益发挥作用。

公司在重大资产重组实施完成后由于主营业务的改变，根据当地薪酬水平并结合公司实际情况于 2011 年年度股东大会审议通过了《关于调整部分董事年度薪酬的议案》，其中独立董事的年度薪酬由 5.3 万~6.5 万元调整为 15 万元，其目的也是使独立董事的薪酬能够达到合理水平。

另外，公司对于独立董事的评价主要采取自评和互评的方式进行，独立董事除履行董事的职权外，还要对相关重大事项发表事前认可说明和独立意见。评价内容主要是独立董事是否能够按照《公司法》等相关法律、法规和《公司章程》及《独立董事制度》的规定履行独立董事的职权，发挥独立作用。

除此之外，公司还致力于明确独立董事的问责方式。公司在相应的制度中对独立董事的失误责任及追究做出了明确说明，《独立董事制度》中规定独立董事应当在董事会决议上签字并对董事会的决议承担责任。董事会决议违反法律、法规或者公司章程，致使公司遭受损失的，独立董事负赔偿责任。但是，经证明在表决时曾表明异议并记载于会议记录的，可免除责任；独立董事连续3 次不能亲自出席董事会会议，视为不能履行职责，董事会应当建议股东大会予以撤换；任职尚未结束的独立董事，对因其擅自离职或不履行职责而使公司造成损失的，应承担赔偿责任。在《独立董事年报工作制度》中规定，公司年度报告编制和审议期间，独立董事负有保密义务。在年度报告披露前，应严防泄露内幕消息、内幕交易等违法违规行为发生。

总之，在以往的工作中公司致力于完善和优化公司法人治理结构，切实维护公司的整体利益和全体股东的合法权益，对独立董事制度体系进行了不断的修订和补充，为独立董事履行职权创造了良好的环境，独立董事在公司治理中的作用也因此得到了有效的保障。我们也清醒地认识到，目前公司独立董事制度体系仍存在很多不完善的地方。因此，公司会在日后的工作中继续探索发挥独立董事积极作用的有效措施，探讨如何最大程度发挥其独立性的最佳途径，充分保证独立董事的独立监督检查作用，进而更好地实现保护中小股东利益的初衷。

案例3：宝通带业

一、公司基本情况简介

宝通带业公司（以下简称公司）2000年成立，专业生产各类高强力橡胶输送带，该系列产品荣获行业内首批"中国名牌产品"。公司于2009年12月25日在深圳证券交易所创业板首发上市，属橡胶制造行业。长久以来，通过科技创新、差异化竞争的发展战略，公司经营保持了稳健、科学的发展，根据中国橡胶工业协会胶管胶带分会数据统计，公司综合竞争实力名列前茅，排名保持在行业前5名，尤其是在耐高温输送带、煤矿井下叠层阻燃输送带等领域，公司始终保持行业第一名，代表了我国输送带行业在该领域的发展水平。

2009~2011年3年期间，宝通带业公司营业收入分别为27671万元、33425万元及44471万元；净利润分别为4831万元、4419万元及3612万元；资产总额分别为68827万元、69679万元及78729万元；净资产分别为61085万元、64004万元及67580万元；市值分别为282150万元、223500万元及141400万元。

截至2011年12月31日，公司总股本100000000股，有限售条件流通股63405374股，无限售条件流通股36594626股，其中，包志方先生为宝通带业公司控股股东、实际控制人，持有公司股票31025250股，持股比例为31.03%。

截至2011年12月31日，公司第2届董事会共由7名董事组成，分别为：包志方先生，51岁，是现任公司董事长、总经理；陈勇先生，50岁，是现任公司董事、副总经理；唐宇女士，44岁，是现任公司董事、副总经理、营销部部长；华督宇先生，49岁，是现任Juniper Networks高级副总裁、世纪导航投资有限公司唯一董事、公司董事；周竹叶先生，51岁，是现任中国石油和化学工业联合会副会长、公司独立董事；洪冬平先生，42岁，是现任江苏无锡宝光会计师事务所主任会计师、公司独立董事；蓝发钦先生，43岁，是现任华东师范大学金融与统计学院副院长、浙江爱仕达电器股份有限公司独立董事、公司独立董事。其中，内部董事共3名，均为公司高管；外部董事共4名，其中3名为独立董事（包括1名会计专业人士）。

公司董事会下设4个专门委员会，分别为审计委员会、薪酬与考核委员会、提名委员会及战略委员会，专门委员会成员全部由董事组成，其中审计委员会、提名委员会、薪酬与考核委员会中独立董事占多数席位并担任主任委员，审计委员会中至少 1 名独立董事为会计专业人士，战略委员会成员包含 1 名以上独立董事。

公司通过股份制改造、IPO 上市辅导等，建立了包括《独立董事工作制度》等在内的一系列公司治理制度，逐步完善企业的内控制度，构建了较为合理、高效的企业组织机构框架结构，使得公司股权与经营权相分离。在此过程中，通过引进独立董事，在公司组织架构、经营管理、战略规划、内部控制等方面，宝通带业公司不仅获得了更为广泛的发展资源，而且减少可能产生的大股东对中小股东、债权人及员工等利益相关者的侵害。

二、独立董事选聘机制中的选聘方法

公司独立董事由公司董事会、监事会或者单独或合计持有公司 1% 以上股权的股东提名，经股东大会以累积投票方式选举产生，独立董事任期 3 年，独立董事任期届满可连选连任，但连任不得超过两届。

公司目前在董事会下设提名委员会，完成独立董事的提名，再经股东大会投票选举产生独立董事。此方法能有效地引入市场化配置，实现独立董事对企业信息获取的相对优势及成本内部化带来的资源配置优化状态，但是目前独立董事的独立性依然较难平衡，为此公司也在不断地完善独立董事的选聘机制。

三、实践案例

1. 制度安排

公司根据《公司法》、《关于在上市公司建立独立董事制度的指导意见》等相关法律法规，于股改前制定了《独立董事工作制度》，《独立董事工作制度》中规定，独立董事经股东大会以累积投票方式选举产生，独立董事任期 3 年，独立董事任期届满可连选连任，但连任不得超过两届。公司聘任的独立董事最多在 5 家上市公司兼任独立董事，且独立董事有足够的时间和精力有效地履行独立董事的职责。除参加董事会会议外，独立董事每年应保证不少于 10 天的时间，对公司生产经营状况、管理和内部控制等制度的建设及执行情况、董事会决议执行情况等进行现场调查。公司董事会成员中应有 1/3 以上为独立董事，其中至少包括 1 名会计专业人士（会计专业人士指具有高级职称或注册会计师资格的人士）。

2. 具体做法

（1）严格任职条件。独立董事必须具备相当的资格和素质，资格主要包括学历、资历、职称、在非政府部门的现任职务或在政府部门卸任前的职务、历史成就等。素质主要包括分析能力、决策能力、道德修养等，不仅要有经济学、管理学、行业基础、法律法规知识，更应有能力抑制和扭转董事会失灵和内部人控制。此外，公司还根据公司的行业特征、公司规模、公司成长阶段、产品特征、财务状况、市场状况、竞争态势和技术变化等情况进行筛选，确保所选聘的独立董事能弥补公司人才结构的不足，或者符合发展战略需要，在融通资本、提高技术、改进管理、开拓市场、沟通媒体等方面，发挥一定的作用。

（2）加强独立性。独立董事最根本的特征是独立性和专业性，强化独立董事的独立性为选聘独立董事的根本所在，为了使独立董事在人格、经济利益、产生程序、行权等方面独立，不受控股股东和公司管理层的限制，宝通带业公司对以下 3 类人慎重考虑：一是与公司有密切商业关系的相关人员；二是曾在国家机关担任重要职务离任后没有满一定期限的官员；三是公司经营管理者的亲朋好友。

（3）分散提名权。为了保护全体股东尤其是中小股东的权益，独立董事由全体股东（特别是中小股东）来选择，以累积投票制的方式实现，通过这种局部集中的投票方法，从一定程度上矫正"一股一票"表决权制度存在的弊端，防止大股东完全操纵选举，使中小股东有机会选出自己的独立董事。

（4）确保工作时间。独立董事发挥作用是以必要的时间花费为基础。宝通带业公司经常性的与独立董事保持沟通，除了定期现场交流外，还通过电话、邮件、传真等方式保持双方消息的畅通，以便独立董事充分地了解公司经营动态及战略规划，根据公司的实际情况给予公司建议，同时也能起到监督的作用。

3. 实践效果

公司上市之前，对独立董事的选聘标准是强调找本行业的专家以及社会知名人士，后来股东意识到独立董事的工作时间、企业管理经验、财务分析能力及往来公司的便捷性也非常重要。除了满足原有的基本要求外，目前股东们对独立董事的选聘标准提出更多参考要求。

（1）独立董事的常住地为"长三角"地区，这样可以较为方便地到公司进行交流指导，确保独立董事有充裕的时间了解公司的现场情况，及时根据公司的实际情况给予公司建议，并且行使对公司监督的权力。

（2）独立董事应长期从事企业财务日常管理工作或者具有丰富的大型企业管理经验，不仅可以根据最新的法律法规对公司财务情况进行审计监督，而且可以对企业的内部管理及战略发展提出建议。

（3）独立董事至多在 2 家企业上市公司兼任独立董事，考虑到独立董事一般都在企事业单位担任要职，正常情况下空闲时间不多，如按照《关于在上市公司建立独立董事制度的指导意见》上规定的独立董事兼职上市公司原则上限为 5 家来执行，要独立董事实现充分了解一家企业的生产经营情况及财务状况是不太现实的。

（4）独立董事要有良好的道德品行，荣辱感强，对名声极为看重，有较强的责任心。这样的独立董事不仅能实时关心公司的经营情况，为公司的发展提出中肯的意见及建议，而且当公司或者大股东出现违法违规的时候能及时站出来指正，替中小股东监督，独立性较强。

事实证明，符合上述选聘标准的独立董事发挥了更大的作用，比如公司独立董事洪冬平先生。洪冬平先生为注册会计师，注册资产评估师、注册税务师，曾任中国水产科学研究院淡水渔业研究中心财务处主办会计、无锡市市政设施管理处财务科会计、中美合资江阴桥光特种涂料有限公司总经理助理兼财务部经理、江苏无锡宝光会计师事务所资产评估部主任，现任江苏无锡宝光会计师事务所主任会计师。洪冬平先生的长期居住地与公司所在地为同一城市，车程 20 分钟左右。洪冬平先生有空经常会到公司来了解公司实际经营情况，同时对公司的财务报表、银行授信、对外担保情况进行核查和监督，公司财务报表数据出现大幅波动时，洪冬平先生会及时询问原因，并与财务部负责人员讨论分析数据大幅波动的原因，对企业经营提出指导意见，并督促企业改进。当公司有财务问题需要咨询时，绝大多数时间都能与洪冬平先生进行当面沟通交流，洪冬平先生丰富的一线财务管理经验为公司提供了不少帮助。又如公司的独立董事周竹叶先生。周竹叶先生为高级工程师，中国石油和化学工业协会副会长，曾任中国化学工业部生产综合司主任科员、中国化工部技术监督司副处长、国家石油和化学工业局政策法规司处长，现任中国石油和化学工业联合会副会长。依靠其丰富的石化工作经验，不仅对公司的产品构架提出自己独特的见解，而且对公司的战略发展提出了宝贵可行的方案。再如公司独立董事蓝发钦先生，蓝发钦先生是博士研究生学历，教授、博士生导师，曾任职于华东师范大学经济系、华东师范大学商学院，历任教师、副院长，现任华东师范大学金融与统计学院副院长、浙江爱仕达电器股份有限公司独立董事，荣辱感极强，有很强的责任心，凡是由大股东提出的议案，都逐条询问、核对，确保议案不与中小股东、债权人及员工等利益发生冲突，且合法合规。

四、相关建议

（1）公司聘任的独立董事最多在 3 家上市公司兼任独立董事，且独立董事有足够的时间和精力有效地履行独立董事的职责，独立董事每年应保证不少于 20 天的时间，对公司生产经营状况、管理和内部控制等制度的建设及执行情况、董事会决议执行情况等进行现场调查。

（2）扩大独立董事在董事会中的占比，公司董事会成员中应有 40% 以上为独立董事。

（3）由证监会牵头，建立独立董事协会，对独立董事行使管理监督的权力。

（4）建立独立董事问责机制，通过法律的手段对独立董事应当行使的职责进行规范。

案例 4：华电国际

一、公司基本情况简介

华电国际原名山东国际电源开发股份有限公司，于 1994 年 6 月 28 日在济南注册成立，由原山东电力集团公司、山东省国际信托投资公司、中国电力信托投资有限公司、山东鲁能开发总公司和枣庄市基本建设投资公司共同发起设立，经营范围为建设、经营发电厂和其他与发电相关的产业，该公司 H 股于 1999 年 6 月 30 日在香港联交所上市。2002 年底电力体制改革后，该公司划归中国华电集团公司。

为适应公司改革与发展的需要，2003 年 11 月 1 日，经国家有关部门批准，山东国际电源开发股份有限公司正式更名为华电国际电力股份有限公司（以下简称公司）。2005 年 2 月，公司 A 股作为"中国询价第一股"成功在上海证券交易所上市，成为同时拥有境内外两条融资渠道的上市发电公司。2006 年 7 月，公司顺利完成股权分置改革。

截至 2012 年 9 月底，公司总股本 73.71 亿股，其中控股股东中国华电集团共持有公司 31.71 亿股 A 股和 8586.2 万股 H 股，合计持有公司 44.19% 的股权，其他 A 股股东和 H 股股东分别持有公司 32.92% 和 9.87% 的股权。

近几年，公司始终牢固树立和贯彻落实科学发展观，实现了又好又快发展。

目前，公司发展区域由山东一个省份拓展到宁夏、四川、安徽、河南、河北、浙江、内蒙古、天津、山西、广东11个省（市、区）；发展领域由单一火电拓展到水电、风电、生物质能发电、太阳能发电、核电和煤炭产业。截至2012年6月控股总装机容量3044.25万千瓦，其中火电60万千瓦及以上机组占48.4%，大机组容量比和平均单机容量及生产、技术指标均居全国独立上市发电公司前列。

2009年以来的3个年度，公司总资产分别达到1004.78亿元、1278.6亿元和1483.79亿元，年均增长21.5%；净资产分别达到208.45亿元、215.87亿元和236.46亿元。营业收入分别实现366.62亿元、454.49亿元和544.91亿元，年均增长22%，但受"市场煤、计划电"的影响，公司因煤价暴涨带来的燃料成本上升影响较大，抵消了公司在营业收入上的增长业绩，公司盈利随行业步入阶段性低谷，归属于上市公司净利润分别实现11.62亿元、2.08亿元和0.79亿元。

公司始终遵循规范运作、稳健经营和持续发展的方针，按照现代企业制度要求，建立了完善的法人治理结构。股东大会、董事会、监事会和经理层各负其责，形成了决策层、执行层、监督层权责明确、有效制衡的运作机制，在资本市场树立了规范、高效、透明的良好形象。公司H股股票曾相继被纳入英国《金融时报》富时指数、摩根士丹利MSCI中国指数、香港恒生综合指数，成为中国经济的风向标之一；公司A股曾相继被列入中证100、上证180指数、治理指数等28个指数样本股。公司位列2008年中国上市公司治理评价第9名，是唯一入选前20强的电力类上市公司，并被评为2008年中国法律风险最安全的20家上市公司中的第2名，荣获首批"电力行业信用评级AAA级企业"。2009年公司跻身"2009年度上市公司投资者关系百强"；2011年公司董事会入选第7届上市公司董事会"金圆桌奖"董事会百强，被评为"优秀董事会"，公司董事、总经理陈建华被评为"最佳CEO"。公司成为资产优良、结构优化、治理规范、业绩优秀，具有较强综合竞争力的全国性上市发电公司。

二、要点

公司通过制度保障、持续沟通培训、定期实地考察、召开董事会预备会及购买责任保险等措施，保障和支持独立董事独立、顺利地开展工作。

三、实践案例

根据《公司章程》的规定，公司现有独立董事4名，其中会计专业人士1

名，独立董事占董事会总人数的 1/3 以上，并且在审计委员会、薪酬委员会、战略委员会和提名委员会中，独立董事都有任职，并在审计委员会、薪酬委员会和提名委员会中独立董事占委员会人数的半数以上。公司独立董事主要来自国内著名高校和国家机关退休人员，人员来源和专业结构较为合理。在独立董事工作机制上，公司通过制度保障、持续沟通培训、定期实地考察、召开董事会预备会及购买董责险等措施，保障和支持独立董事独立、顺利地开展工作。

1. 制度安排

按照《公司法》、《上市公司治理准则》、《关于建立独立董事制度的指导意见》等法律法规，公司制定了《独立董事工作制度》和《独立董事年报工作制度》，要求独立董事按时出席董事会会议，了解公司的生产经营和运作情况，主动调查、获取做出决策所需要的情况和资料，为独立董事行使督促、指导、审核等职责提供制度保证。公司内部制定了细致的工作流程，确保独立董事行使职权时，公司有关人员积极配合，不得拒绝、阻碍或隐瞒，不得干预其独立行使职权。每一个会计年度结束后，公司管理层向每位独立董事全面汇报公司本年度的生产经营情况和重大事项的进展情况并安排每位独立董事进行实地考察。公司财务部负责人在为公司提供年度报告审计的注册会计师（以下简称"年审注册会计师"）进场审计前向每位独立董事书面提交本年度审计工作安排及其他相关资料。公司在年审注册会计师出具初步审计意见后和召开董事会会议审议年度报告前，至少安排一次每位独立董事与年审注册会计师的见面会，沟通审计过程中发现的问题，独立董事应履行见面的职责，见面会应有书面记录及当事人签字。同时，独立董事有权外聘审计机构对公司具体项目开展独立审计。

2. 具体做法

（1）持续沟通和培训。公司每年召开规范运作工作会议，由董事会秘书及其工作机构通过编制的专题培训材料对公司董监事、高管进行年度集中培训。在定期董事会召开前，针对上市公司法律法规和监管要求的变化对董事进行持续培训，以提升董事法律法规意识。同时，严格按照证监会、山东证监局、上海证券交易所等监管机构的要求，积极组织董监事参加法定培训，提升董监事的履职能力。

为帮助外部董监事更好地掌握和了解公司的生产经营情况、行业和资本市场动态以及不时更新的监管要求，公司每月编制《公司月报》，内容涵盖公司重大信息、经营成果、股价信息及与行业相关的政策法规、监管机构不时更新的监管要求等内容，向包括独立董事在内的公司董监事发送阅读，并接受其工作指导和监督质询。

（2）定期实地考察。为帮助外部董事对公司运营和发展更直观和具体的了解，公司每年组织独立董事、审计委员会和监事对公司系统运营和在建发电项目进行主题考察，并在考察环节安排有重大事项工作汇报、重要项目考察及质询等环节，通过现场了解使外部董监事更直观地掌握公司运营发展实践，提高其决策水平。2010 年和 2011 年，结合公司正在推进的结构调整，公司以风电为专题，分别策划和组织外部董监事对内蒙古和新疆地区的风电企业进行实地考察，增强了外部董事、监事对风电生产经营情况的认识。另外，独立董事和外部董事有权随时就某事项开展专题调研，对公司重大事项工作、重要项目等进行考察评估。

（3）召开董事会预备会。公司积极探索实施董事会预备会制度，通过充分研讨和论证深化对定期报告等重大事项的审议。公司在 2006 年度中期董事会开始，董事会前召开主要由独立董事和非执行董事参加的董事会预备会，公司有关高管参加预备会并接受外部董事的质询。董事会预备会的沟通机制，促进了外部董事对公司的进一步了解，更好地发挥了外部董事会的监督和制衡作用。

（4）购买董事、监事和高管责任保险。为保障独立董事在履行义务和职责时能够放开手脚，不存在惧怕可能因失误给公司带来损失后的赔偿责任畏首畏尾，过于谨慎保守的情况，公司为董事、监事和高级管理人员购买了责任保险，并邀请保险公司对董事、监事和高级管理人员进行专题培训，为独立董事履行义务和职责做好风险保护。

四、国际借鉴

下面结合诺基亚的案例，谈谈国外企业在独立董事制度上的经验和实践。

诺基亚拥有成熟的独立董事制度，包括独立董事的个人素质、工作手段及被监督机制。

诺基亚拥有 8 名独立董事，与我国目前独立董事多数由从事会计、律师、技术工作或从事经济学研究的人来担任的情况不同，诺基亚 8 名独立董事中担任或曾担任其他大公司 CEO 的有 4 人，著名金融机构 CEO 的 2 人，从事独立咨询和工商管理研究的各 1 人。这些独立董事各自具有不同的业界背景，在不同行业，具有丰富的投资、并购，特别是业绩评价、奖惩、用人等企业高层经营管理经验。

在诺基亚，独立董事与执行董事一样具有董事的权力，而且通过审计、提名、人力资源这 3 个委员会，还具有对董事会和执委会成员实现监督的工作手段。

在诺基亚，独立董事要勤勉尽职，还要建立起有效的被监督机制。一是透明度。在董事会上，独立董事发表的意见，要以各种报表、报告和讲话的形式，向股东、投资人、监管机构、证券分析人、新闻机构公开。现在已发展到随时可进入诺基亚网站，对他们发表的意见进行查询，这就将每个独立董事的决策意见置于众目睽睽之下。二是对独立董事的业绩考评。每个独立董事的业绩，每年都要接受外部审计人的考评。现在外部审计人对独立董事的业绩考核和评价，已成为年度审计报告的一个重要组成部分。年度审计报告，除了提交股东大会外，还必须向全社会公布，这样不仅使独立董事，也使外部审计人能够接受股东和公众的监督。三是一年一度聘任制。股东大会一般一年召开一次，一个重要议题，是根据年度审计报告对每个独立董事做出的业绩考评，来决定他们每个人的去留问题。如果上年有好的业绩，则可以连任，而且无连任次数的限制；业绩不佳，就被解聘。

五、相关建议

下面结合国内外现有法律法规的规定和实践做法，谈几点建议：

（1）由于我国市场经济制度建立和培育的时间较短，独立董事本身缺乏市场化条件下的企业管理经验，独立董事人才市场机制欠缺。在人员方面，目前还不能获得足够数量的独立董事人选。在增量方面，已有的和潜在的独立董事人选也没有机会得到专业培训与教育。在英、美国家，独立董事一般由其他公司的在任或退任的职业经理人担任，进而形成了一个细分的独立董事市场。因此，国内应尽快建立独立董事人才库和全国性的独立董事人才市场。

（2）完善独立董事的权利运行机制。在现实中，独立董事由于其外部人的地位，又没有具体的权力行使机制，使得他们很难获得完整的和准确的如运营状况、资产状况等信息。建议借鉴国外经验，将次级委员会的职能确定为独立董事职能的细化和落实，完善和协调战略决策，进行审计、提名、薪酬和考核等专项工作。此外，进一步明确监事会和独立董事在行使监督权上的责任和分工，处理好独立董事与监事会的关系，使独立董事实现无缝接入。

（3）完善独立董事的激励和责任机制。在独立董事报酬上，我国目前没有明确该使用何种奖励方式，基本上都实行单一的薪酬制。美国在独立董事薪酬设计上具有多层次性和灵活性，除了基本薪酬和一定的津贴包括电话费、会议费等，还采取了股票期权的方式把独立董事的收益直接与其工作的效益挂钩，这不仅满足了独立董事的工作需要，也刺激了董事工作的积极性。因此，建议尽快完善独立董事的激励机制，鼓励上市公司采取多种多样、相对灵活的报酬形式，逐渐向实行津贴和股票期权相结合的方向发展。同时，设立独立董事奖惩系统对独立董事履职情况进行考核，定期公布考核结果及时进行奖惩，借鉴国外经验引入责任保险制度。

案例5：葛洲坝

一、公司简介

中国葛洲坝集团股份有限公司（以下简称葛洲坝或公司），1997年5月在上海证券交易所上市，股票简称：葛洲坝，股票代码：600068。公司为中央企业控股的特大型建筑施工企业，主营业务为建筑工程承包施工、水泥生产销售、民用爆破、高速公路运营、水力发电和房地产。公司是三峡工程建设的主力军，先后承建了国内外一系列顶尖工程，截至2012年9月底，公司拥有包括水利水电工程施工总承包特级在内的各类高等级资质100余个，在职员工3.6万余名，各类专业技术人员1.7万余名，各类施工设备5万余台（套），具有年土石方挖填2亿立方米、混凝土浇筑1800万立方米、金属结构制造安装21万吨、装机总容量900万千瓦，民爆炸药产能位于全国前列，水泥年生产能力跻身全国前20强，公司投资兴建的高速公路总里程近500公里，投资建成或在建的水电站近10个。

2007年公司实施了主业资产整体上市。此后，公司充分利用资本市场加快发展，先后于2008年发行分离交易的可转换公司债券，募集公司债券13.9亿元，分离出认股权证上市交易；2009年完成配股，募集资金20.54亿元；2010年完成认股权证行权，募集资金13.588亿元。正是得益于卓有成效的资本运作，公司资产质量和盈利能力大幅提高，产业结构渐趋完善。近3年主要经营指标如表8-1所示：

表8-1 葛洲坝近3年主要经营指标

	2011年（亿元）	比2010年增长（%）	2010年（亿元）	比2009年增长（%）	2009年（亿元）
营业收入	465.40	27.21	365.84	37.53	266.01
利润总额	22.65	11.69	20.28	21.73	16.66
归属于上市公司股东的净利润	15.50	12.56	13.77	4.08	13.23
总资产	663.16	21.54	545.62	28.03	426.15
归属于上市公司股东的所有者权益	111.30	8.86	102.24	24.90	81.86

在企业经济快速发展的同时，公司治理结构不断完善，规范运作水平持续提高。公司董事会由 9 名董事组成，其中独立董事 5 名，独立董事比例超过半数，有利于董事会科学民主决策，积极保护中小投资者的合法权益。董事会按要求设立 4 个专门委员会，均制定了《工作细则》，并严格履行职责。

二、实践要点

自建立独立董事制度以来，公司在认真执行法律法规和规章制度相应规定的前提下，还对独立董事制度进行了探索和实践，取得了一些实践经验，独立董事为促进公司又快又好地发展和保护中小投资者权益做出了重要的贡献。正是由于成绩突出，公司独立董事宋思忠先生于 2010 年获得上海证券交易所公开评选的首届优秀独立董事。本公司独立董事制度的实践要点主要有以下三项：

（1）选聘高素质的专家担任公司独立董事。只有选聘高素质的专家担任独立董事，才能充分发挥上市公司独立董事制度的作用。

（2）积极推进董事会科学民主决策。上市公司董事会应注重民主议事，充分听取独立董事的意见和建议，才能切实提高董事会科学决策。

（3）认真组织独立董事实地考察。上市公司应积极支持独立董事履行职责，通过组织独立董事实地考察，促进独立董事对公司的了解，保证独立董事对公司重大事项决策作出客观公正的判断。

三、实践案例

1. 选聘高素质专家担任公司独立董事

（1）制度安排。公司为中央企业控股的上市公司，公司独立董事候选人由国务院国资委推荐。

（2）具体做法。国务院国资委根据公司经营特点，推荐各个行业和领域的专家人才为本公司独立董事候选人，这些专家人才绝大部分是已退休中央企业高管，具有严谨的工作作风、丰富的管理经验、较高的社会威望。比如，公司现任 5 名独立董事分别为：刘彭龄先生，已退休，原任中国国电集团公司副总经理、党组成员；宋思忠先生，已退休，原任中国兵器工业集团公司副总经理、党组成员；谢朝华先生，现任中国致公党中央委员会委员、中国致公党北京市委员会副主任、国家审计署特约审计员；刘治先生，已退休，原任国家发改委产业政策司司长；丁原臣先生，已退休，原任中国铁建股份有限公司副董事长、党委常委。这些独立董事有威望敢说话、有经验能说话、有责任讲真话，充分履行了独立董事应尽的职责。

（3）实践效果。这些领导同志在担任上市公司独立董事期间，工作非常出色：一是独立董事坚持亲自参加上市公司会议，会议亲自出席率接近100%；二是独立董事工作非常认真，会议前能审阅议案材料，会议上充分表达意见和建议；三是独立董事由于管理经验丰富，所提的问题和建议都能切中要害，具有较高的决策价值，董事会愿意听取独立董事的意见和建议；四是独立董事由于较高的社会威望，董事会形成决议时都能采纳独立董事的意见和建议。

2. 积极推进董事会科学民主决策

（1）制度安排。公司制定了《董事会议事规则》、《总经理工作细则》、《独立董事工作制度》、《独立董事年报工作制度》等。

（2）具体做法。一是公司在召开董事会会议之前，提前5天将会议资料送达各位独立董事审阅，保障独立董事有足够的时间事先审阅议案。二是董事会会议在讨论议案过程中，董事长或主持人能就每个议案主动征求各位独立董事的意见。三是对于独立董事提出的问题和意见，董事长或主持人组织进行充分的讨论，妥善解决问题。四是董事会会议在形成决议时，充分尊重独立董事意见，达成一致意见。

（3）实践效果。多年来，得益于董事会的民主决策，独立董事对公司重大经营决策提出了许多科学建议，如鉴于公司长期投资占用资金较大的问题，公司独立董事在第4届董事会第12次会议上明确提出："要高度关注可能造成的投资风险，希望公司克制投资冲动"；在公司审议设立葛洲坝安哥拉有限公司时，为规避国外投资风险，提出"取消其房地产开发及相关的技术服务；水电站、水利工程、交通工程的投资与开发、贸易等经营范围"；在审议定期报告时，针对经营性现金流量为负和负债较高的问题，提出"希望经营层要特别关注经营性现金流，控制基本建设投入，一定要保证现金流有所改善。通过改善资本结构，加大力气做好应收款项回收工作来降低公司资产负债率，保障后期公司生产经营所需资金"；针对公司战略发展问题，在第9次审计委员会会议上提出："经营班子要认识到，这几年公司基本上是依靠投资拉动经济增长，以后没有那么多投入了，要研究如何走内涵发展道路的问题"等。对上述建议，公司积极采纳并加以整改落实，有效地促进公司生产经营的顺利进行和可持续的稳步发展。

3. 认真组织独立董事实地考察工作

（1）制度安排。按照《公司独立董事工作制度》、《公司独立董事年报工作制度》，公司每年都会安排独立董事对生产经营项目进行实地考察。

（2）具体做法。一是在上年年末，公司会就实地考察项目充分征求独立董事意见，根据独立董事关注的生产经营重点环节，拟定第二年实地考察项目计划，并以公司文件印发执行。二是根据项目考察计划安排，提前通知被考察单位。被考察单位就独立董事关注的问题认真准备汇报材料。三是独立董事前来考察时，被考察单位主要负责人亲自汇报，陪同考察并解答独立董事的问询。四是针对独立董事在考察中提出指导意见，责成被考察单位采取措施整改。

（3）实践效果。独立董事通过实地考察业务现场，对公司的建筑工程承包施工、高速公路、水泥、民爆业、水力发电和房地产等业务有了感性认识，对公司生产经营现状、内控制度执行、重大投资项目和合同履行情况有了全面了解，掌握了第一手材料，为董事会科学决策提供了保障。

近年来，公司组织独立董事对生产经营现场进行了多次实地考察，针对考察中发现的问题，独立董事提出了多条指导性意见。如2008年9月，独立董事在考察公司所属水泥分公司时指出：分公司资本金问题要落实到位，水泥生产一定要加强环境保护；2009年6月，考察公司西南分公司景洪水电站和金安桥水电站施工现场时指出：要落实好云南金安桥水电站项目的国家批复问题；2010年8月，考察公司伊犁水电开发有限公司、新疆工程局（有限公司）时指出：要落实好新疆地区资源与投资的归口管理与整合问题；2012年考察公司北京房地产项目时指出：认真研究国家房地产调整政策，严格控制房地产风险等。公司都按照意见进行整改并落实到位，有效地促进了公司规范运作。

四、相关建议

1. 严格独立董事任职标准，努力提高独立董事素质

现在不少上市公司的独立董事都是大股东推荐的"关系独立董事"和"人情独立董事"，这些独立董事缺乏管理经验、沟通协调能力不足、社会威望不高、责任心不强，导致其在董事会中不愿说话、不敢说话、不能说话、不说真话。要充分发挥独立董事制度的作用，核心和前提是要选用高素质的专家人才担任独立董事。因此，我们建议，除了股东推荐之外，还要通过监管部门、中介机构、行业主管部门、行业协会等多种渠道，选择高素质独立董事候选人，进行综合评价并以此建立储备库，以确保独立董事的高素质。

2. 建立独立董事议事考核制度

上市公司独立董事主要是通过参与会议审议议题的形式来履职。这样，如何提高独立董事参会效率，确保参会质量，对公司重大事项提出建设性的意见，不做"花瓶独立董事"，就显得至关重要。我们建议，监管部门建立独立董事议事考核制度，通过上市公司保存的会议记录材料，对独立董事亲自出席会议情

况、重大事项审议发言情况、意见和建议的有效性情况进行考核。监管部门不仅要对不按规定出席会议的独立董事进行处罚，而且要对参加了会议但不发言或者是毫无实质内容的官话、套话、恭维话的发言等也要予以谴责，以促进独立董事真正履行应尽的义务和职责，真正为中小股东利益出谋划策，真正为上市公司科学发展殚精竭虑。

案例 6：南方航空

中国南方航空股份有限公司（以下简称南方航空）成立于 1995 年，是中国最大的航空运输企业之一，主要从事国内国际航空客、货运输业务。公司 1997 年 7 月在国际资本市场发行 H 股并在纽约证券交易所和中国香港联合交易所上市，2003 年 7 月在上海证券交易所发行 A 股并上市，南方航空集团现在持股比例为 53.12%，公司是典型的国有控股上市公司。目前，南方航空是国内运输飞机最多、航线网络最密集、年客运量最大的航空公司，年承运旅客 8068 万人次，位居亚洲第一、世界第三；目前拥有飞机 480 架，机队规模亚洲第一、世界第三。截至 2012 年 9 月 30 日，公司总资产为 1438 亿元，净资产近 400 亿元，1~9 月实现归属于上市公司股东的净利润为 26.65 亿元。

南方航空这些年的跨越式发展离不开中国证监会的关心、资本市场的支持，更离不开公司董事会、监事会和高级管理人员的共同努力。良好的公司治理结构不仅是南方航空快速发展的基础，更是公司不断进步的力量源泉。

一、独立董事制度实践情况

南方航空是先在境外 H 股上市，后回归 A 股，还在纽约证券交易所发行美国存托凭证，因此独立董事制度也与一般的 A 股上市公司有些不同，公司的独立董事制度总结为以下几个特点："起步早、严要求、选对人、走对路。"

"起步早"是指南方航空在准备 H 股上市的时候，就建立起了独立董事制度。1995 年成立南方航空股份公司就为了规范公司治理，在国际资本市场融资，因此 1997 年南方航空就聘任了 2 名独立董事，独立董事制度就此建立并不断发展完善。目前，南方航空有 4 名独立董事，占董事会 11 名董事的比例超过 1/3，并且审计委员会委员全部由独立董事担任，薪酬与考核委员会和提名委员会也是独立董事占多数。公司制定了《独立董事工作制度》和各委员会的工作细则，帮助独立董事有效履行职责及开展各项工作。

"严要求"就是指南方航空作为纽约、香港和上海三地上市公司，需同时满足三地监管要求，独立董事也要高标准、严要求，充分发挥监督权。例如，美国《萨班斯法》要求审计委员会负责内部审计机构的建立与运行，审计师直接向审计委员会汇报。香港地区上市规则要求重大的关联交易，独立董事必须聘请独立财务顾问出具财务顾问报告，说明关联交易是否公平合理。为满足三地监管要求，赢得全球投资者的信任，南方航空独立董事就必须严格要求自己，做得比监管要求更好。比如，南方航空集团曾希望南方航空能够更换会计师事务所，但审计委员会认为贸然更换会对审计工作造成困难，并影响公司形象，因此拒绝了这个建议，并向董事会提议继续聘任现任会计师。公司独立董事还要求金额增长超过 10% 的关联交易必须召开现场董事会。"严要求"不仅是南方航空的压力，更成为不断改善公司治理，提升经营管理的动力。

"选对人"就是挑选出专业性强、有代表性，并且勤勉尽责的独立董事。选聘独立董事不仅为了改善公司治理，满足监管要求，更是为了公司战略发展和提升经营管理。这几年南方航空大力推进国际化和品牌化，以此来推进南方航空的战略转型，为此公司聘请凤凰卫视董事局主席刘长乐先生作为公司的独立董事。刘长乐先生不仅有效履行了独立董事的法定职责，还为公司带来了国际化经营和国际品牌建设的宝贵经验，且自认为花在南方航空董事会的时间和精力甚至超过凤凰卫视的董事会，比如亲自出马帮助南方航空策划、设计 A380 接机及首航仪式等重大活动。在 2013 年 8 月的董事会上，还做了《航空公司品牌建设》的专题讲座，用乘坐飞机的亲身经历和凤凰卫视品牌建设的经验，详细阐述了航空公司应如何进行品牌建设，特别指出了南方航空品牌建设中的不足和改进方向，大到南方航空品牌战略的制定，小到南方航空飞机上的娱乐节目、开关灯时间等服务细节，赢得了董事、监事和高管的一致好评。此外，公司独立董事、审计委员会主任贡华章先生，是原中石油的总会计师，十分关心公司财务管理状况及内控建设情况，关注潜在财务风险并提出建议，还为董事会和高管介绍了中石油集团的财务管理经验，帮助公司提升财务管理水平。独立董事宁向东先生是清华大学公司治理研究中心主任，经常为董事会介绍公司宏观经济状况和公司治理方面的先进经验；独立董事魏锦才先生是民航业资深人士，经常与董事们讨论民航业发展状况及竞争态势，帮助公司提高竞争力。独立董事不仅履行了法定职责，更利用他们的专业和经验为公司发展献计献策。

"走对路"就是公司要创造条件，帮助独立董事发挥他们的独特作用。首先，保证独立董事的知情权，通过发送资本市场日报、月报等，让独立董事了解资本市场和航空业动态，公司经营情况和券商对南方航空的投资评级。此外，积极安排独立董事体验南方航空的服务，参观公司经营场所和分支机构，了解公司经营运作，更好地发挥董事会的决策职能。其次，发挥独立董事的专业性，让独立董事通过授课或开展讲座等方式分享他们的专业知识，帮助董事会科学决策，改善公司经营管理。这几年公司先后开展了财务管理与资金管控、品牌建设、宏观经济形势分析等多次专题讲座。再次，注重发挥董事会专业委员会的作用，保证独立董事的决策参与权。通过审计委员会、薪酬与考核委员会及提名委员会对高管任免、薪酬考核、激励制度、关联交易、利润分配等重大事项进行讨论和表决，帮助公司实现规范运作、降低经营风险，维护了股东和公司利益。南方航空在推行股权激励计划时，独立董事多次听取公司汇报，从股东批准、国资委审批等方面提出了建议，帮助公司改进方案，并顺利获得各项批准和正式实施。

经过公司上下的共同努力，南方航空独立董事的作用得到了很好的发挥，真正起到了内部制衡、开阔视野、提升管理、规范运作的作用。

二、建议及意见

1. 理顺国有资产管理体制与现代公司治理结构

目前，南方航空是国有股"一股独大"，对整个公司治理结构都有严重影响。比如，目前公司董事会中大部分还是内部董事，监事全部都是内部监事。这也造成了"老三会"与"新三会"之间的矛盾。公司既不能违反上市相关法律法规和规则的要求，又不能违反党的组织纪律和国资管理的各项要求，因此如何通过理顺国有资产管理体制与现代公司治理结构，还希望国家和上级部门能给予更多的指导。

2. 通过制度建设更好地保证独立董事的独立性和专业性

独立董事的独立性是核心，专业性是基础。目前国内合适的独立董事候选人少，还没有形成市场化的选择机制，大部分上市公司找独立董事都是通过人情和关系去找，而且多数是大股东去找，机构投资者参与公司治理还很不够，这样独立董事的独立性和专业性很难得到保障。建议监管部门通过整体制度设计，对独立董事的后备人选、选聘机制、监督考核等进行规范。

3. 独立董事制度和监事会制度的协调

我国同时引入了独立董事制度和监事会制度，这两者都对公司运作进行监督，也都是公司治理的重要组成部分。目前的立法和监管都偏向于独立董事制度，独立董事的作用得到较好的发挥。但是，监事会的立法和重视都不够，监事会有被边缘化的危险。如何对独立董事和监事会进行更加明确的定位，充分有效地发挥两者的监督职能，协调两者的运作，是进一步改善公司治理的一大难题。

案例 7：伊力特

一、公司简介

新疆伊力特实业股份有限公司（以下简称"伊力特"）成立于 1999 年 5 月 27 日，主要经营"伊力"系列白酒产品。公司前身中国人民解放军三五九旅七一七团，1955 年部队官兵们来到肖尔布拉克镇并酿造出伊力特的第一锅酒，后来经过几年的积累和发展，成立了新疆伊犁酿酒总厂。1999 年 5 月 27 日新疆伊犁酿酒总厂作为主要发起人，以其部分经营性资产联合 5 家法人单位共同发起设立了新疆伊力特实业股份有限公司，1999 年 9 月 16 日在上海证券交易所上市。截至目前公司总股本 44100 万股，控股股东为新疆伊犁酿酒总厂，持股比例为 50.51%。

经过几年的发展，公司成为西部地区最大的浓香型白酒企业，已形成以"伊力"牌系列白酒生产销售为龙头，经营范围涉及酿酒、印刷、玻璃制品、野生果开发、煤焦化、物流等产业，形成了以"伊力特"品牌为龙头，多渠道、多层次、跨地区、跨行业发展的经营格局。2006 年，公司生产的"伊力"牌白酒获得中国酒类质量优级认证证书。2007 年 12 月，公司白酒产品荣获中国食品工业协会白酒专业委员会颁发的"纯粮固态发酵白酒"标志认证，是新疆唯一一家获得此项认证的白酒企业。

作为国有上市公司，多年来公司坚持履行并承担社会责任、始终注重股东的稳定回报。伊力特上市 13 年来，已实现利税总额 17.36 亿元，累计分红 8.5 亿元，股东实现平均年收益率 14.83%，最高时达到 24.30%。2012 年上半年，公司实现主营业务收入 89038.53 万元，净利润 10931.26 万元。截至 2012 年 6 月 30 日，公司总资产 228453.21 万元，净资产 117490.01 万元，市值 61.25 亿元。

二、独立董事实践案例

伊力特作为兵团重点支柱企业、农四师唯一一家上市公司，始终坚信不断提高公司治理水平、加强规范运作是伊力特基业长青的根本所在。多年来，公司独立董事在保护公司资产安全、保护中小股东利益、充分发挥其专业优势方面做了较为扎实有效的工作，是公司治理发挥应有作用的基础保障。

1. 以推动公司发展为着眼点，不断优化董事会组成结构

公司在重塑治理结构时首先注重和强调治理结构的有效性，突出实际，摒弃公司治理表面化、形式化和程序化的现象。对处于公司治理结构核心地位的董事会进行重点安排，避免董事与经理人的高度重合，实现决策权和执行权的分权制衡，保证董事会能做出独立于经营层的判断与选择。

（1）合理搭配董事会人员结构，大幅提高专业性强的独立董事在董事会中的比例。在新一届董事会换届时，公司主要从高效合规运行的角度出发，从统筹全局和协调各方利益关系上对内、外部董事的比例和结构进行调整。同时，综合考虑公司所处行业、企业发展前景、规模及对不同专业知识的需求等因素，最终选举产生由 7 名董事会成员组成的高效董事会，其中包含独立董事在内的外部董事 5 名，这一变化较之以往，由一届董事会外部董事 40% 调整到现在的 70% 以上。新一届董事会主要体现出这样几个特点：一是董事会规模小，每位董事相对话语权大、责任大、运作效率更高；二是外部董事人数占 70% 以上，独立董事人数占 1/2，避免了内部人控制的局面，"一言堂" 变成了 "众言堂"，既保证了经营层的正常有效工作，又保证各方利益的最大化。

（2）注重独立董事专业性和适用性，优化独立董事选聘机制。公司在选聘独立董事的过程中尝试改变以往独立董事的提名方式，选聘与公司没有利益联系、而具有特殊专长的战略和财务管理专家，同时充分考虑拟聘的独立董事人选是否具有勤勉尽责的时间基础。确定好合理的选聘机制后，公司逐一与拟聘独立董事进行接触。出于对监管部门公信力的信任，伊力特 3 位独立董事中有一位专门请监管部门推荐，此位独立董事不仅在新疆辖区内开展独立的审计业务深受客户、监管部门的信任，同时其专业素养也深受业内的肯定。另外两位是公司根据其本人以往担任独立董事经历，并在与其已任职公司的主要负责人充分沟通后确定的。

为真正做到 "在其位、谋其职"，加大拟聘独立董事对公司的了解，公司在没有正式聘任前，特意安排拟聘独立董事到公司主要产品生产基地进行了实地考察，听取公司管理层的汇报。独立董事不仅可以通过公开的信息资料了解公司，还通过实地考察进一步了解公司产业模式、行业发展、生产经营特点等情况，在全面了解公司情况的基础上决定是否要担任。公司也可在这一过程中更加明确该独立董事有无胜任能力，这是一个相互磨合和建立信任基础的过程。

（3）形成 "利益相关者合作" 的共同治理思路。回顾公司上市以来的治理历程，公司深刻认识到，处在食品饮料行业的消费类上市公司，公司不仅强调所有者的权威，还要关注其他利益相关者的实际参与。因此，公司组建的以外部董事为主的董事会中有 3 名独立董事，2 名控股股东推荐的董事，2 名公司小股东推荐的董事。这样的董事会设置，目的是弱化并消除"一股独大"的局面，形成一个开放的、百花齐放的董事会，从而凸显独立董事的作用。在董事会实际运作过程中虽然有时董事之间彼此观点不同、意见不同，却都是为了公司健康发展的共同目的，董事会形成的决议也就能够代表各方利益，充分发挥独立董事的制衡作用成为各方利益能够得到均衡的关键举措。

2. 独立董事工作实践案例介绍

公司独立董事勤勉尽责，通过对公司的实地考察、听取管理层的汇报、查看文件资料、与经销商进行交流等方式，全面了解公司经营、管理情况，及时指出存在的问题，提出解决建议，在推动公司规范发展方面发挥了重要作用。

（1）独立董事积极在确立公司经营战略方面建言献策。2000 年前后，各大上市公司纷纷进行多元化投资，伊力特也不例外，但有些项目未能获得如期回报。公司独立董事始终将公司的整体利益作为决策的唯一目标，客观、独立地作出判断，建议公司做出退出与主业不相关行业的战略定位，得到了公司的采纳。在之后的几年时间里，公司组成专门的小组负责此项工作，但有部分项目退出过程异常艰难。面对这样的项目，项目组的人员一方面积极和受让方进行周旋，为公司争取最大的利益；另一方面积极与独立董事进行探讨，让公司从事法律工作的独立董事作为后端的技术支持力量，不仅通过董事会议事方式献计献策，还积极主动发挥专业优势，对项目的涉诉可能性进行极具前瞻性的专业判断。并指导公司信息披露的内容与之对接呼应，为公司争取完全的主动，以阶段性信息披露为可能涉诉的行为进行铺垫，同时完善各类证据链条，顺利地保全了公司的资产安全，为公司避免了近 2 亿元的财产损失，从而确保公司整体利益不受损失。

（2）独立董事在解决担保等历史遗留问题方面身体力行。2000 年前后上市公司之间互保行为颇为盛行，2001 年公司也在上级领导的统一安排下为同一体系下的企业提供了 10 年期的连带责任担保，价值 1.5 亿元。担保责任发生后，公司独立董事为避免公司财产受到损失要求贷款方提供反担保，并积极督促管理层逐一落实反担保措施。在随后的贷款期内，虽然公司董事会几度换届，但新任独立董事还是一如既往地继续要求贷款方归还贷款，解除公司的担保责任。在贷款即将到期的最后几年时间里，独立董事要求公司不断地通过书面致函、面谈等多种方式向贷款方施加压力，并及时根据回函的情况制定新的对策。同时，在年报期间公司独立董事又积极和年审会计师进行沟通，与公司常年法律顾问一起探讨法律风险，配合常年法律顾问进一步论证承担担保责任的可能性，经过五六年积极有效的沟通，公司逐步完善了相关的证据文件。2012 年通过多方的努力，该笔担保贷款顺利地转为国家资本，从而免除了公司的担保责任。

（3）独立董事从专业角度在公司投资等重要事项发表审慎、合理意见。2006年公司提出投资煤化工项目的动议，因为存在条块分割的原因，投资前一直没有解决资源的问题。作为公司独立董事，对重大项目的决策依据是判断项目是否存在投资失败的风险，在之后的多次会议上公司独立董事及时提出公司煤化工的核心问题——煤炭资源的经营权无法保证的前提下公司需要慎重考虑投产问题，因为一旦投产就会面临亏损的巨大风险。经过多次提议，公司在一期完工前，统筹安排、统一协调，做出煤化工项目交由七一七团煤矿和焦化厂整体接收，实行公司参股的投资经营模式。这样的布局和安排一方面保证了煤化工项目核心资源的有效配置，同时也能确保公司集中优势资源做好主业的稳定长足发展，避免因煤化工项目过多占用公司资金从而影响主业发展的风险。

（4）独立董事充分发挥制衡作用，全力维护公众股东的权益。比如在关联交易价格的公允性方面，独立董事以公司整体利益为出发点，对关联交易价格进行详细测算，充分论证其公允性，避免出现利益输送的情形。例如，2009年年初，公司与控股股东就债权的分割问题上发生了关联交易，在相关利益的分配上，公司独立董事排除干扰运用财务方面的专业知识对公司提供的关联交易方案进行论证，并进行独立的测算，验证公司的分割依据，将结果通报给了各位董事，根据结果要求公司进行修订和完善。

（5）独立董事明确角色定位，切实发挥专业委员会作用。独立董事通过审计委员会、提名委员会、薪酬委员会、战略委员会等机构，来履行提出高管人员候选人、评价董事会和高管人员的业绩、提出高管人员的薪酬方案及对公司关联交易发表意见等职责。自公司成立专业委员会以来，公司独立董事除认真地履行重大事项决策责任外，年报审计期间与会计师的沟通成为独立董事有效开展工作的重点及抓手。公司独立董事作为审计委员会的重要组成部分，一方面听取中立的中介机构对公司年度重大事项的判断；另一方面帮助解决会计师与管理层沟通过程中遇到的困难。这一工作从会计师预审开始一直到年度审计报告报出前，在4个多月的时间里独立董事通过与会计师的多次沟通，全面详尽的掌握公司财务报告的真实性、准确性、完整性，通过沟通将重大问题解决在报表报出前，从而向投资者提供更加完整、准确的定期报告。通过几年的努力，目前公司已经形成了独立董事与会计师年审期间良性的互动沟通机制及良好的问题解决机制。

3. 独立董事制度未来更好实践的构思和设想

从多年的实践来看，要想充分发挥独立董事的作用，需要在以下几个方面予以完善。

（1）通过制度保证独立董事充分履职的时间与条件。目前的制度允许独立董事任职最多 5 家以内上市公司，5 家公司难免会出现在其位、不谋其职的情况，为此建议任职独立董事最多能担任 3 家以内上市公司为宜。同时为避免泄露公司的商业秘密，应限制独立董事任职于同一行业两家（含）以上上市公司。

（2）赋予独立董事更多的职权。就目前的职权来说，多数职权都带有建议性质，需要得到公司董事会或股东大会的重视和认可才有意义。因此，独立董事在上市公司中的影响力只有被重视和重用才可能得到最优发挥。相关人士认为可以通过立法或颁布规章制度等形式增加或完善独立董事几项具有实质意义的职权，如对公司经营者及其他高级管理人员的工作业绩以适当的方式发表评价意见；对公司的财务报表、分红派息方案进行全面审核，以确保公司在这些方面的行为符合法律和法规的要求，并且符合公司的整体利益和全体股东利益；在聘请会计师事务所这一事项上，定位于中小股东代言人的独立董事，应当对聘任或解聘会计师事务所享有决定权，而不只是提议权；将独立董事的认可权范围由仅限于重大关联交易扩大到包括其他重大借款、资金往来和提供重大担保行为；对公司的重大关联交易、重大借款、资金往来和提供重大担保等行为享有一票否决权等。为了防止独立董事滥用这一职权，可以设置再议程序，即被独立董事一票否决的议案如果再议时，需要由全体董事的 2/3 以上同意才能通过，并且在公开披露的决议中写明独立董事的意见等诸如此类的复核条款。

独立董事制度并不是一项解决公司治理的万能制度，对于上市公司治理的监督，仅仅依靠从内部治理也无法达到最为理想的效果，也更应该综合外部媒体、市场各类中介机构及每个投资者的力量，让每个上市公司在治理中保持足够的透明度，才可以最大程度地保证其健康运行，而独立董事自身也必须不断提高股东权益意识和责任意识，增强履职能力，才能更有效地发挥作用。

案例 8：招商证券

一、公司基本情况简介

1. 公司总体情况

招商证券股份有限公司（以下简称"招商证券"、"公司"）成立于 1991 年，设于深圳市福田区益田路江苏大厦 A 座 38~45 层，主营业务为证券经纪、投资银行、资产管理、基金管理、证券自营、直接投资等。

20多年来公司与中国资本市场相伴成长，稳健经营，创新发展，由一家证券业务部成长为拥有近千亿元总资产，经营跨越境内外，业务横跨证券、基金、期货多领域，业务能力、人均创利能力和综合实力居前的证券行业佼佼者和公众公司。招商证券致力于以卓越的金融服务实现客户价值增长，推动证券行业进步，立志打造产品丰富、服务一流、能力突出、品牌卓越的国际化金融机构，成为客户信赖、社会尊重、股东满意、员工自豪的优秀企业。2009年11月，招商证券成功IPO并在上海证券交易所上市，代码600999。招商证券现已成为中证100、上证180、沪深300、新华富时中国A50等多个指数的成份股。

公司近3年主要经营数据如表8-2：

表8-2　招商证券近3年主要经营数据

项　目	2011年	2010年	2009年
营业收入（元）	5225155713.69	6486468308.63	8679951925.00
归属于上市公司股东的净利润（元）	2008293999.84	3228860702.33	3727722803.65
归属于上市公司股东的扣除非经常性损益的净利润（元）	2005744777.77	3211515229.05	3198566348.33
总资产（元）	68857226623.54	95358732431.83	96512312560.27
净资产（归属于上市公司股东的所有者权益）（元）	24668990273.50	23975840489.77	22606157430.64
总股本（元）	4661099829.00	3585461407.00	3585461407.00
市值（亿元）	467.50	509.07	782.96

2. 公司历史沿革

公司的前身是1993年8月1日设立的招商银行证券业务部，1994年改建为招银证券公司，1998年增资改制并更名为国通证券有限责任公司，2001年整体变更为国通证券股份有限公司，2002年更名为招商证券股份有限公司并沿用至今。

经中国证券监督管理委员会证监许可〔2009〕1132号文核准，公司于2009年11月9~10日首次公开发行A股股票358546141股，股票发行价格为人民币31元/股，募集资金总额111.15亿元，扣除发行费用2.32亿元后，募集资金净额为108.83亿元。发行完成后，公司总股本由发行前的3226915266股增加至3585461407股。公司首次公开发行A股股票后，于2009年11月17日在上海证券交易所上市。

2011年公司实施了每10股转增3股的资本公积金转增股本方案，即以2010年末总股本3585461407股为基数，资本公积金每10股转增3股，共计转增 1075638422 股，转增后公司总股本为 4661099829 股。

3. 公司股东结构和控股股东

公司实际控制人为招商局集团有限公司。招商局集团有限公司通过其子公司深圳市集盛投资发展有限公司、深圳市招融投资控股有限公司、招商局轮船股份有限公司间接持有本公司股份 45.88%。

主要经营范围：水陆客货运输及代理、水陆运输工具、设备的租赁及代理、港口及仓储业务的投资和管理；海上救助、打捞、拖航；工业制造；船舶、海上石油钻探设备的建造、修理、检验和销售；钻井平台、集装箱的修理、检验；水陆建筑工程及海上石油开发工程的承包、施工及后勤服务；水陆交通运输设备及相关物资的采购、供应和销售；交通进出口业务；金融、保险、信托、证券、期货行业的投资和管理；投资管理旅游、酒店、饮食业及相关的服务业；房地产开发及物业管理、咨询业务；石油化工业务投资管理；交通基础设施投资及经营；境外资产经营；开发和经营管理深圳蛇口工业区、福建漳州开发区。

股东结构如下：

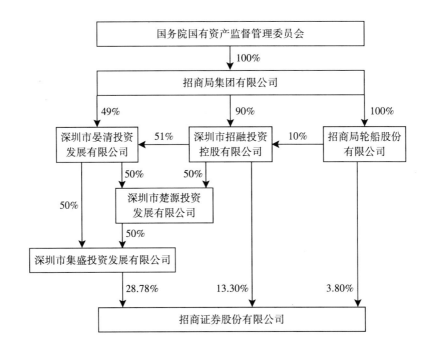

4. 同业排名

表 8-3 同业排名

业务类别	时 间	项 目	明细类别	行业排名	在上市券商中排名
经纪业务	2011 年	二级市场交易量	股基	6	3
			股基权	6	3
			总交易量	6	2
		银行间+交易所债券交易量	债券	9	3
		基金分盘交易量		7	3
	2011 年 12 月 31 日	证券托管市值		6	2
	2011 年 12 月 31 日	营业部数量		16	7
投行业务	2011 年	承销金额	股票主承销	9	3
			债券主承销	12	4
			股票及债券承销	10	4
		承销家数	股票主承销	4	2
			债券主承销	11	4
			股票及债券主承销	7	3
	2011 年 12 月 31 日	保荐人数量		5	4
资管业务	2011 年 12 月 31 日	受托管理资金		13	
		集合理财规模		8	5

二、亮点

在独立董事工作机制方面，公司建立了独立董事履职保障机制，增强董事会决策的独立性和效率；建立了独立董事关联交易决策和监督机制，既提升了决策知情权，又强化了关联交易全程、无缝隙的监督，从而有效防控利益冲突交易的发生。

三、实践案例

1. 独立董事履职保障机制

公司在董事会引入独立董事，来完善董事会治理，提高董事会决策质量和监督职能。公司为此建立了独立董事履职保障的完整机制，既能让独立董事严格履职来消除可能的利益冲突，确保董事会决策的独立性，又能让独立董事强化知情权来降低信息不对称，提升董事会决策的效率。

（1）独立董事结构设计。鉴于证券公司风险经营、资本经营的特点，公司对独立董事的选任特别注重专业性，并形成独立董事专业分布上的协调与均衡。公司要求 5 名独立董事的专业结构涵盖财会、金融、管理、法律多领域，其中至少有 1 名会计专业人士、1 名法律专业人士，以形成多元化、多视角的决策和监督体系。例如，公司目前 5 名独立董事包括了财会、金融领域境内外精英和法律专业的专家（见表 8-4），他们能充分发挥自己的履职能力尽到监督的职责。

表 8-4　独立董事的资料

独立董事姓名	专业背景	专业委员会职务	任职情况
郑洪庆	财会、金融	薪酬与考核委员会召集人，并为提名委员会委员	曾任中国香港中旅集团有限公司常务董事、副总经理
王沅	金融	提名委员会召集人，并为审计委员会委员	现任国家开发银行首席经济学家兼教育培训局局长，曾任中国香港证券及期货事务监察委员会中国政策顾问
刘嘉凌	金融	风险管理委员会、战略委员会、薪酬与考核委员会委员	现任信达国际控股有限公司董事总经理，曾任摩根士丹利亚洲有限公司董事总经理
马铁生	财会、金融	审计委员会召集人，并为薪酬与考核委员会委员	曾任中国民航信息集团公司总经理
杨钧	法律	审计委员会、提名委员会委员	现任上海联合产权交易所总裁助理、金融产权交易中心主任、北京总部总经理

（2）独立董事知情权和调查权的制度安排。公司授予独立董事的信息知情权和调查权包括以下内容：独立董事除了通过参加历次董事会会议及专业委员会会议了解公司经营管理情况外，还通过公司每月发送的《董监事通讯》、《资本市场创新与监管动态》及各类专题报告等，及时获取公司的经营管理状况及行业其他相关信息；通过电子邮件或电话的形式与公司保持日常联系，不时提出有关问题及要求提供相关资料；定期与其他董事、高管及某些中层管理人员、业务人员等进行交流；听取公司年度审计情况、创新业务的专题汇报；开展对公司总部、各分支机构以及子公司的定期现场调研；聘请中介机构出具审计报告、独立财务顾问报告或咨询报告，作为其发表独立意见的依据。

信息知情权和调查权是独立董事履行决策和监督职权的基础。公司在实践中较有特色的做法包括独立董事年报审核工作机制和独立董事创新业务、重要业务指导机制。

1）独立董事年报审核工作机制。公司董事会秘书负责协调独立董事与公司管理层、年审会计师事务所的沟通，公司财务部负责配合相关沟通工作，积极为独立董事在年报编制和披露中履职创造便利条件。独立董事年报审核工作机制包括了管理层汇报和实地考察、年报审计机构进场前的见面会、年报初审后的见面会及董事会审核年报前的监督4个环节。

第一，公司管理层在会计年度结束后4个月内，向独立董事汇报公司本年度的经营情况和投资、融资活动等重大事项的情况，并安排独立董事对公司有关重大问题的实地考察。

第二，公司财务总监在年报审计师进场审计前向每位独立董事书面提交本年度审计工作安排及其他相关资料；独立董事听取公司财务总监对公司本年度财务状况和经营成果的汇报后，在年审会计师事务所进场审计前，与年审注册会计师沟通审计工作小组的人员构成、审计计划、风险判断、风险及舞弊的测试和评价方法、本年度审计重点。

第三，独立董事在年审注册会计师出具初步审计意见后和召开董事会会议审议年报前，与年审注册会计师见面，充分沟通审计过程中发现的问题。

第四，独立董事在审计年报的董事会召开前，审查董事会召开的程序、必备文件及能够做出合理准确判断的资料信息的充分性；如发现与召开董事会相关规定不符或判断依据不足的情形，独立董事将提出补充、整改和延期召开董事会的意见，未获采纳时可拒绝出席董事会，并要求公司披露其未出席董事会的情况及原因。

以上4个环节构成了独立董事监督公司年报工作的完整机制，与公司定期报告内控机制相配合，确保信息披露的真实性和准确性。

2）独立董事创新业务、重要业务指导机制。公司独立董事高度关注公司业务的效益和风险管理，一方面在业务开展前主动进行业务指导和风险预判，另一方面在业务开展中提供相关评价和建议。

第一，业务开展前的业务指导和风险预判。证券公司步入创新发展新阶段后，创新产品和工具层出不穷，为更好地开展创新并控制风险，公司会在新业务设计完善阶段召开新业务汇报会，由公司管理层和业务骨干向独立董事汇报业务准备、重要技术环节、风险应对等事项；独立董事则借助境内外经营管理经验和专业知识，对汇报事项提出质询和建议，指导公司从满足发展战略的需要出发，借鉴移植境内外经验成果，在产品设计中科学配置各种资源要素，优化提升流程与细节，最大限度地通过新产品新业务提升效益、改善客户服务。

第二，业务开展中的评价与建议。公司独立董事通过各类业务专题报告会和每季度风险管理委员会来评估重要业务、新业务的绩效、风险管理并提出相关建议。例如，独立董事听取股指期货套保交易、固定收益业务汇报之后，高度评价期指套保业务的盈利模式，并建议公司在后续发展中着力解决资金紧张和净资本紧张的瓶颈问题。同时，展开固定收益套利策略、交易策略的探讨互动，提示利率风险、信用风险、流动性风险、股票市场波动风险、操作风险和合规风险等一系列风险的管理。再如，独立董事在季度风险管理委员会上通过审议风险评估报告，主动发现固定收益产品尤其城投债的流动性风险和信用风险，要求公司完善固定收益产品的内部评级机制，防控外部评级失灵引发的信用风险，同时研究固定收益产品的流动性折扣，严格防范流动性风险发生。

公司独立董事的业务知情权和专业性、能动性发挥，起到了决策辅助和纠偏功能，对于公司业务发展符合利益最大化的战略导向更是起到了重要的作用。

（3）独立董事投保董事责任险。独立董事履行监督和决策职能承担了较大的责任和风险。为了激励独立董事合法、合理、积极主动地履行职责，公司为包括独立董事在内的全体董监事及高级管理人员投保责任险，保险公司为独立董事履行职责时的不当行为而遭受的人民币1亿元以内的赔偿请求所导致的损失承担赔偿责任，其中投保的不当行为包括独立董事违反职责、过失、错误陈述、误导性陈述、遗漏、违反授权或其他行为。

公司实践表明，董事责任险解决了独立董事履职所带来的人力资本增值与其所面临的风险和责任严重不对称的问题，为独立董事履职解除了后顾之忧，并正面激励着独立董事积极主动参与公司的重大决策和监督事项，从而有助于公司运营利益的最大化。

2. 独立董事关联交易决策和监督机制

在现行法律体系下，独立董事应尽职履行相关特殊职权，尤其要强化以关联交易为代表的利益冲突交易的监督。为提升独立董事关联交易决策质量，公司一方面建立关联交易决策信息系统，增强独立董事掌握信息和资料的能力（见表8-5），提升决策知情权；另一方面保证独立董事团队作为一个整体在关联交易决策上的独立性，有效防控不公平的利益冲突交易。

表8-5　独立董事的职权和需掌握的信息

独立董事特殊职权	需要独立董事同意
重大关联交易应由独立董事认可后，提交董事会审议；独立董事作出判断前，可以聘请中介机构出具独立财务顾问报告，作为其判断的依据	重大关联交易、聘用或解聘会计师事务所，应由1/2以上独立董事同意后，方可提交董事会讨论
向董事会提议聘用或解聘会计师事务所	经1/2以上独立董事同意后，独立董事可独立聘请外部审计机构和咨询机构，对公司的具体事项进行审计和咨询，相关费用由公司承担
向董事会提请召开临时股东大会	
提议召开董事会	
独立聘请外部审计机构和咨询机构	
可以在股东大会召开前公开向股东征集投票权	

（1）构建关联交易决策信息系统。公司自主研发了与日常业务相结合的关联交易管理信息系统，加强关联交易信息的自动采集、积累和分析，实现了关联交易统计报表自动化。在此基础上，公司董事会办公室及时将重大关联交易事项向独立董事报告，确保独立董事在第一时间知晓关联交易事项的具体情况。

（2）形成独立董事关联交易决策流程。公司根据法律和公司章程的要求，在独立董事不占董事会绝大多数的情况下，赋予独立董事关联交易决策过程中相对多数的权力，甚至是独立董事否决权，这包括：董事会决策前，重大关联交易应由 1/2 以上独立董事同意后，方可提交董事会讨论，超过 1/2 以上的独立董事反对，就被否决；独立董事作出判断前，可以聘请中介机构出具独立财务顾问报告，作为其判断的依据；董事会决策中，独立董事就重大关联交易事项作出独立的、专业的分析判断，并监督关联董事回避表决，确保关联交易符合公司和全体股东的利益。

（3）确立关联交易定价审核方法。公司与关联方之间的关联交易主要为相互提供对价的关联交易和共同投资关联交易两类。公司独立董事在长期实践中，运用可行的方法体系，形成了这两类关联交易定价的审核方法。

对于相互对价关联交易，独立董事通过运用定价考察方法来审核定价的公允性，定价方法顺位如表 8-6 所示：

表 8-6　定价方法顺位

有政府定价	适用政府定价
有政府指导价	在政府指导价的范围内确定合理价格
有可比的独立第三方市场价格	适用可比的独立第三方市场价格
无可比的独立第三方市场价格	参考关联方与独立于关联方的第三方发生的非关联交易价格
没有可参考价格	参考合理的构成价格（合理成本费用+合理利润）

由于公司与关联方之间的相互对价交易均为正常市场交易条件下的交易，存在可比的市场交易价格。因此，公司独立董事主要依据市场价格水平来审核定价公允性。例如，关联方招商银行（以下简称"招行"）对公司提供关联贷款，独立董事同意公司按同期人民银行贷款基准利率向招行支付利息；招行对公司提供的客户保证金第三方存管服务，独立董事同意公司按市场利率向招行支付第三方存管服务费；招行代销公司集合理财产品并提供托管服务，独立董事同意公司按市场价格向招行支付代销及托管费；公司向关联方博时基金、招商基金出租交易席位，独立董事同意公司参考市场交易量，按市场佣金水平收取佣金；公司代销关联方博时基金、招商基金的基金产品，独立董事同意公司参考代销规模，按市场价格收取代销佣金。

对于共同投资关联交易，独立董事主要通过考察关联投资对公司现有财务状况和经营成果有无重大影响，关联投资是否有利于公司优化业务结构、拓宽利润来源、合理高效运作，关联投资是否导致同业竞争等要素来审核公司在关联投资中出资额度的合理性。

（4）建立关联交易持续监控机制。公司独立董事不仅按事件驱动法、在交易发生阶段审核关联交易，并且还遵循内控的要求，在交易持续和终结阶段进行持续监控。独立董事与公司财务总监建立了相互信息沟通渠道，独立董事每季度均要严格审阅公司与关联方之间的资金往来情况，了解是否存在关联方资金占用、转移公司资金、资产及其他资源的情况，如发现异常情况，将迅速提请董事会采取制止措施。

综上所述，在以上四大机制的支撑下，公司不仅关联交易信息披露运作良好，更重要的是，独立董事通过顺畅信息渠道和管理层工作配合，能高效地做出独立的、专业的关联交易决策判断，并对关联交易事项保持全程、无缝隙的监督。

案例 9：兴业银行

兴业银行（以下简称本行）2004 年始引入独立董事制度，迄今已有 3 届。在董事会实际运作中，独立董事在公司治理中切实发挥了作用，一方面丰富了董事会人员构成，使公司决策更加科学民主；另一方面把董事会的监督职能分离，使董事会对管理层及业务执行的监督和董事会内部的相互制衡得到加强。

一、基本情况简介

兴业银行成立于 1988 年 8 月，是经国务院、中国人民银行批准成立的首批全国性股份制商业银行之一，总行设在福建省福州市，注册资本 107.86 亿元。兴业银行于 2003 年引进恒生银行、国际金融公司、新加坡政府直接投资公司 3 家境外战略投资者；2007 年 1 月首次公开发行人民币普通股（A 股）10.01 亿股，募集资本金近 160 亿元，并于 2007 年 2 月 5 日在上海证券交易所挂牌上市，成为一家公开上市的全国性股份制商业银行。

截至 2012 年 6 月末，兴业银行资产总额 27804.51 亿元，比年初增长15.43%；各项存款余额 14997.42 亿元，比年初增长 11.48%；各项贷款余额10580.07 亿元，比年初增长 7.6%。资产质量保持良好水平，不良贷款余额

42.12 亿元，不良贷款比率 0.4%。经济效益持续提升，上半年累计实现净利润171.02 亿元，同比增长 39.81%。资产负债管理总体运行情况良好，各项监管指标均符合监管要求，资本充足率 11.25%，核心资本充足率 8.36%；拨备覆盖率455.95%。

在各项业务持续快速发展的同时，兴业银行客户基础进一步夯实，业务结构持续优化；全面启动企业金融体系专业化改革、零售金融体系深化改革和金融市场体系条线化改革，配套推进人力资源、财务管理和风险管理体制机制改革，专业能力和竞争能力进一步提升；市场地位和品牌影响大幅提升。2011年，根据英国《银行家》杂志全球 1000 强银行排名，兴业银行一级资本列第 83位，比 2010 年提升 14 位；资产总额列第 75 位，比 2010 年提升 18 位。在各种权威机构组织的评选中，兴业银行先后获评"上海证券交易所 2011 年度董事会奖"、"2011 年度最佳股份制银行"、"最佳企业公民"等具有广泛影响的重要奖项。

截至目前，兴业银行已在全国主要经济中心城市设立了 83 家分行、676 家分支机构；拥有全资子公司——兴业金融租赁有限责任公司和控股子公司——兴业国际信托有限公司；在上海、北京设有资金营运中心、信用卡中心、零售银行管理总部、私人银行部、资产托管部、银行合作服务中心、资产管理部、投资银行部、贸易金融部、可持续金融部等总行经营性机构。同时，建立了网上银行、手机银行和电话银行服务网络，与全球 1000 多家银行建立了代理行关系，基本形成了辐射全国、衔接境内外的金融服务网络。

二、独立董事制度运作情况

1. 独立董事遴选和成员结构

在独立董事推荐机制上，该行章程和《董事提名与选举办法》对独立董事的独立性、学识、经验、能力和专业结构等资质条件均有明确规定，同时注重提高中小股东在独立董事选聘过程中的发言权，在选聘独立董事前通过有关媒体、证券交易所及本行网站公开征集独立董事候选人，全部独立董事候选人均须事先由董事会提名委员会进行资质审查。

考虑监管政策和股东结构等因素，着眼提高公司治理运行质量和效率，本行确定董事会规模为 15 人，其中独立董事占比 1/3。5 名独立董事均由董事会提名，不存在已提名董事的股东再提名独立董事的情况。在专业结构上，本行独立董事既有经济、金融专业人士，也有法律、会计专业人士；在职业结构上，既有职业经理人，也有资深专家学者；在地域结构上，既有来自境内一线和二线城市的董事，也有来自境外的董事。各位董事的经济金融从业经验均在 10 年以上，具备良好的履职能力。这种成员结构，可以确保董事会在决策过程中，既能放眼国际银行业发展局势，又能根植国内时势和该行实际情况，促进银行长远发展。

2. 独立董事相关制度建设

兴业银行引入独立董事制度以来，不仅按照法规和监管要求制定了完备的正式制度，同时也积极研究公司治理规律，不断建立和完善各项支持性制度和非正式制度，形成了较完备的制度体系和成熟的董事会运作方案。

（1）议事规则：强调程序与质量。该行制定了详尽的董事会专门委员会工作规则。严格执行会议通知程序、会议提案程序、会议召集程序、会议讨论规则、会议投票规则，并建立会议记录制度。根据需要，会议形式可采用现场会议、电话会议、通讯表决的形式。为使董事有充足的时间审阅议案，有充分的材料理解议案内容，该行确保会议文件在会前5天发送给各位董事，并畅通董事在审阅议案过程中的信息反馈渠道。

董事会专门委员会决议采取记名投票或举手表决方式，每一董事享有1票表决权。除决议事项之外，还根据工作需要和董事的要求安排一些议题的听取，方便董事了解相关信息。

专门委员会运作强调在董事会授权之下的独立性，由委员会主任委员根据委员会工作计划自行决定会议召开时间和议程，董事会及董事长不予干预。董事会审议议题均须先经由专门委员会充分讨论并审议通过。每次董事会会议前，各专门委员会主任委员均须向董事会汇报委员会召开情况，并将审议通过后的议案提交董事会审议。

（2）执行制度：强化监督、持续跟踪、定期反馈。该行十分重视公司治理传导机制建设，高建平董事长要求："建立清晰有效、完整规范的公司治理传导机制，促进最高权力层、决策层、监督层、管理层、执行层、操作层等全行各层级制度体系、运行机制的全面衔接，确保公司治理的理念、精神和原则切实有效地传导到全行经营管理的各个方面。"该行在此方面做了大量工作。

为健全董事会决策传导机制，该行在董事会和委员会现场会议结束后，由专职秘书整理完整的会议记录，送各董事和委员审阅后签名，同时视会议议题和董事发表意见等情况，编发董事会会议纪要或印发董事会意见传导函等形式传导会议精神。会议纪要印发全行，内容要体现对全行经营管理工作的指导意义。董事会意见传导函印发相关责任部门，是董事提出的对本行发展具有一定指导意义的意见。相关责任部门要认真落实传导事项，并将落实情况或落实计划提交董事会办公室，董事会办公室负责对传导事项持续进行跟踪，并将落实情况以"董事会意见反馈函"的形式报董事会或相关委员会。

（3）健全信息沟通制度，董事与管理层间沟通有效。"信息是科学决策的基础和依据。"鉴于多数董事并非在本行专职工作，为便于他们掌握经营动态，该行制定了《董事会及其委员会与高级管理层信息通报制度》，为董事勤勉履职提供了重要保证。目前，该行根据财务、风险、经营等各类信息报告的生成频率，或按月或按季向董事寄发各种参考材料，董事认真审阅并将其疑问向管理层反馈，运作良好。

（4）建立调研制度，现场掌握情况。该行董事会 2004 年建立调研制度，根据形势和热点就相关重点业务领域开展专题调研，深化对业务条线和基层机构经营的理解，提高科学决策的能力，同时加强对经营管理的监督指导，促进经营管理水平提升。调研制度之初建立，实源自当时董事会审议并购佛山商行一事，由于董事会未能就一些关键问题达成共识，此次会议只确定了"成本锁定、风险总控"的基本原则，并要求在实地调研后再做决定。通过此次调研，使董事会进一步明确了并购目的、谈判主体和职工安置等若干问题，为推进董事会科学决策发挥了重要作用。自此以后，董事会每年都会组织调研十余次，调研主题涉及经营管理、业务转型、重大投资等各方面，成为董事会日常工作的重要内容之一。在历次调研中，独立董事均有较高的出席率，有力促进了独立董事对经营情况的实际了解，确保决策和监督质量。

（5）完善董事会学习制度，提升董事专业知识。要使董事把握现代商业银行发展趋势和最新行业发展动态，并在会议上对内容广泛的议题提出独立、客观和具有建设性的意见或建议，必不可少的一个环节是通过组织学习培训，提高董事履职水平。

1）制定年度学习与培训计划，认真组织落实。该行董事会每年年初，均根据宏观形势发展变化和全年业务发展重点，有针对性地制定专门的学习、培训计划，由董事会秘书带领董事会办公室组织落实。

2）加强法律法规学习，规范董事履职行为。金融是经济的命脉，我国商业银行的经营行为必须顺应国家宏观政策取向。为此，该行在收到中国银监会、中国证监会等监管规章时，会第一时间转发董事学习，必要时会请政策制定部门的专家来行授课。同时，董事会定期组织董事交流学习法律、财务、管理等方面的专业知识，积极参加中国证监会、上海证券交易所和中国银监会等监管部门组织的有关培训，规范董事履职行为。

3）自行组织专题培训，提高董事决策能力。该行十分重视提高董事的履职能力与水平，每年都会有针对性地自行组织开展董事培训，比如聘请麦肯锡为董事和监事就公司治理、风险管控等专业领域问题进行培训，邀请王国刚、巴曙松等专家董事讲解宏观经济形势及应对策略等，提高董事的专业能力和决策的宏观视野、战略视野、国际视野。就在 2011 年 5 月，又组织董事和监事到新加坡开展为期 10 天的商业银行高层专题培训班，取得了很好的效果。

3. 董事会专门委员会运作

专门委员会制度是改善和规范商业银行公司治理的重要制度安排。该行在构建专门委员会过程中，既融合了国际先进治理理念，保持较高的独立性，又十分注重切合国内实际，保证较强的操作性。目前，董事会下设执行委员会、风险管理委员会、审计与关联交易控制委员会、提名委员会、薪酬与考核委员会 5 个委员会。每个委员会由 5 名董事组成，其中后 3 个委员会独立董事占多数，且除执行委员会之外的 4 个委员会的主任委员均由独立董事担任。董事会下设 5 个委员会中至少都有 1 名董事来自境外，与各位委员一起分享国际银行业的成熟经验与做法，在其中发挥了积极作用。

近几年来，3 个公司治理类专门委员会的实际运作都取得了明显进步，会议频次和议事范围逐渐增加，在公司治理体系中尤其是在监督和制衡方面发挥了越来越重要的作用。

以 2011 年为例，审计与关联交易控制委员会共召开了 8 次会议（其中现场会议 4 次，电话会议 4 次），审议听取了 29 项议题，主要职责包括：审核定期报告和财务预决算方案、选聘会计师事务所、协调督促会计师事务所完成年报审计和半年报审阅任务、指导监督内部审计工作、审查和评价内部控制、管理关联交易事项等，在公司治理中发挥了不可替代的作用。

2011 年，薪酬与考核委员会召开了 2 次会议，审议通过了董事履行职责情况的评价报告、高级管理人员绩效薪酬分配方案等议案，还审阅了 8 位高级管理人员 2010 年度的述职报告，并在此基础上分别与 8 位高级管理人员和部分中层管理干部进行了访谈，集体讨论确定了本行高级管理人员团队的 2010 年度考核级别，以及每位高级管理人员的绩效薪酬数额。

董事会提名委员会负责研究董事、高级管理层成员的选任程序和标准并提出建议、广泛搜寻合格的董事和高级管理层成员的人选、对董事候选人和高级管理层成员人选的任职资格及条件进行初步审核并向董事会提出建议。近几年，提名委员会本着高度负责的态度，以事业发展为出发点，积极负责地对议案内容提出意见和建议，充分发挥参谋决策职能，对于优化董事会和高级管理团队的人员和结构发挥了重要作用。

三、独立董事制度运作实例——审计与关联交易控制委员会主导2011年度会计师事务所选聘

1. 改聘会计师事务所的背景

新一届审计与关联交易控制委员会成立不久，财政部发布《金融企业选聘会计师事务所招标管理办法》（财金〔2010〕169号），对金融企业选聘会计师事务所的资质和选聘程序提出了一些新要求。按照该办法，该行在2001~2010年连续聘请的国际会计师事务所、安永会计师事务所、福建华兴会计师事务所均已不能满足继续聘任要求，需要改聘新的会计师事务所。

2. 决定改聘事务所并确定选聘原则

董事会审计与关联交易控制委员会于2011年1月底召开的第二次会议上，重点对改聘会计师事务所事项进行了讨论。会议决定立即启动2011年度年审会计师事务所选聘工作：一是明确只聘请一家会计师事务所，按中国会计准则为本行提供2011年度财务报告审计和2011年半年度财务报告审阅。二是成立9名成员的专家库直接组成评标委员会，成员由独立董事3名（原则上由审计与关联交易控制委员会成员出任），董事会秘书，计划财务部人员2名，审计部、风险管理部和董事会办公室人员各1名担任，监察部和行政后勤部可派员监督。三是在综合考虑有关资质要求和行业排名等因素后，邀请符合财政部规定的4家国际和国内知名会计师事务所招标。四是明确招标采取现场讲标、评标的方式，当场开标并确定推荐名单。

3. 组织现场评标，确定中标事务所

按照审计与关联交易控制委员会确定的选聘原则，总行计划财务部会同董事会办公室随后即开展了选聘会计师事务所的各项准备工作，制定了公正合理的评标方案，并向4家国际和国内知名会计师事务所邀请招标。2011年2月底，评标委员会在总行组织现场讲标和评标，9名评标委员以背对背的方式在各事务所讲标结束后给出分数，行政后勤部（负责大宗采购业务）、监察部各派出1名代表组成监督委员会，审查评标方案并对招投标全过程进行监督。最后，经过严谨认真的审核评议，根据各事务所的综合评分，审计与关联交易控制委员会决定聘请德勤华永会计师事务所为本行2011年度会计师事务所，要求计划财务部在其评标方案报价基础上与其进一步就审计服务内容和报价谈判后，形成议案报送董事会审议并最终获股东大会批准。整个选聘过程公开、公正、透明，赢得了全行上下及参与招投标的各家会计师事务所的赞许。

董事会审计与关联交易控制委员会主任委员李若山，作为此次选聘事务所

的主要牵头人，在此次选聘事务所工作结束后颇有感慨。他说："选聘事务所，表面看似简单，按文件操作就可以了。但是，实际上很复杂，一则对这样的大业务，市场潜规则非常多；二则会计师事务所的选择关系到报表的话语权在谁手上，许多公司会从不同角度给审计委员会施加压力，希望找一家听话，或者有关系的事务所，给报表的表达与披露有一定的主动性。但是，兴业银行董事会及监事会除了提醒在选聘过程中，关闭上交手机这些细节外，没有做出任何明示或暗示，完全相信审计委员会能够公平地选出符合治理结构要求的会计师事务所，这让我彻底信服了。兴业银行确实是一家名副其实的、符合证监会与上交所要求的、有规范治理结构的上市银行。"

4. 加强沟通，督导会计师事务所勤勉履职

董事会审计与关联交易控制委员会十分重视与会计师事务所的沟通工作，每年委员会均与会计师事务所在年度审计前、中、后和半年报表审阅过程中进行多轮次沟通，就审计过程发现的问题和遇到的困难寻求解决办法、结合形势发展和银行经营特点对审计重点予以调整部署等。2011 年委员会在选聘会计师事务所时，董事会审计与关联交易控制委员会即在选聘办法中对会计师事务所提出了若干要求。在德勤华永会计师事务所获聘为该行提供 2011 年审计服务后，审计与关联交易控制委员会在 2011 年 7 月首次就其开展半年报审阅情况与其进行了沟通，在肯定其工作成果（如在人员配备、审阅范围、前期投入等方面均能达到承诺函和业务约定书要求，能把握宏观经济形势和监管政策要点突出重点业务进行审阅等）的同时，进一步提出做好半年报审阅工作的几点要求，比如要对本行涉及工业和信息化部 2011 年工业行业淘汰落后产能企业名单中的企业贷款进行风险评估；要重点关注资金业务审计、IT 事项的审计；要对完善信贷资产减值操作和表外信贷资产预计负债的计提方法提出更明确合理的建议方案。会后，董事会办公室以《董事会意见传导函》形式将有关意见向相关责任部门传导，并持续跟踪督促其有效落实。

5. 经验总结

透过此案例，折射出公司治理建设的几个特色：

（1）民主决策的会议氛围。在董事会和委员会会议过程中，十分注重营造讨论充分和民主决策的氛围，使各位董事能够充分、独立地发表意见。会前未达成共识的重要议案不急于提请董事会审议，会上仍有分歧的议案暂缓进行表决，同时创造条件让董事积极参与论证。"兴业银行董事会的会议氛围很好"，这是中国银监会银行监管二部肖远企主任参会后对该行董事会的评价。

（2）专业化的董事成员配备。"董事要懂事"是监管部门对选聘董事的要求。该行在选聘董事和各委员会成员配备过程中，要求董事具备良好的专业能力和从业经验，要保证有充足的时间和精力履行职责。以审计与关联交易控制委员会为例，5 位成员中：主任委员为国内知名会计专家、教授，1 位具有高级会计师职称，3 位具有 10 年以上银行业从业经验。

（3）良好的委员会工作机制。董事会的相关决议事项应当先提交相应的专门委员会进行审议，由该委员会向董事会提出审议意见，但除董事会依法做出明确授权外，委员会的审议意见不能取代董事会的表决意见。

（4）顺畅的公司治理传导机制。在董事会和委员会现场会议结束后，视会议议题和董事发表意见等情况，编发董事会会议纪要或印发董事会意见传导函等形式传导会议精神。董事会办公室负责对传导事项持续进行跟踪，并将落实情况以"董事会意见反馈函"的形式报董事会或相关委员会。

（5）完善的基础工作和服务保障。董事会办公室负责董事会和委员会会议的组织、筹备和记录，是董事会及各委员会的常设秘书机构。为有效做好服务工作，董事会秘书和董事会办公室负责人可通过列席全行层面的重大会议、专题会议和行长办公会议等多种方式，全面了解经营管理重要事项。董事会办公室要为各委员会配备专职秘书人员，承担会议组织、材料准备、协调督办等职能，确保各委员会的职责落到实处。

四、分析与建议

2001 年我国引入了英、美、法系"一元制"公司治理结构下的独立董事制度，作为独立董事制度的延伸，《上市公司治理准则》对董事会专门委员会制度进行了具体规定，要求上市公司董事会按照股东大会的有关决议，设立战略、审计、提名、薪酬与考核等专门委员会，其中审计、提名、薪酬与考核委员会独立董事占多数，并且要由独立董事出任主任委员。从国内外实践和该行经验来看，独立董事制度要切实发挥作用，需要在以下三方面做好工作：

1. 遴选合格的独立董事

独立董事制度发挥作用的假设条件是，社会拥有一群能够超越物质利益诉求的精英人士，他们能够从社会利益和广大中小股东的利益出发，以自己的声誉和良知作为抵押，凭着自己的高深的专业知识和经验，热心参与公众上市公司的治理。因此，一个合格的独立董事需要具备三个方面条件：独立性、专业性和责任心。董事最大的美德是独立，独立允许他或她从一个完全自由和客观的角度挑战管理决策、估价公司绩效。专业性能为董事会带来有价值的外部视野，能为董事会的决策增加价值。在独立性和专业性之外，非常重要的一点就是独立董事必须是有精英意识的人，有强烈的责任感、使命感。如果所聘请的独立董事不能具备这个美德，那么，独立董事制度就必然庸俗化，起不到应有的作用。

2. 建立完备的制度支持体系

公司治理制度既包括遵循法律法规制定的法定制度，也包括公司根据具体情况和发展需要自行制定的支持性制度，还包括惯例、共同认知等非正式制度。法定制度各家公司大同小异，支持性制度和非正式制度反映各家公司对公司治理的认识和实践探索，各家公司往往差别较大。不仅要建立成文的正式制度，还要通过公司治理研究、探索和实践来逐步完善各项支持性制度和非正式制度。

我国的现代企业制度是舶来品，缺乏社会文化环境和法律制度基础的支持，企业对于按照现代公司治理原则建设一套有效制衡的公司治理体系缺乏足够动力，客观上需要监管机构强制推动。首先，监管机构指定的各项引导性文件无法规定太细致，原因是公司是一种自治组织，监管文件太细的话会损害公司自治原则；其次，公司具体情况千差万别，也无法指定通行的操作细则。这样，在监管机构只能提供正式制度供给的时候，上市公司可能会因为缺乏支持性制度和非正式制度支持，从而导致公司治理"形似而神不似"，使独立董事制度运作效果大打折扣。

3. 加强专门委员会运作实效

现代公司董事会内部，通常有两类委员会：一类是公司治理类的委员会，成员以独立董事为主，主要执行董事会的监控职能，目的在于规范运作。另一类是公司管理类的委员会，主要执行董事会的战略和管理职能。公司治理类的专门委员会是独立董事制度的延伸，通常包括审计委员会、薪酬与考核委员会、提名与公司治理委员会。委员会运作成效是独立董事发挥作用的关键。因此，要加强专门委员会制度的建设。

为此，首先要对委员会有足够的授权，以审计委员会为例，审计委员会不仅要对财务报告负责，还要对企业的合规性、内部控制负责。因为，财务是公司经营的一个综合反映和结果，审计委员会职责的有效履行，需要其深入到与财务有关的公司经营的各个方面。其次，要为委员会运作创造便利的运作条件，如审计委员会要独立运作，不受公司管理层的制约；审计委员会是监控会计师事务所的唯一机构，并能够有效监督内部审计机构运作；审计委员会要增加会议频次，并且有灵活的会议形式；审计委员会需要有充分的信息来源，能够获取公司全面的经营信息；公司需要为审计委员会的运作提供支持和有效的决策传导。

案例 10：工 商 银 行

独立董事制度是我国上市公司治理制度的重要组成部分。独立董事有助于增强董事会的独立性和专业性，确保公司战略和重大事项的科学决策及其有效执行，有效防止"一股独大"和"内部人控制"的问题，保护中小股东合法权益和公司整体利益。

股改上市以来，工商银行高度重视独立董事在公司治理中的地位，通过增选独立董事、改进独立董事遴选机制、完善独立董事制度体系、鼓励独立董事发表专家意见、建立健全专门委员会工作组机制、协助独立董事积极开展调研和参加培训等方式，充分发挥独立董事的独特作用，促进工商银行逐步形成"决策科学、监督有效、运行稳健"的公司治理机制。

近年来，工商银行独立董事制度机制不断完善，实际运作效果显著，带动了全行公司治理水平的持续提升，也获得了监管机构、资本市场和社会公众的高度评价。例如，工商银行钱颖一独立董事荣获"上市公司优秀独立董事奖"，工商银行荣获"香港公司管治卓越奖大奖"、"上交所董事会奖"等多个境内外公司治理重要奖项。

一、注重多样性，优化遴选机制，选任高素质独立董事，持续提升董事会的独立性和专业性

结构合理的高素质独立董事队伍是董事会高效运作和科学决策的基础。

股改上市以来，工商银行不断增选独立董事，持续提升董事会的独立性。目前，工商银行董事会由 16 名董事组成，包括执行董事 4 名，非执行董事 12 名，其中独立董事 6 名。董事会中独立董事占比超过 1/3，达到了相关监管指引的要求。同时，将具有相应专长的董事配置到相关的董事会专门委员会，独立董事担任 5 个董事会专门委员会的主席，在审计委员会、提名委员会、薪酬委员会和关联交易控制委员会 4 个委员会中，独立董事人数占成员半数以上。工商银行董事会及其专门委员会具有较强的独立性和专业性，不仅有利于保护中小投资者的利益，也有利于充分发挥各委员会的专家顾问角色，这种结构设计在境内外上市公司中处于领先地位。

在选任独立董事时，工商银行严把准入关，充分考虑候选人的专长、素质、经历、责任感和独立性，并力求实现独立董事来源和背景的多样性，以及董事

会成员在政策理论水平、知识结构和实践经验等方面的互补性。工商银行独立董事均具有丰富的金融、经济或财务方面的工作经历，在现任和原任独立董事中，有的曾长期在政府部门或监管机构担任领导职务，如独立董事许善达先生、麦卡锡先生，有的拥有多年的国际大型金融机构经营管理经验，如独立董事梁锦松先生、黄钢城先生、柯清辉先生，有的是国内外知名的经济学者，如独立董事钱颖一先生、洪永淼先生。[①]

为拓宽选拔视野，工商银行还不断优化独立董事遴选机制。2011年上半年至2012年8月底，通过股东和董事推荐及公开渠道，搜集整理20多位国内外知名人士资料，建立并持续更新独立董事人选资料库，收录独立董事人选的相关简历。综合考虑独立董事人选的综合素质、任职资格和个人意愿等情况，由董事会提名委员会拟定独立董事人选名单及优先次序，组织安排相关董事按优先次序与独立董事人选见面会谈，并最终确定独立董事候选人。经过董事会选任、股东大会选举和中国银监会审核等层层筛选，柯清辉先生和洪永淼先生先后成为工商银行新任独立董事。柯清辉先生具有丰富的金融业经营管理经验，洪永淼先生具有深厚的经济学理论功底和开阔的国际视野，董事会多数董事对两位新当选的独立董事及其遴选机制给予了高度评价和充分肯定。

二、完善制度体系，建立健全董事履职评价制度，促使独立董事勤勉尽责履职

股改上市以来，工商银行不断加强独立董事制度建设，在公司章程对独立董事专门规定的基础上，以独立董事工作制度为主体，以公司章程、董事会议事规则、董事会各专门委员会工作规则、推荐与提名董事候选人规则、董事履职评价规则等相关规定为补充，构建了较为完善的独立董事制度体系。

工商银行公司章程第8章单辟"独立董事"一节，用12个条款专门规定了独立董事的定义、任职资格、选任与辞任、工作时间、职责、法律责任等内容。[②]这是工商银行独立董事制度的基础性规定，其中特别强调了独立董事勤勉尽责履职的要求。例如，第124条规定，独立董事每年为工商银行工作的时间不得少于15个工作日，每年亲自出席董事会会议的次数应不少于董事会会议总数的2/3。第129条规定，独立董事连续3次未亲自出席董事会会议的，或者连续2次未亲自出席会议亦未委托其他独立董事出席的，或者1年内亲自参加董

---

① 梁锦松先生和钱颖一先生已因任期届满不再担任工商银行独立董事。
② 详见工商银行公司章程第8章第2节第120~131条。

事会会议的次数少于董事会会议总数的 2/3 的，董事会、监事会有权提请股东大会予以罢免。在实践中，工商银行独立董事认真出席董事会及各专门委员会会议，研究工商银行发展战略和经营管理重要事项，积极与管理层沟通交流看法，多次开展实地调研，为工商银行的发展、改革和创新建言献策。

根据相关法律法规和监管要求的规定，并结合公司治理运作实际，近年来，依据公司章程基本规定，对独立董事相关制度条款作了进一步详细规定，并增加了独立董事评价等条款，从而使独立董事制度规定更为全面具体、更富实际操作性。例如，为促使独立董事勤勉尽职履职，独立董事工作制度第 24 条规定："股东大会审议的独立董事评价报告应当至少包括独立董事参加董事会会议的次数、历次参加董事会会议的主要情况、独立董事提出的反对意见及董事会所做的处理情况等内容。"实践中，工商银行每位独立董事均按规定分别向股东大会提交详尽的个人年度述职报告。

工商银行公司章程的其他条款以及董事会议事规则、董事会各专门委员会工作规则、推荐与提名董事候选人规则、董事履职评价规则等制度的相关规定，适用于包括独立董事在内的全体董事，也属于工商银行独立董事制度中不可或缺的重要内容。例如，公司章程第 114 条规定，董事（包括独立董事）应接受监事会对其履行职责的监督，如实向监事会提供有关情况和资料，不得妨碍监事会或者监事行使职权。推荐与提名董事候选人规则具体规定了董事候选人（包括独立董事候选人）的推荐主体、推荐方式、资格审查和提名等程序。在实践中，工商银行严格执行了独立董事履职监督、候选人推荐与提名等方面规定。

董事履职评价制度是检视董事履职绩效并加以改进的重要机制，工商银行一直注重探索完善包括独立董事在内的董事履职评价制度。2011 年，工商银行董事会制定了《董事会对董事履职评价规则（试行）》，监事会制定了《监事会对董事会、高级管理层及其成员履职评价规则（试行）》，从遵守法律法规、履行忠实义务、勤勉义务、履职能力和独立性等方面对董事（包括独立董事）进行履职评价。董事会通过董事自评、互评等环节开展年度董事履职评价工作，形成年度董事会对董事履职评价报告，并提交监事会。监事会结合日常监督情况、访谈情况、董事履职报告、董事自评和互评及年度董事会对董事履职评价报告，经过监事会评议形成了监事会对董事的年度履职评价结果，并向年度股东大会汇报。工商银行是第一家按照银监会要求制定董事履职评价制度并开展履职评价工作的上市银行。这与前述独立董事个人年度述职报告制度相结合，构成了较为有效的独立董事履职评价制度。

三、探索专门委员会工作组机制，协助独立董事积极开展调研，不断增强独立董事履职能力

为有效地发挥董事会各专门委员会对董事会的专业支持作用，根据董事会专门委员会工作规则，工商银行在同业中首创性地建立专门委员会工作组制度，由董事会办公室牵头行内相关部门，设立了6个专门委员会工作组，作为各专门委员会的决策支持中心、研究辅助机构和日常沟通桥梁，为各专门委员会提供信息收集、研究支持、日常联络等服务支持工作。工作组自2010年成立以来，致力于积极为各专门委员会董事（包括独立董事）履职创造条件。例如，经过认真酝酿和准备，在各位独立董事的建议、支持和关心下，工商银行连续两年（2011年、2012年）召开了董事会战略研讨会，注重突出董事会抓大事、抓方向、抓战略的职能发挥；各位独立董事对会议倾注了很高的热情，对工商银行未来的发展战略进行了深入的交流和探讨，提出了许多具有宝贵价值的意见和建议，对工商银行下一步的工作给予了启发和指导。

根据董事会工作需要，结合经济金融发展形势及工商银行重点工作，工商银行独立董事围绕工商银行分支机构人力资源管理、信贷风险管控、地方政府融资平台贷款管理等主题，选择具有代表性的总行业务部室和境内外分支机构开展了专项调研，加深对外部经济金融环境和工商银行经营管理情况的了解，提出了许多重要的、建设性的意见和建议，增进了董事会与管理层的沟通和交流，推动了工商银行改革创新。同时，部分独立董事还抽出宝贵时间，应邀列席管理层重要会议，主动与业务部门进行座谈，听取有关专题讲座，增进对工商银行经营管理情况的了解，专业素质、业务水平和履职能力得到进一步提升。例如，许善达独立董事在金融危机持续蔓延的情况下，密切关注宏观经济形势对工商银行经营情况的影响，在与业务部门、境内外机构等进行深入座谈和调研后，连续两年围绕"人民币国际化"这一主题撰写了数万字的研究课题，并在国家权威经济金融杂志上发表，体现了较高的政策理论水平和丰富的经营管理实践经验。其中，特别值得肯定的是，在2011年中国银行业监督管理委员会对工商银行董事会专门委员会履职情况进行检查中关于董事调研工作给予了积极评价："各位董事主动开展调研活动……调研报告在董事长、董事会、高管层和业务部门之间传递通畅，有效发挥了董事调研的作用。"

工商银行独立董事积极履职、尽职尽责，充分发挥多年来在公司治理方面的研究经验，为工商银行引入先进的公司治理理念方面发挥了重要作用。例如，工商银行股改后的第一届董事会成员钱颖一董事曾以"公司治理与组织架构"

为题，以视频方式向全行在职高级管理人员授课。通过开展上市银行经营管理培训讲座，促进了工商银行从理念上转变管理方式，迅速适应上市公司的各项要求。

四、培育"和而不同"的董事会文化，鼓励独立董事发表专业独立意见，促进董事会提高战略决策和监督水平

董事会是公司治理的核心。加强董事会建设，增强董事会科学高效的决策能力和监督能力，是解决工商银行可持续发展战略、完善风险管理、建立健全科学的薪酬激励机制等公司治理问题的治本之道。工商银行独立董事由与金融业密切相关的多元化知识结构、经历、背景和资源的社会专业人士所构成，对董事会研究审议的重要事项从不同角度、不同视野持有不同看法是正常的。董事会内部运作也注重营造，初步形成了"和而不同"的文化氛围，董事个人均可"知无不言、言无不尽"，在会上进行充分沟通和交流。

工商银行鼓励独立董事对战略发展方向和长期发展利益的重大事项决策发表专业意见。例如，审计委员会的独立董事建议工商银行须进一步提升审计层次和审计价值，支持和服务于董事会确定的提升全行竞争力战略的全面实施；风险管理委员会的独立董事建议管理层在金融危机持续蔓延的情况下，尤其重视贷款质量变化、外币债券投资情况、内部控制有效性及系统性风险的防范，通过加强信贷管理、改进内部控制、开展压力测试等多种方式对可能出现的风险做好充分的准备等。

工商银行独立董事积极关注企业经营发展过程中与各利益相关方的相互作用与影响，注重维护中小投资者的利益。例如，在研究增资扩股等问题时，涉及大股东和中小股东之间的利益冲突，针对公司大股东是税收利益享有人的特点，部分独立董事建议董事会在必要时对各方利益予以权衡。同时，建议工商银行从引导中小股东理性投资，重视中小股东的维权，积极回应各方期望与需求，不断健全完善治理机制等方面切实加强对中小股东的保护。此外，工商银行独立董事还一直十分重视信息披露和企业社会责任方面工作。工商银行独立董事深知公司信息披露工作的重大意义，严格按照法律法规、监管要求和公司章程的规定，在董事会决策过程中，认真审议工商银行定期报告、内控自我评估报告、企业社会责任报告等重大报告，强调坚持"真实、准确、完整、及时"的原则，建议工商银行适度提高信息披露的主动性，及时准确地将工商银行信息知会广大投资者和利益攸关人士，对于涉及工商银行发展战略和日常经营管理的敏感信息，建议工商银行准确把握信息披露的尺度和时机，注意加强与监

管机构及同业的主动沟通和交流，避免误导投资者，树立良好的市场形象。工商银行独立董事也十分关注企业社会责任的履行，积极支持工商银行培育"诚信、人本、稳健、创新、卓越"的企业价值观和从经济、环境、社会 3 个层面构建立体式的社会责任体系，并建议工商银行通过不同渠道加强对社会责任的大力宣传，积极参评有关奖项，充分展现工商银行的优秀企业形象，努力赢得国内外社会各界更多赞誉。

自股改上市以来，工商银行已成长为全球市值最大的银行，在改革提速和业务发展过程中，董事会频繁召开会议，对多项重大经营事项作出决策。独立董事虽兼任境内外多项社会职务，但却十分重视履行独立董事职责，坚持亲自参加董事会会议，会议出席率近 100%，并对每项议题进行认真研究，积极为加强公司治理机制建设、风险管理、内部控制、维护中小投资者权益和持续提高股东回报等建言献策，体现了高度的责任心和良好的专业素养。

第九章 监事会最佳实践案例

案例1：宏源证券

宏源证券股份有限公司（简称"宏源证券"）是中国第一家上市证券公司，是经中国证监会批准的全国性、综合类、创新类券商，全国首批保荐机构之一，也是注册地在新疆的唯一一家证券公司。公司拥有证券经纪、证券自营、承销保荐、资产管理等业务牌照，并具有股指期货、融资融券和直接投资等创新业务资格。公司运作规范、经营稳健、资产优良、风控能力突出、业务系统完备、创新意识领先，近几年来，在证券公司分类评级中连续被评为A类A级。经过十几年的励精图治，宏源证券从西部边陲地区的一家小信托公司发展成为全国知名的上市证券公司。近3年公司总资产由2009年初的153亿元增加到2011年底的213亿元；净资产从49亿元增加到71亿元；近3年累计实现净利润31亿元，净利润行业内排名从2009年的第19位上升至2011年的第17位。公司的营业网点数量从3年前的55家证券营业部增加到84家证券营业部、8家期货营业部，网点布局从集中在新疆到辐射全国，公司的综合实力显著提高。

上市以来，宏源证券始终严格遵守上市公司和证券公司的监管标准，坚持不断完善公司法人治理结构和健全内部控制等各项制度，完善股东大会、董事会、监事会议事规则和权力制衡机制，形成了所有者、决策者、经营者、监督者既相互协作，又相互制衡的法人治理结构和公司运作机制。公司监事会作为公司治理结构的重要组成部分，立足完善公司治理，本着对股东负责的精神，不断总结、改进工作方式方法，依法独立履行职责，积极维护公司和广大投资者的利益，对促进公司规范运作、稳健发展起到了积极作用。

一、监事会基本情况

宏源证券监事会自设立以来，已历经 7 届。本届为第 7 届监事会，成立于 2012 年 9 月 26 日。根据公司《章程》的规定，监事会由 8 名监事组成，其中非职工监事 5 人，来自股东单位；职工监事 3 人，由宏源证券工会民主推选产生。监事会设有监事会主席和副主席各一名。监事会成员分别是来自证券、金融、财务、审计等领域的专业人士，其中博士 1 人、硕士 4 人、本科学历 3 人，部分监事还拥有注册会计师、评估师、国际注册内控师等执业资格。强大的专业背景和丰富的工作经验为监事会科学决策、有效履职提供了坚实的专业支持和保障。监事会设立监事会办公室，作为监事会日常办事机构，为监事会及监事提供工作支持和服务。

二、监事会工作实践介绍

1. 坚持稳步发展的方略，扎实推进监事会常规性工作的开展

（1）根据工作需要，定期或不定期召开监事会会议。对公司年度报告、半年度报告、季度报告、内部控制评价报告等进行审议并发表审核意见。监事们认真审议会议各项议案，充分发表意见，履行了勤勉尽责的义务。在开好监事会会议的同时，公司监事还出席股东大会、列席董事会会议，对会议召开的程序、决策过程及程序的合法性、合规性进行监督，并充分行使监事会职权，从监督的角度参与论证和发表意见、建议。

（2）以公司财务为检查重点，做好对财务工作的监督。监事会依据《公司法》、公司《章程》赋予的检查公司财务职权，审核公司定期报告并审慎发表意见；检查财务，掌握公司的财务状况，关注公司重大财务收支变动情况；对公司非证券类资产的处置情况等重大财务事项进行实时跟踪督察；督促公司对应收款项专项进行清查，有效地推动了相关工作的顺利推进，有效履行了检查公司财务的职责，为维护公司资产安全稳定、提高公司财务信息质量发挥了重要作用。

（3）忠实履行职责，抓好对重大事项决策和执行的监督。通过参加或列席股东大会和董事会及公司经营层重要会议、调研、听取汇报等多种形式广泛了解公司经营情况，关注公司经营管理的重大活动，履行对公司董事及高管的监督职责；对公司战略推进、财务预算、风险与内控、业务发展和干部任免、分配与激励、企业文化建设等重要事项的决策和执行情况进行监督；对推动公司依法合规运作、提高治理水平起到了积极的作用。

2. 强化制度和队伍建设，提升监督的权威性和约束性

（1）高度重视监事会履职的制度化、规范化建设。通过制度修订明确监事会办公室及其工作人员的职责，配备专职人员，从机构、人员等方面为监事会有效履行职责提供了保障和支持。为了适应监事会监督检查的需要，公司监事会对《监事会议事规则》的部分条款进行了修订，补充和增加了监事会行使职权的方式和监事履行职责的具体内容，明确了包括召开监事会会议并形成监事会决议，组织有关调查研究、检查活动、专题会议，根据需要可向调研或检查对象发函、组织谈话，并根据调研、检查结果及专题会议结论出具意见或建议等事项。这些规定是监事会行使职权的重要依据和程序要求，形成了公司的监督制衡机制，保证了监事会履行职责、行使权力的正当性和权威性。此外，近年公司在建立健全公司制度体系过程中，在内部控制、合规管理、风险管理、信息披露、财务管理等制度里进一步明确了监事会在管理体系中的地位。

（2）不断强化自身建设，提高监事履职的能力和积极性。一方面为了加强对监事的约束与激励，监事会制定了《宏源证券股份有限公司监事绩效考核办法》，明确对在公司领薪的非职工监事的考核内容和指标、组织与程序、结果和运用。监事会还制定年度《监事绩效考核实施方案》，并组织实施监事绩效考核工作，将监事的履职监督与绩效考核有机结合，进一步强化对监事履职行为的监督。另一方面以各种方式提升监事的尽责意识和履职水平，每年安排监事参加监管部门组织的学习培训和考察交流活动，通过学习和交流，监事们及时掌握了最新的法律法规和业务知识，借鉴了其他公司的先进经验和好的工作方法，有利于把握正确的监督导向，提高监督工作的质量。

3. 密切与各方的协作配合，提升监事会工作效率

（1）加强与股东、董事会、管理层和各部门的沟通。要做好监事会工作，必须保证信息获取的及时性和完整性。日常工作中，公司监事会十分重视与股东、董事会、管理层和其他各部门保持密切联系，增进与董事会、管理层的沟通和交流，认真听取股东的意见和建议，对重要问题或需要关注的事项，及时向董事会、管理层进行提示、问询或通报，为监事会工作的开展营造了非常有利的内部环境。同时，良好的沟通和交流机制使监事会的具体工作得到了公司经营管理层的理解和支持，监事会各项检查工作也得到了公司财务、审计、合规、风险控制等部门的大力协助。

（2）加强与以独立董事为核心的董事会各专门委员会的联合协作。监事会主席参加独立董事与公司经营层和年审会计师见面会、董事会审计委员会会议，了解公司外审机构对公司财务报告的审计情况并对外审机构的审计提出相关要求，从而对公司年度报告的编制过程、审议程序进行全面监督。2012年，监事会约见为公司内控建设提供咨询服务的中介机构，共同探讨公司承销保荐、资产管理等业务的内控制度及风险防控等问题；参加公司党委组织部和董事会提名与薪酬委员会组织召开的年度公司高管考核述职报告会，听取公司内部董事和高管人员个人履职情况的报告，并参与对高管人员的评分。

4. 不断创新工作方法，大力拓展监督检查的广度和深度

（1）定期召开"公司经营风险诊断会"，加强对公司整体风险状况和总量的分析与评估。金融和证券市场的复杂性、波动性、脆弱性、资本密集性、虚拟性、高科技性决定了证券行业面临的风险要远远高于其他传统行业。为了管控公司风险，宏源证券监事会牵头，自2010年以来已经定期召开了6次由风险管理部门、法律合规部、稽核审计部及相关业务部门参加的"经营风险诊断会"，对公司整体风险状况及总体情况进行分析，会商解决方法，并跟踪落实整改情况。在监事会的倡导下，通过不断实践、不断总结、不断改进，确立了经营风险定期分析和会商机制，推动了风险管理环境与信息沟通机制的完善，对公司风险防范达到了较好效果。

（2）对公司授权体系制度落实情况实行常态化监督检查。董事会、经营管理层的分级授权体系建设，是实现公司治理的重要手段和进行现代企业管理的主要途径。近年来，宏源证券狠抓授权管理工作，制定授权管理制度，完善授权方案，进一步明确董事会在公司发展战略、风险管理、经营计划与财务预算、基本管理制度等方面的决策职能。明确了高级管理层日常经营管理的授权项目及授权权限，优化了内部管理组织架构。为保证授权体系运转正常，以及由此产生的信息披露合规，达到以监督检查优化经营管理的目的。自2010年起，公司监事会每年对公司授权体系建设及执行情况、公司股东大会、董事会决议落实情况以及公司重大决策事项执行情况等进行专项检查，督促董事会、经理层在授权范围内依法合规运作，严格落实股东大会、董事会决议，促进公司提高治理水平。

（3）以专项审计、绩效考核等手段强化对高管人员履职的监督。对证券公司高管人员履职进行专项审计，可以较好地反映高管人员履职的优劣及完成公司各项经营目标、管理建设情况，从而监督高管人员履职。为了保证审计结果的独立、客观、公正，监事会聘请外部审计机构对董事、高管履职情况开展专项审计或离任审计工作。近年，监事会聘请外部审计机构对公司第五届董事会履职情况、经理层在第五届董事会期间履职情况及8名高级管理人员的履职情况进行专项审计，还对离开公司的3名高管人员进行了离任审计。此外，监事会还召开相关会议，研讨监事会对公司董事、高级管理人员的履职评价办法，并结合公司对高管年度绩效考核，将履职评价结果与绩效挂钩，形成评价意见，作为监事会对公司董事、高级管理人员的考核评价。

三、监事会工作的思考及建议

1. 对做好监事会工作的体会

在我国上市公司治理中，监事会和董事会、经理层共同构成了企业的法人治理结构，形成了监督机构、决策机构、执行机构各司其职，相互制约的制衡机制，各机构任何一方的弱化，都会造成上市公司治理结构的失衡。监事会作为公司治理结构的重要组成部分，是法定的公司内部监督机构，对股东大会负责，履行《公司法》、公司《章程》赋予的职权，担负着检查公司财务和对公司董事、高级管理人员执行公司职务行为进行监督的职能，在保证公司规范运作、维护公司全体股东利益等方面具有重要的地位，发挥着积极的作用。因此，监事会法定地位和特殊作用是不可替代的。只有准确把握监事会职责地位，监事会才能够自主地履行职责，发挥监督作用。

2. 监事会工作的几点建议

虽然上市公司治理在持续改进和完善，监事会制度逐步得到贯彻落实，但在工作中，监事、监事会的履职仍然面临着一些非常实际的困难。

（1）法律、法规及规章制度过于简单，缺乏具体的、可操作的程序性规定。例如，《公司法》、上市公司、证券公司的治理准则和内部控制指引、上市规则中涉及监事会的规定，条文均非常简单，大都为原则性规定，操作性不强，也比较零散，尚不能形成完整统一的体系。在日常监管工作中，相关部门也未出台过相关的工作指引或检查指引。这使得上市公司在实际工作过程中碰到很多问题无法得到及时的指导，而公司自己去制定具体的细则又会遇到"依据何在"的诘问。例如，对管理人员履职行为的监督检查，检查内容和评价标准无实质性的工作指引，这影响了监督检查结果的权威性。因此，建议相关部门加大监事会履职方面问题的总结分析，收集总结上市公司监事会工作中存在的共性问题，出台一些具有操作性的工作指引或检查大纲，为上市公司日常监事会工作提供权威的范本。

（2）监事会组织结构比较单一，监事会自身建设需要进一步加强。上市公司董事会和监事会虽均为会议制度，但与董事会相比，监事会的组织结构比较单一。董事通常都有独立董事，并下设有各专门委员会，为董事会提供决策依据。还有，经理层作为执行机构，具体执行董事会决议，而监事会则没有独立监事、执行监事，也没有执行机构。可否借鉴董事会下设专门委员会的做法，根据工作实际需要，设立专门委员会增强监事会议事的途径或者建立联席会议机制。此外，根据法律规定，监事会的基本履职方式是召开监事会，在会议形式之外，如何丰富完善监事会履职方式，做实日常监督工作，细化财务检查，保证监督的持续性和有效性，还需要进一步探索。

（3）组织同行业间的学习、借鉴、交流活动。在激烈的市场竞争和创新发展过程中，证券公司需要不断把握业务规律，保证公司整体和各单位各类经营风险的可测、可控、可承受。这就对监事会提高识别风险能力，准确界定管理职责，监督防范重大风险或避免重大损失提出了更高的要求。监事会在其中以何种方式切入，督促公司各层级各司其职，科学控制风险，都是一直在思考和关注的问题。希望监管部门组织同行业的交流活动，相互学习、加深对实际问题的探讨和共同拓展相关问题的解决路径。

案例 2：西山煤电

一、公司基本情况

山西西山煤电股份有限公司（以下简称公司）是西山煤电集团公司的控股子公司，经山西省人民政府批准，由西山煤电（集团）有限责任公司、太原西山劳动服务公司、山西庆恒建筑（集团）有限公司、太原杰森木业有限公司、太原佳美彩印包装有限公司五家股东共同发起，于 1999 年 4 月 26 日注册成立。2000 年 6 月 20 日经中国证券监督管理委员会批准，首次向社会公众发行人民币普通股 28800 万股，2000 年 7 月 26 日在深圳证券交易所挂牌上市。公司煤炭资源品种齐全，煤质优良，其中焦煤、肥煤为世界稀缺资源，产品畅销全国 20 多个省、市、自治区，并出口到日本、韩国、德国、印度、巴西、西班牙等国家。

目前，公司拥有 11 座生产矿井、5 座选煤厂、4 座发电厂、2 座焦化厂。公司运作十余年来，总股本由最初的 80800 万股增长到 315120 万股，扩展近 4 倍。总市值最初为 86 亿元，截至 2012 年 6 月末，总市值约 492 亿元，增长近 5.7 倍，资产总额达 407.5 亿元。

二、监事会基本情况

依照《公司法》、公司《章程》规定设立监事会，基本情况如下：

1. 人员构成

监事会成员由股东代表与职工代表组成，其中股东代表由股东提名后，经股东大会选举产生；职工代表由公司职工代表大会民主选举产生；监事会主席由全体监事选举产生。目前，监事会由 7 名监事构成。其中，设监事会主席 1 名，由西山煤电集团公司纪委书记担任；另外 3 名股东代表监事分别由西山煤电集团公司副总经理、组织人事处处长和审计处处长担任；3 名职工代表监事分别由集团公司工会副主席、企管处（政研室）处长和劳模代表担任。监事会所有成员都具有大学本科以上学历。

2. 议事规则

（1）会议召开时间。根据公司实际情况，公司监事会每季度召开 1 次会议，全年至少召开 4 次监事会会议，主要议题是审议定期报告。监事会会议由董事会秘书协助召开，在会议召开前，提前将会议材料提交全体监事。

（2）会议召开方式和条件。监事会会议通常以现场方式召开，紧急情况下，有时也采取传真方式进行表决。监事会会议有全体监事的 1/2 以上出席方可举行。

（3）会议审议程序。按照有关议程，参加会议的监事对事项进行逐项审议，充分发表意见，对会议需要做出决议的内容逐项进行表决。同时，公司有关负责人也在现场接受质询。

（4）会议决议方式。监事会会议的表决实行 1 人 1 票，以举手、记名投票和传真方式进行。监事会形成决议均需经出席会议的监事过半数同意并签字。

（5）会议记录内容。监事会会议主要包括会议届次和召开的时间、地点、方式；会议通知的发出情况；会议召集人和主持人；会议出席情况；关于会议程序和召开情况的说明；会议审议的提案、每位监事对有关事项的发言要点和主要意见、对提案的表决意向；每项提案的表决方式和表决结果等内容。

（6）会议决议公告和档案保存。监事会决议公告事宜由董事会秘书负责，在每次监事会会议上要通报上次会议已经形成决议的执行情况。监事会会议档案，包括会议通知和会议材料、会议签到簿、表决票、经与会监事签字确认的会议记录、决议记录、决议公告等，由董事会秘书或公司档案室负责保存。监事会会议资料的保存期限为 10 年。

3. 职权范围

根据《公司法》有关规定，结合公司实际情况，在公司章程中明确了监事会的职责、职权范围。其主要包括：对董事会编制的公司定期报告进行审核并提出书面审核意见；检查公司财务；对董事、高级管理人员执行公司职务的行为进行监督，对违反法律、行政法规、公司章程或者股东大会决议的董事、高级管理人员提出罢免建议；当董事、高级管理人员的行为损害公司利益时，要求董事、高级管理人员予以改正；提议召开临时股东大会，在董事会不履行《公司法》规定的召集和主持股东大会职责时召集和主持股东大会；向股东大会提出提案；发现公司经营情况异常，可以进行调查，必要时，可以聘请会计师事务所、律师事务所等专业机构协助其工作等内容。

三、监事会运行情况

近年来，监事会严格按照《公司法》、《证券法》、《公司章程》、《议事规则》等相关要求，认真履行法律法规赋予的职责，紧紧围绕公司改革发展中心，不断加强监事会建设，积极开展工作，有效地发挥了监督职能，促进了公司持续健康稳定发展。

1. 注重监事素质提升

为更好发挥监督职能，公司把监事素质提升作为一项重点工作来抓，不断提高履职尽责能力。一是严把监事入口关，推荐工作经验丰富、熟悉公司化运作、懂法律会管理、责任心强的人员担任监事。二是组织监事参加公司或上级举办的各项政治学习，提高思想政治觉悟。三是有计划地派送监事参加各类脱产学习培训，系统学习掌握企业战略管理、企业运作管理与信息化、人力资源、财务管理、资本运营、税收等业务知识。四是积极派送监事参加深交所、山西证监局等单位组织的证券业务培训。对于监管部门组织的各种业务培训，公司都组织所有监事积极参加。通过参加培训，能够尽快提高监事们的业务素质和水平，尽快适应新形势下对于公司的监管需要。多年来，公司的监事分别取得各监管部门或交易所的各种培训合格证书，各监事都能结合自身的知识结构和工作性质，从各自岗位、不同角度发挥监事职能，保障了监事会作用的发挥。

2. 严格财务监督检查

为了加强对公司财务运行情况的监管，每月末，财务部门将财务和经营主要报表及有关信息送达各位监事，便于监事会动态了解和掌握上市公司经营运行状况，对发现的不正常情况及时提出质询。监事会不定期组织财务、审计等部门人员，对公司财务状况和经营成果进行监督、抽查和审核。监督的主要内容包括：董事会提交的落实股东大会有关事项的决议，开展的各项经营管理工作，财务收支预算的执行等情况。同时，还对照会计师事务所出具的公司财务报表审计报告进行核实，对公司财务收支预算进行详细分析，提出独立意见。

每个报告期结束，董事会审议相关定期报告前，公司监事会都要认真审议议案，核对材料，必要时还亲自到现场核实、论证。将监事会的监督职能介入公司的定期财务报告环节，是公司监事会发挥职责的重点。通过监事会对于定期财务报告的介入、检查、核实和督促把关，使公司监事会"对董事会编制的公司定期报告进行审核并提出书面审核意见；检查公司财务"的职能落到实处，既发挥了监事会对公司经营行为的监督检查职能，也最大限度地保障了公司的合法合规经营。

3. 做好重大决策监督

对重大决策事项的监督，是履行监事会职能的一项重要内容。一是通过参加公司领导班子会、总经理办公会等，及时掌握各类重大事项的决策和执行情况，做好公司经营管理的日常监督检查。二是不定期到公司各单位、各部门调研，了解董事会和经理层落实股东大会决议的实施过程和结果，发现问题时与董事会及时沟通，提出整改意见建议。三是通过列席董事会会议，了解公司经营计划、财务收支决算预算、重大投资、重点工程建设以及重要人事任免等重大事项的决策过程，在规范程序、依法决策、民主决策中确保了公司科学发展。

公司的所有重大事项决策，都必须通过监事会的监督环节。通过规定监事会参加或列席公司的重大会议，首先从程序上、制度上保证了监事会参与公司重大决策、对重大决策提供意见和建议的权利。在具体执行中公司也认真落实，在作出关系到公司重大决策时，都要求公司监事会认真审核相关议案，同时发表独立意见。公司董事会与管理层都认真分析、听取监事会意见，使公司的所有重大决策都真正做到民主决策、科学决策。

4. 发挥协同监督作用

监事会注重与公司纪委、审计、财务、工会等部门联合开展工作，努力提高监督成效。一是将企务公开、党风廉政建设目标管理等工作要求，融入企业重点工程项目招投标、财务预决算等全过程，建立公开透明的运作流程。二是建立完善工作绩效评价机制，民主评议领导班子成员，通过集体述职、个别谈话、填写测评表等方式评价董事会、经理层的履职情况。三是在一些重大事项运作过程中，以设立意见箱、召开职工座谈会、设立举报电话等形式收集了解职工的意见，不断改进和深化监督工作，实现多形式、多角度的监督。

从公司监事会成员的配置上来看，由股东单位推荐的纪委、组织部门、审计部门和企管部门及工会部门的负责人出任公司监事人选。这也是公司监事会实践工作中的特色之一。这种配置首先从工作职责上与其本人担任的部门职责密切相关，而且与监事的职责有重合的部分。这样有利于监事从自身职业和部门分工的角度快速介入公司的监督职责，而且也有利于公司监事会在涉及监督职能与各部门的监督职责遇到重复或重叠时，合理地分配职责划分，合理地处置监督能力，避免重复监督，避免资源浪费。在多年的实践中，效果良好。

5. 规范公司运行机制

公司坚持实行股东大会、董事会、监事会和经理层"三会一层"的法人治理结构。"三会一层"各司其职、规范运作，各机构分别制定议事规则，明确决策、执行、监督等方面的职责权限，努力形成科学有效的职责分工和制衡机制。监事会是公司监督机构，对股东大会负责，向股东大会报告工作，接受股东大会监督。在每次重大决策前，董事会都主动与监事会及时沟通交流。股东大会、董事会、监事会在各自依法履行职能的过程中形成了工作合力，维护了公司和股东、员工的利益。

根据财政部、证监会等五部委联合发布的《企业内部控制基本规范》和《企业内部控制配套指引》有关要求，结合公司实际，建立健全了覆盖各环节的内部控制制度，保障了公司业务活动的正常进行。公司内部控制组织机构完整，设置科学，董事会各专业委员会部门及人员配备齐全，保证了公司内部控制重点活动的执行及监督充分有效。

6. 积极协调外部关系

公司召开股东会、董事会、监事会讨论重大事项时，都要邀请山西证监局的领导列席会议，认真听取他们对会议及议案的意见建议，规范操作程序。在做好投资者关系管理工作方面，监事会有关成员积极参与解答投资者疑问，介绍公司的发展战略、生产经营状况、重大项目的进展情况等方面的内容，使投资者更加深入地了解公司情况，支持公司发展。

公司设立独立董事制度，聘请了4名独立董事，他们分别具有法律、财务和行业管理等职业经历或经验。公司监事会与独立董事能够共享信息与资源，相互交换信息、通报情况。独立董事和监事会通过联合调研检查、分工协作，加强对公司决策、经营管理、财务活动等重大事项的过程监督检查，增强了监督检查的实效。

四、相关意见建议

1. 监事会严格按照有关规定开展工作，但实际运行中职能发挥还有差距

监事会建议上市公司协会、证监局等上级部门充分发挥政策引导、行业指导作用，形成对监事会工作的指导性意见，促进监事会更好发挥职能。

2. 目前监事会与纪委、财务、审计等部门在行使监督职能时，存在业务交叉重复的现象

监事会建议出台相关的制度规范，进一步明确各相关部门的监督职责范围。

3. 中国上市公司协会的成立，为上市公司之间交流沟通提供了平台

监事会建议协会多组织上市公司监事会之间的交流活动，便于相互借鉴提高。

案例 3：民生银行

一、 民生银行基本情况

中国民生银行股份有限公司（以下简称民生银行）成立于 1996 年，是国内首家且规模最大的由非国有企业成立的全国性股份制商业银行，于 2000 年和 2009 年分别在上海证券交易所（A 股股票代码 600016）和香港联交所（H 股股票代码 01988）两地挂牌上市。截至 2012 年末，民生银行已发展成为总资产 3.2 万亿元，总负债 3.04 万亿元，实现年度营业收入 1031 亿元，净利润 383 亿元，平均总资产收益率 1.41%，拥有 700 多家机构网点和 4.9 万名员工的中型股份制商业银行。2013 年第 1 季度末，公司市值达到 2891 亿元。

作为中国金融体制改革的"试验田"，民生银行拥有良好的公司治理结构和透明的信息披露，具有高度市场化的业务模式和勇于创新的企业文化，成立 17 年以来，业务规模和盈利能力快速增长，市场形象和品牌效应大幅提升，得到了社会、媒体、股东和投资者的高度认同。民生银行专注于转型与创新的变革，2008 年开始，在国内银行业首推公司业务事业部制改革；继而成功打造"小微金融"商业模式，持续满足小微企业的金融需求，帮助其成长、壮大；目前，社区银行、手机银行等特色业务也在快速推进。民生银行正在通过加快转型和深化改革，打造具有核心竞争力和自身经营特色的中国最佳商业银行。

二、监事会运行情况

民生银行监事会自公司首届股东大会产生，已历经 6 届，作为公司法人治理组织体系的重要监督机构，民生银行监事会在实践中不断探索创新，积极履行法律法规及本行《公司章程》赋予的职责，并注重强化监督实效，为维护银行、股东利益、促进银行健康发展发挥了重要的作用。

1. 健全组织机构，为监事会履职提供保障

民生银行第 6 届监事会于 2012 年 4 月 10 日完成换届，由 9 名监事组成，包括股东监事 3 名、外部监事 2 名、职工监事 4 名、专职主席 1 名、副专职主席 2 名。其中，股东监事均为股东公司推选的总裁、监事长等高管人员，具有丰富的从业经历和管理经验；职工监事为银行资深高管人员，不仅熟悉银行经营管理情况，还具有丰富的金融理论知识和银行管理经验；尤其是 2 名独立董事均是财务会计领域的资深人士和专家，在审核公司年度财务报告，监督检查公司财务活动方面发挥了专家引导作用。

监事会下设监督委员会、提名委员会，监督委员会主要负责履行监事会对经营活动及治理管控的各项监督职能；提名委员会主要负责监事选任、评价及对董事高管的履职监督等方面工作。监事会设立了专门的办事机构——监事会办公室，并根据监事会职责设置监督检查、履职评价、政策研究 3 个处室，还配备了 10 余名工作人员，负责协助监事会开展日常监督工作。健全完善的组织机构和专业高素质人员为监事会开展监督工作提供了有力的保障，民生银行监事会组织结构如图 9-1 所示。

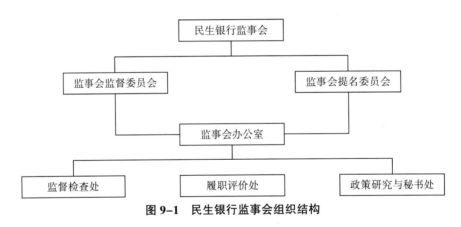

图 9-1　民生银行监事会组织结构

2. 创新监督理念，实现监督与服务并举

民生银行监事会的工作思路与职能定位与民生银行的整体发展轨迹一致，可以分为三个阶段：第一届至第三届监事会（1996~2006 年）的主导思想是：依法合规履行职责，逐步摸索和完善监事会监督工作。第四届、第五届监事会（2006~2012 年）的主导思想是：找准自身定位、创新工作方式、提高监督效果。

近年来，监管部门不断加强公司治理监管，推进监事会在公司治理中发挥重要的监督作用。民生银行第 6 届监事会（2012 年 4 月至今）按照该行《公司章程》赋予的职责和监管要求，围绕银行整体战略和发展情况，确立了"一个履行、两个服务"的指导思想，即"有效履行监督职责"，"服务银行整体发展、服务银行战略落实"的工作指导思想。其旨在依法履行监督职责的基础上，为实现银行的稳健和可持续发展，维护股东利益和员工利益发挥更积极的作用。同时，监事会加强与董事会和高级管理层的沟通与交流，形成既相互制衡、各负其责、各司其职，又相互支持、共谋发展的良好机制。进一步明确监事会监督职责，构建审慎、合规、协调的制衡体系。

3. 加强制度建设，完善监事会运作机制

一是根据法律法规和监管意见，进一步厘清与董事会、管理层的职责边界。通过聘请中介机构开展公司治理标准化建设项目，明确界定"三会一层"的职责边界；通过制定和修订各项规章制度和工作细则，完善监事会制度体系。目前，监事会已制定各类制度 15 项，其中有 7 项制度正在修订中，另外，根据银监会 2012 年颁布的《商业银行监事会工作指引》，正在拟定监事会监督检查办法和财务、风险、内控监督实施细则 4 项制度。二是优化工作流程，对监事会的议事规则、工作流程和工作方法进行调整和细化，使各项监督工作有的放矢、重点突出，进一步提高监事会的议事效率和监督水平。三是通过会议和其他形式，丰富监事会的工作内容，提高监事会的议事效率和工作质量。四是主动列席董事会及董事会专门委员会会议和管理层重要会议，认真监督会议议程和决策的合法合规性及科学性，适时提出监督意见和建议，积极履行会议议事和监督职能。

4. 强化战略决策监督，提高监督的权威性

从 2012 年开始，民生银行监事会将监督公司战略决策的科学性和有效性作为重点工作之一，组织对公司重大战略决策进行评估。通过对董事会战略决策效果及经营层执行力进行评估，对公司及时调整战略和深化改革，推动公司战略转型发挥了重要作用。

2012 年，监事会组织对全行小微金融战略进行评估。此次评估工作是对本行自 2009 年实施小微战略以来第一次全面、详细、完整的监督和评估，也是民生银行监事会在建行以来开展的最大规模的调研评估活动。监事会牵头组成五个评估组，由全体监事、监事会办公室和行内相关部门人员共 80 余人参加，为期 2 个月，对全行 32 家分行进行了全覆盖评估，组织召开各类会议 160 余次、走访市场 89 个、调研小微客户 400 多家、个人访谈千余人次、汇总的案例和资料达到 120 余万字。监事会将《评估报告》通报董事会和经营管理层，针对小微战略实施过程中存在的问题提出建设性意见和建议，对小微战略转型和健康发展起到积极有效的监督和推动作用。

2013 年，监事会组织对四大行业金融事业部制改革战略进行评估。此次评估的重点内容为能源、地产、冶金、交通四大行业金融事业部成立 5 年以来的改革发展情况，主要包括经营绩效、业务发展、风险管理、运营管理和品牌建设等内容。监事会组织全体监事及监事会办公室人员，由监事会主席和副主席分别带队，组成 3 个评估组，从经营运行、风险管理、产品开发、资源配置等多维度，以及事业部总部、分部、总行职能部门、落地分行、区域客户、当地监管机构等多角度，对事业部改革战略进行了全面、客观的评估。评估工作现场历时 2 个月，共组织召开事业部访谈 86 次，分行访谈 28 次，总行职能部门访谈 21 次，拜访监管机构 14 次，累计访谈人数 1002 人次，走访客户 37 个，现场评估的分部机构覆盖率近 50%，贷款规模覆盖率达 71%，形成 6 万余字的报告材料。监事会《评估报告》全面分析总结了事业部改革以来的发展情况、改革成效，指出事业部改革发展过程中面临的关键性问题及其深层次原因，并提出针对性强的建议，对公司进一步深化事业部改革发挥了重要的监督和促进作用。

5. 加强财务和风险监督，提高监督的有效性

针对银行财务、内控、风险管理等重要事项和重大风险问题，民生银行监事会通过组织开展日常监督及专项检查、审计、调查、调研等现场监督方式，加强对银行经营管理重点问题和重大风险的监督检查。例如，加强对新设机构、事业部及附属机构内部控制情况的调研和评估；加大对全行系统性风险和重点风险领域的检查、调查，如重点关注全行盈利结构变化及资产业务风险，政府融资平台贷款、小微贷款资产质量及迁徙情况；加强流动性风险管理监督，持续监督本行流动性风险管理政策及流动性指标是否达到监管要求等。

近几年来，监事会组织开展的专项检查、调查和审计项目达 20 余项，内容涉及银行重大固定资产投资管理、信贷资产抵质押物管理、市场风险、表外业务等重大事项或风险问题。监事会出具的审计、检查、调查报告均通报董事会和经营管理层，并要求对相关问题进行关注和整改，对促进银行依法合规经营、提高经营管理水平发挥了积极作用。例如，监事会通过组织对银行××大厦工程项目进行专项审计，提出重大工程项目管理不规范、基建工程财务管理比较薄弱等问题，引起董事会和高管层的高度重视，相关部门认真整改，重新修订了重大工程项目招投标管理办法等制度，并设立基建财务专岗，完善科目分类，对本行加强重大工程项目管理和基建财务管理起到了有力的督促作用。

6. 深化董事和高管履职监督，实行量化评价

民生银行监事会根据履职监督评价办法及实施细则，为每位董事建立履职档案，半年度对董事履职作出中期总结，并根据情况向董事会或个别董事发出提示函。例如，对于个别董事亲自出席董事会会议或发表意见较少，个别独立董事到本行工作时间不足的问题，及时向董事会和个别董事发出提示函，提示其保证充足的时间和精力，更加关注银行发展战略和经营管理情况，更好履行公司章程赋予的职责，并将其纳入监事会对董事年度履职监督评价的范围。年度末，采取主客观评价相结合的方式，对董事年度履职情况进行量化评价（评价总分 100 分）。在以董事履职档案为基础的客观评价（权重 70%）中加重对董事参与董事会决策、审议会议议案和发言情况及参加调研、课题研究等内容的评价力度，同时，细化主观评价（权重 30%）中董事自评、互评的评价指标体系，通过主、客观结合与量化评价，对董事年度履职情况分为合格、基本合格和不合格，提高了监事会履职监督的力度和效果。

同时，监事会也十分重视加强对高管层履行本行职务合法合规性和勤勉尽职情况的履职监督评价工作。其主要通过列席经营层重要会议，审阅行内重要文件材料，组织专项检查、离任审计和考察调研等方式，了解和监督公司经营管理、风险控制和高管人员分管工作情况；年末，组织开展高管人员年度履职情况自评、互评和测评（所有经营机构对高管人员测评），形成对高管层年度履职情况监督评价报告，并作为年终高管层尽职评价的重要参考依据。

7. 加强监事会自身建设，提高监事履职能力

民生银行监事会一贯重视加强自身建设，通过以下措施不断提高监事的履职能力：一是认真学习监管部门关于银行公司治理及监事会工作的新要求、新规定，对国家经济金融政策和监管法规进行学习研讨，加深对监事会职责和工作重点的理解认识。例如，组织监事集中对银监会颁布的《商业银行监事会工作指引》和《商业银行公司治理指引》进行研讨学习，领会《指引》规定，明确监事会职责权限。二是组织监事参加上市公司监事业务培训及监事履职能力培训，邀请监管部门和外部专家举办新资本协议、公司年报分析、金融形势预测等专题讲座，丰富监事信息来源，开拓工作思路，进一步提升监事的履职能力和水平。三是定期编印《监事会通讯》，及时将重要经济政策、监管信息、监事会动态及本行面临的重大风险等信息，整理印发给监事、董事和高管层，实现风险提示与信息交流。四是加强对监事履职情况的考核评价，通过对每位监事年度履职尽责情况进行自评和互评，评出优秀、良好、合格和不合格的不同级别，进一步提升监事的勤勉尽责意识和履职效果。

三、监事会工作特色

为了更加有效地履行监督职责，充分发挥监事会在公司治理中的作用，民生银行监事会将监督工作融入到公司日常工作之中，与公司经营发展紧密结合，并在工作理念、履职方法、组织结构和人员配备方面不断创新和完善，逐步形成了一套与公司自身情况相契合的监督模式和工作特色。

1. 不断创新的监督理念

根据我国《公司法》规定股份有限公司应设立监事会，民生银行《公司章程》规定监事会依法行使监督职权，但监事会如何有效履行监督职责，与董事会、高级管理层统筹协作、各尽其责，一直是公司治理中被关注和热议的课题。民生银行监事会经过多年的实践探索，逐步明晰确定监事会的职能定位，立足于监督与服务并重，突出注重实效的监督思路，将孤立的、形式上的监督，转变为综合的、实质上的监督，寓监督于服务中的模式，给监事会监督工作赋予了新的内涵，使监督与促进公司发展、与推进战略转型、与实现股东利益和员工利益最大化有机地结合起来，产生了良好的实际效果。

2. 灵活多样的监督方式

民生银行监事会在监督工作过程中突出重点、注重实效，采取多种方式对董事、高管履职行为和银行经营管理重点、热点、敏感问题进行监督，包括调阅资料、审阅报告、问卷调查等日常监测以及组织现场检查、调查、调研、审计和评估等监督活动，提高监督的针对性和有效性。近年来，民生银行监事会通过组织开展关于银行财务管理、业务风险、市场风险等方面的检查、调查，深入了解银行经营发展中存在的问题与风险状况，提出的意见和建议，得到董事会和管理层的高度重视并认真研究改进，起到了较好的监督作用与促进效果。另外，监事会通过对董事的任职资格和条件提出独立的意见和建议；根据履职活动记录及时向董事会和个别董事发出监督提示函；对公司更换会计师事务所提出建议等，为进一步完善公司治理，发挥了有效的监督作用。

3. 有效整合的监督资源

由于监事会未配备大规模的团队，为充分有效履行监督职责，民生银行监事会联合本行内审等部门及监管部门和外部审计机构等各方面监督资源，互相配合，完成日常监督和对特定事项的监督检查工作。例如，监事会调动本行内审、零售、法律、财务、人力等部门人员联合开展小微战略评估工作，进一步拓展了监督工作的深度和广度。另外，还接受监管部门委托，对重大关联交易等进行专项调查，使内外部监督形成合力，共同保障银行依法合规经营。同时，监事会通过制定与董事会、经营管理层信息交流制度，定期向董事会、经营管理层相关部门调阅监督所需信息资料，包括有关会议材料、业务报告、会计报表和重大事件说明等信息资料，以保证监事会享有充分的知情权。通过加强行内外沟通，扩展多方位信息，使监事会履职获得多方的支持和协作。

4. 健全高效的组织机构

目前，我国上市公司监事会普遍存在"形似而神不至"，监事会监督作用发挥不够充分的现象，除制度设计等客观因素外，监事会履职能力不足也是重要原因之一。民生银行监事会认识到随着公司治理水平的不断提升，以及监事会各项工作的深入，对监事自身的执业操守、履职能力和水平提出了更高的要求。因此，首先选任高素质、高水平的监事。民生银行现任监事均为各自领域的专家或资深高管人员，外部监事专业化、专家化，监事会主席专职化，为监事会有效发挥监督作用提供了重要的人员和组织保障。同时，通过完善考核评价制度、方法、流程，继续加强对监事履职的考核和评价工作，促进监事的工作自觉性和积极性，提高监事会整体工作效率和质量。另外，配备较为充足且专业水平强、素质高的工作人员，使监事会各项职责能够真正落地，并得以高效实施，为监事会高效开展各项工作提供了有力支持。

四、思考与建议

近年来，随着监管部门对商业银行监事会作用发挥的重视和推动，民生银行监事会也在完善公司治理，促进银行健康发展，提高监事会监督效果方面有了新的发展和突破。但是，我们也感到实际工作中还存在一些困难和不足，针对我国公司治理现状和监事会工作特点，提出以下几点思考和建议：

一是监事会制度体系有待完善统一。1992 年 5 月，《股份有限公司规范意见》首次涉及监事会制度；1993 年 12 月，《公司法》专门设立章节，对监事会的职责进行规定；2002 年 1 月，《上市公司治理准则》进一步明确上市公司监事会职责；2002 年 6 月，中国人民银行出台了《股份制商业银行公司治理指引》，结合银行业的特点，对监事会职责作了具体规定；2005 年 12 月，《公司法》修订，补充细化了监事会相关规定；2012 年 12 月，银监会 《商业银行监事会工作指引》，首次针对商业银行监事会工作发布专项制度，该指引对监事会组织架构、职责权利、监督内容和方法作出了明确规定。

从上述监事会制度发展沿革看出，不同时期、不同监管机构、针对不同的适用主体，对监事会职权和工作内容的规定并不一致，如《股份制商业银行公司治理指引》规定建立、健全以监事会为核心的监督机制，监事会对董事和高级管理层成员进行离任审计，而其他制度中并未有此类规定。由于监管机构多、制度规定不统一，各公司在实际工作中难以把握标准。因此，建议银监会、证监会、证交所等监管机构进一步完善统一对上市公司监事会职责和工作内容的相关规定和要求，使政策法规更具规范性和可操作性。

二是监事会职权需要进一步厘清。现行公司治理结构设置中，监事会与独立董事存在职能重叠和交叉。根据《公司法》规定，监事会主要职权包括财务监督及对董事、高级管理人员履职行为进行监督。按照证监会发布的《上市公司治理准则》，独立董事尤其是主要由独立董事组成的董事会审计委员会的主要职责也包括审核公司财务。同时，证监会《关于在上市公司建立独立董事制度的指导意见》还赋予独立董事特别职权，包括对"提名、任免董事"、"聘任或解聘高级管理人员"、"董事、高级管理人员的薪酬"发表独立意见，与监事会对董事和高级管理人员的监督职责亦有重叠。

职能交叉，权责不清，容易导致重复监督，加大公司治理成本。建议明晰监事会与独立董事的职责划分，可以从以下几方面界定：第一，角色不同，独立董事是董事会的内部成员，监事会则为公司治理组织体系中的监督机构，负责对董事会及董事履职的合法合规性进行监督，即包括对独立董事履职行为的监督。第二，作用不同，独立董事以专家角度和独立身份参与公司重大事项决策，提高董事会决策的透明度和科学性，监事会则重点对董事和高级管理人员履职行为进行监督及对公司经营决策、风险管理和内部控制等进行监督检查并督促整改，发挥监督与制衡作用。第三，侧重点不同，独立董事和监事会均要维护公司整体利益，而独立董事尤其要关注中小股东的合法权益不受损害，监事会更要维护全体股东和职工的合法权益。

三是监事会问责权利尚需明确。《公司法》赋予监事会罢免、召集临时股东大会、诉讼等权利，对于监事会日常监督工作中发现的一些问题，如何进行问责，法律法规尚缺乏明确规定，不利于监事会监督作用的有效发挥。建议相关法规制度中进一步明确监事会的问责权利及监督结果的应用形式。第一，对于监事会监督过程中发现的问题或需要提出意见或建议的，以监事会"监督意见书"、"提示函"、"整改建议"等形式通报董事会或经营管理层，要求相关部门进行整改，并跟踪监督整改情况；第二，对董事会和高级管理层及其成员在重要财务决策和执行等方面存在问题，或对年度履职评价为不称职的董事、高管人员，监事会应责令纠正，或提出更换建议，必要时上报股东大会或监管机构；第三，将监事会专项检查、审计、评估结果及履职监督评价报告作为对董事和高级管理人员尽职考核与选聘、续聘或解聘的重要参考依据，使监事会的监督问责权利真正落到实处（见表9-1）。

表9-1　民生银行监事会制度一览表

序号	制度名称	施行时间
1	监事会议事规则	2012年修订
2	监事会监督委员会工作细则	2012年修订
3	监事会提名委员会工作细则	2012年修订
4	监事行为规范	2007年修订
5	监事任职条件及选任办法	2005年制定并执行，2013年重新修订

序号	制度名称	施行时间
6	监事会职责权限及工作细则	2008 年制定并执行，2013 年重新修订
7	监事会与董事会、经营管理层信息交流与工作联系制度	2007 年制定并执行，2013 年重新修订
8	监事会对董事会及董事履职监督评价试行办法	2011 年制定并执行，2013 年重新修订
9	监事会对董事会及董事履职监督评价实施细则	2011 年制定并执行，2013 年重新修订
10	监事会对高级管理层及其成员履职监督评价试行办法	2011 年制定并执行，2013 年重新修订
11	监事履职评价试行办法	2008 年制定并执行
12	高级管理人员离任审计暂行办法	2008 年修订
13	监事会对独立董事离任审计办法	2012 年制定
14	监事会实施专项检查的工作规范	2009 年制定并执行，2013 年重新修订
15	监事会聘用中介机构管理暂行办法	2012 年修订
16	监事会监督检查办法	拟订
17	监事会战略监督办法	拟订
18	监事会财务监督实施细则	拟订
19	监事会风险监督实施细则	拟订
20	监事会内控监督实施细则	拟订

案例 4：上港集团

　　上海国际港务（集团）股份有限公司（以下简称上港集团或公司）前身为上海港务局，于 2003 年 4 月改制成为有限公司；2005 年 6 月实施股份制改革，成立股份有限公司；2006 年 10 月，公司首次公开发行人民币普通股（A 股）股票并换股吸收合并上海港集装箱股份有限公司。公司股票在上海证券交易所挂牌上市交易（股票代码：600018，股票简称：上港集团），成为全国首家整体上市的港口股份制企业。上港集团以发展成为全球卓越的码头运营商和港口物流服务商为战略目标，制定了长江、东北亚和国际化 3 大发展战略，形成了集装箱码头产业、散杂货码头产业、港口物流产业和港口服务产业 4 大业务板块。

　　作为我国大陆地区最大的港口集团，公司拥有上海港所有的公共集装箱码头和散杂货码头。截至 2011 年，上海港货物吞吐量连续 7 年位居世界第 1，集装箱吞吐量连续 2 年保持世界第 1 位，2011 年公司完成货物吞吐量 4.84 亿吨，占上海港的 66%，完成集装箱吞吐量 3173.9 万国际标准集装箱，占上海港的 100%。截至 2011 年底，公司共拥有国际集装箱班轮航线 288 条，集装箱船舶航班密度达到每月 3088 班，是中国大陆集装箱航线最多、航班密度最高、覆盖面最广的港口。

公司监事会由 5 名监事组成，其中股东单位上海市国有资产监督管理委员会（以下简称市国资委）推荐 2 名监事人选，亚吉投资有限公司推荐 1 名监事人选，上述监事人选经股东大会审议通过后，与公司职工代表大会选举产生的 2 名职工监事，组成内外结合型监事会。所谓内外结合型监事会是由国有资产管理机构委派或提名监事会主席或专职监事，依法进入监事会任职；担任监事会主席和专职监事的外派监事是国有股东监督权行使的代表者，与其他股东代表监事，包括职工监事成员共同组成监事会，履行公司法和公司章程赋予的监事会职责。

与其他上市公司相比，上港集团监事会工作一个显著的特点是，监事会成员中的外派监事承担双重责任。这是因为公司控股股东具有特殊的双重身份，市国资委既是上海市国有资产管理机构，又是公司的直接出资人。上港集团监事会首先是严格执行上市公司的有关规定，对全体股东包括广大中小投资者承担受托责任，同时也必须向外派监事的推荐机构市国资委承担代表责任，按照市国资委的监管要求，履行国资国企的监督职责，完成市国资委交办的任务，报告国有资产监督工作。

一、专项检查的目的和背景

根据中共上海市委组织部、市国资委《关于印发〈关于进一步加强市管国有企业监事会工作的指导意见（试行）〉的通知》（沪国资委董监事〔2010〕39号，以下简称《指导意见》），市国资委对监督工作重点有明确的规定，要求检查包括投资贷款在内的企业财务情况，了解、掌握和跟踪企业的重要经营管理活动，对企业重大事项决策和决策执行的情况进行评估，对企业经营管理中潜在的重大风险和异常的经营情况提出预警，维护国有资产出资人和其他投资方的权益，促进企业健康发展。

每年，市国资委确定监事会专项检查的重点，分为"规定动作"和"自选动作"。如 2012 年专项检查的"规定动作"是：开展董事会试点 3 年的专项检查；开展企业"3 年行动规划"实施情况的专项检查；开展审计整改落实情况的专项检查。"自选动作"由各监事会根据所在企业的特点，确定专项检查重点，并选择其中的项目作为后评估项目。

上港集团监事会之所以坚持选取重大工程项目作为专项检查"自选动作"，是基于两个方面的考量。一方面，得益于上海国际航运中心建设国家战略的实施，上港集团集装箱等主业生产始终保持高位增长，据统计，2003~2011 年（新码头主要建设期）集装箱箱量以平均每年 15.6% 的速度递增。当时，集装箱码头能力不足成为严重制约上海市优化现代航运集疏运体系的"瓶颈"，落实市政府"推进外高桥港区建设，推进黄浦江沿岸港区功能调整"的工作要求，加快建设新港区扩大港口吞吐能力（见图9-2），成为上港集团重点工作的重中之重。另一方面，2006年10月整体上市后，上港集团进一步拓宽了融资渠道，可转换公司债券、中长期票据等多种融资手段的运用，为筹集大量资金投入码头等基础设施的建设提供了强有力的支撑。

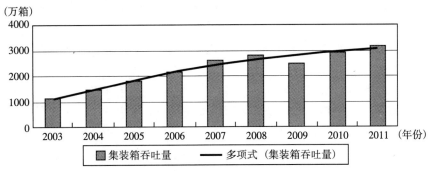

图 9-2　上港集团 2003~2011 年集装箱吞吐量

在此期间，上港集团先后建成投入使用的重大工程建设项目有：上海港外高桥港区五期工程建设项目（以下简称外五期项目），上海港罗泾港区二期工程建设项目（以下简称罗二期项目），上海港外高桥港区六期工程建设项目（以下简称外六期项目），工程总投资额超过 100 亿元（见图9-3）。

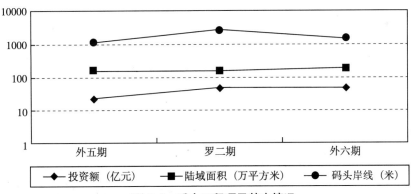

图 9-3　重大工程项目基本情况

外五期项目是根据上海市城市总体规划，适应黄浦江两岸码头搬迁的需要，满足上海港公用码头功能结构调整要求。外五期项目也是上港集团加快发展集装箱优势产业和积极推进黄浦江老港区的功能转换、加快建设上海国际航运中心和缓解上海口岸集装箱通过能力不足的一项重要举措，符合上港集团做大做强主业的产业发展方向。

罗二期项目是落实上海市政府关于加快黄浦江两岸地区开发的重要决策、推进上港集团产业结构调整的一项重大建设项目，曾连续 3 年被列为上海市重大工程建设项目。

外六期项目是根据世博会场馆建设的总体规划新建的多用途码头，被列为上海市 2010 年重大工程建设项目，也是上港集团转变发展方式的重要平台。汽车滚装码头体现了集汽车分拨、汽车零部件配送、"一站式"增值服务等功能于一体的汽车物流新理念，拥有中国最大的汽车物流港区和亚洲最大的汽车物流立体车库。

考虑到这些项目投资数额大、建设周期紧、资金使用环节多、对港口发展影响大等特点，上港集团监事会根据《上海市国有企业投资监督管理暂行办法》（沪国资委规〔2008〕300 号），对照市国资委规定的投资管理原则：国资布局和结构调整方向、企业发展战略和规划、突出主业和提高企业核心竞争力、投资决策程序和管理制度等，对这些项目进行监督检查，并向市国资委报告检查情况。

同时，监事会对重大工程项目进行监督检查，可以通过具体的案例，了解和掌握公司经营管理的现状，分析和评估内部控制制度的执行情况，检查和判断建设资金的安全性和资金来源的合理性，分析和判断公司财务状况，监督董事会投资决策的规范性，监督公司管理层具体履职行为的合法性，切实履行《公司法》赋予监事会的职权。

通过对重大工程项目的检查，使大家深切感受到上港集团华丽的转身，即由"蜗居"百年老港黄浦江港区逐步迈向更能施展身手的长江沿线，良好的码头水深和航道条件，吸引船舶公司开辟新航线，增加航班密度，更为重要的是，新码头的建成，使上海港码头能级得到很好的提升，能够更好地适应全球航运业船舶大型化的发展趋势。

二、专项检查的主要做法和经验

为更好地履行监督职责，监事会将专项检查作为日常监督工作的重要抓手。在制订监事会年度工作计划时，将专项检查作为年度工作的重点，明确监事会年度专项检查的重点项目、检查内容和时间安排（见图 9-4）。

专项检查实施之前，由监事会办公室制订详细的工作计划和调研检查方案，经监事会工作会议集体讨论通过后，由负责该专项检查的监事会主席或监事会

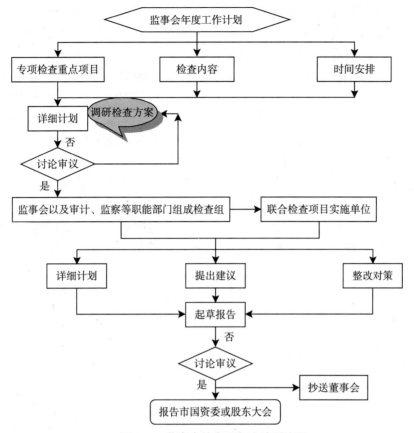

图9-4　监事会的专项年度计划流程

主席指定的监事牵头，组织落实具体检查工作。实施过程中，监事会主动加强与公司董事会及审计、监察、财务等有关部门的协调与合作，形成资源共享、信息沟通、联动合作、有效协调的监督检查工作机制。在检查组认真检查和充分讨论的基础上，由监事会办公室负责撰写专项检查报告，对专项检查工作进行分析总结，对影响公司改革发展，具有普遍性、倾向性的内部控制和管理问题，剖析原因，提出工作建议和整改对策。

专项检查报告经监事会集体审议、监事会主席签发后，按照《指导意见》，监事会应当向履行出资人职责的机构（市国资委）或股东大会报告，对监事会报告中反映的重大问题，市国资委将提出专项整改意见，要求企业整改。

监事会对上港集团重大工程项目从工程立项之初就予以关注，通过列席董事会、参加总裁办公（扩大）会等了解项目立项决策的过程。项目进入实施阶段，通过访谈公司领导、约谈职能部门负责人和实地调研工程建设情况等，检查项目的招投标管理、建设进度、设备采购、内部控制制度的执行、内部审计监督、合同管理、资金概算控制及资金运用等情况，并根据专题调研和检查的需要，请有关部门或单位提供相关资料。

监事会注重发挥监督资源共享机制，与公司纪检监察、内审部门实行联动，吸收、采纳监督成果，避免重复监督。公司内部审计部门对建设项目实施过程审计，对概算执行情况、工程审价等方面提出审计建议，工程项目竣工验收前，组织项目竣工审计，内审部门将这些审计意见及时反馈监事会，为监事会开展重大工程项目的监督检查工作创造了良好的条件。

监事会在专项检查中，也注意挖掘和发现上港集团重大工程项目的亮点和好的做法，并向有关部门推荐。例如，上港集团在对项目投资资金的运用和控制上，先后制订和修订了工程付款程序、财务主管联签制度、工程建设银行保函等制度，加强建设资金管理；实施建设项目过程审计，推行工程咨询评审制度，严格执行"量清价定"、"社会审价"等有效的管理措施，保证投资资金的安全和有效运作；坚持推广以"工程优质，干部优秀"为主题的"双优"工程，要求将项目建成"优质工程、效益工程、廉政工程和成果工程"。

三、工作建议和对策

监事会检查上港集团重大工程项目后认为，上港集团的投资活动总体上符合《上海市国有企业投资监督管理暂行办法》要求，贯彻了出资人的意图，投资集中于公司核心业务。外五期项目、外六期项目的建成投产，符合公司做强"四大板块"（集装箱、散杂货、港口服务、港口物流）的产业发展方向，有效缓解集装箱港口通过能力不足，汽车滚装码头整体功能的定位能主动适应市场需求，不断优化方案，符合市场预期。罗二期项目建成投产，有效替代了黄浦江两岸老港区的功能，有利于进一步改善公司散杂货码头的布局，优先发展交通"瓶颈"行业。总体而言，工程概算资金控制情况较好，整个工程项目投资处于受控状态，工程费用开支基本真实、准确，工程合同执行和控制情况良好，在对投资资金的使用和控制上措施有力，保证投资资金的安全和有效运作，维护了股东的权益。

通过近年来开展的专项检查，上港集团监事会认为，在上市公司中开展监事会专项检查工作很有必要，也收到了一定的成效，无论是掌握企业的重要经营活动，评估企业的重大决策执行情况，还是监督董事、高级管理人员的履职行为，维护广大股东权益，都是一个很好的抓手。通过专项检查，能够较好地体现监事会监督作用，提高监事会工作团队的职业化、专业化能力，有助于提高监事的专业素养和履职能力，提高监事会工作建议的针对性和客观性。

在专项检查的工作实践中，上港集团监事会感到要进一步深化上市公司监督工作，还需要在以下两个方面进一步加以研究和探索：

一是加强监事会制度建设，提高监督工作的规范性。监事会工作目前还是一项探索性工作，作为上市公司监督工作参与者，监事会工作从立法和制度建设层面上看，尽管不乏法律、法规及规范性文件的支撑，正如有学者指出"国有企业监事会成立和任命的法律依据是国有企业监事会暂行条例、国有企业资产法和行政法。一般公司的监事会依据是《公司法》，上市公司还有《证券法》等"，但实际工作中，还是需要继续完善。

根据《公司法》和《上市公司章程指引》的规定，监事会行使包括检查公司财务等6项职权。上市公司治理准则进一步对监事及监事会的职权作了规定，在赋予其更多权力的同时，也加大了其担负的职责：①上市公司监事会对全体股东负责，对公司财务及公司董事、经理和其他高级管理人员履行职责的合法合规性进行监督，维护公司及股东的合法权益；②监事有了解公司经营情况的权利，并承担相应的保密义务；③监事会可以独立聘请中介机构提供专业意见，由此发生的费用由公司承担；④上市公司应采取措施保障监事的知情权，为监事正常履行职责提供必要的协助，任何人不得干预、阻挠；⑤监事履行职责所需的合理费用由公司承担；⑥监事会的监管记录及进行财务或专项检查的结果应成为对董事、经理和其他高级管理人员绩效评价的重要依据。

上海市部门规章性质的《指导意见》，对监事会职责也有规定，但上述法律、法规及多数上市公司的公司章程对监事会职责的描述只是一种原则性的规定，根据《公司法》、《上市公司章程指引》的规定，监事会的议事方式由公司章程规定，监事会制订的议事规则只能遵循法定原则，致使监事会在开展专项检查工作时，深感缺乏具有指导意义的制度规范，缺乏制度创新的空间，在工作实践中受到一定的束缚。例如，监事会开展专项检查，能否直接借助企业内部力量，对本企业及下属企业进行检查，检查的深度和质量如何保证；上市公司治理准则规定，监事会可以独立聘请中介机构提供专业意见，"可以"一词在法律上不具有强制性，在遇到具体情况时往往缺乏可操作性，无法确定在什么情况下可以聘请中介机构；对监事个人履职的制度性规范也显得较为单薄，由于缺乏制度性的约束激励机制和职务晋升机制，监事工作积极性客观上受到一定影响。由于国有企业监事会暂行条例、上市公司治理准则等部门规章出台已有10年以上的时间，在此期间，经济社会快速发展变化，产生了许多新的问题，法律的滞后，导致监事会工作难以深入开展。即使在具体工作中，有些监事会作了一些有益的探索，也仅仅是停留在该企业的层面上，难以在其他企业推而广之，究其原因是因为缺乏法律和制度的规范性依据。

监事会工作的法律环境和体制机制的改革，在短时期内不可能有明显改变，法律制度的完善需要时间，体制机制的改革也不可能一蹴而就。解决这些问题的对策，一方面，需要监事会在工作中灵活运用现有的法律法规和行政规范，在实践中不断探索和创新工作机制，恪尽职守，尽心履职；另一方面，需要证券监管机构、上市公司协会等加强宣传和引导，加强与相关立法机关沟通，出台类似司法解释的监事会实务工作指引，使现有的法律法规和行政规范更具有可操作性，为监事会创造良好的工作氛围。

二是加强对重大项目的前期研究和后评估工作。重大项目由于投资大、周期长，对企业长远发展影响大，受到公司投资者的普遍关注。监事会有义务、有责任对企业的重大项目加强监督。监事会对重大项目的监督检查，不能仅仅停留在对项目的阶段性专项检查，而应当重视和加强对重大项目的全过程监督，即加强对项目立项的前期研究、过程监督和项目后评估工作，只有全过程、全方位参与监督，才能真正实现监督目标。

《指导意见》要求监事会"对企业重大事项决策和决策执行的情况进行评估"，这不仅赋予了监事会对重大事项决策的前期监督权，同时，也明确了监事会对重大项目执行情况的后期评价权。前者是监事会监督企业决策的程序性、规范性、科学合理性，包括提出监事会对企业重大事项的立项意见或建议；后者是监事会监督企业重大决策事项的执行情况，对比分析其是否达到投资的预期效果，监事会作为决策者和实施者之外的第三方，可以冷静思考和观察，并作出相对客观的评价。

上市公司经营的目的是为了回报股东的投资，出资者追求投资回报无可厚非，重大项目一旦决策失误或实施过程中随意改变投资方向，都将对投资者和企业造成重大的经济损失，甚至改变企业发展的轨迹，监事会监督的目的就是为了维护股东的权益，维护企业健康发展。因此，监事会对重大项目参与得越早，则对深化监督工作越有利，如监事会在项目立项前期参与研究，可以广泛听取各方意见，对项目建议书、工程预可行性研究报告等发表意见或建议，对项目实施的必要性提出监督意见。同时，在掌握前期情况的基础上，对董事会决策的监督才能真正到位。

在加强重大项目过程监督的前提下，监事会开展项目后评估工作同样十分必要，通过对项目决策、建设、竣工、投产和达产期各阶段的回顾与比较，对项目目的、执行过程、效益、作用和影响进行系统、客观的分析和总结，在项目竣工一段时间之后评价项目实施效果，可以肯定成绩，分析不足，以利于改进今后的工作。国务院国资委要求中央企业开展固定资产投资项目后评估工作，明确央企作为投资主体负责项目后评估的组织和管理。目前，在地方国企中，国资委提倡企业监事会开展项目后评估，试点企业监事会也取得了很好的工作成果，后评估工作的成果运用也逐渐受到重视。上市公司监事会有条件、有能力、有必要开展此项工作，上市公司协会等应当强调并指导在上市公司中开展重大项目后评估，以利于上市公司健康发展。

案例 5：保利地产

一、公司概况

保利房地产（集团）股份有限公司（以下简称保利地产或公司）系由中国保利集团控股的央企地产上市公司，创立于 1992 年，于 2002 年完成股份制改造，并于 2006 年 7 月 31 日在上海证券交易所挂牌上市。截至目前，公司实际控制人中国保利集团公司直接和间接合计持有公司股份比例达 44.09%。改制以来，公司始终高度重视法人治理规范化建设，通过股东大会、董事会、监事会和经营层的协作统一构建起公司决策、执行、监督三权分立的科学治理结构，形成了层次分明、监督协作、执行高效先进企业法人治理规范运作模式，同时充分发挥监事会的日常监督和指导功能，保障企业平稳健康发展。

公司始终坚持"以发展为主题、以经济效益为中心、以房地产为主业"的指导思想，围绕"三个为主"和"三个结合"的经营方针。上市以来，依托资本市场的有力支持，实现了资产和经营规模的持续跨越式发展，公司总资产、净资产、营业收入和净利润均保持 50% 以上的年复合增长率。截至 2012 年 6 月末，公司总资产和净资产已分别突破 2100 亿元和 360 亿元，2012 年上半年实现销售收入 202 亿元、净利润 32 亿元，并以 503 亿元的销售签约额再创历史新高，稳居央企房地产企业榜首、A 股房地产上市公司第二名。

二、监事会的特色运作机制

1. 设置专职监事会主席，人员构成科学合理

公司监事会共有 3 名成员，其中职工监事 1 名。公司设置专职的监事会主席，保证了有充足的时间和精力从事监事会工作的组织开展，对公司董事会和经营层运作进行有效监督。监事会主席陈凯先生作为公司创始人之一，历任公

司部门经理、副总经理，公司物业公司总经理，公司上海区域总经理等，具有丰富的房地产开发管理和企业管理经验，有助于判断和把握企业经营中面临的潜在风险，有助于推进各项监管工作中的沟通协调和资源调配，对公司监事会工作的定位和发展发挥关键性作用。

监事刘军才先生是大股东提名监事，历任公司北京区域副总经理，中国保利集团公司综合事务部副主任、主任。现任中国保利集团公司办公厅主任，并兼任国有企业监事会兼职监事，具备突出的大型企业管理经验和监事履职经验，对公司监事会的科学建设和高效运行发挥了重要的积极作用。

职工监事余波先生是由公司第二届职代会第五次会议选举产生，历任江西省德兴市人民检察院检察官、广州市中级人民法院法官、公司法律事务部业务经理、人力资源中心组织监察部部门经理。现任公司西安区域助理总经理，将其法律工作和纪检监察工作经验与房地产经营管理相融合，具备开展经营监督、组织监察、维护员工和广大股东利益的专业能力。

2. 多渠道保障知情权，主动要求监事会监督

监事会主席常驻公司经营所在地广州，除按照规定列席公司董事会、股东大会等开展决策监督外，公司经营层主动邀请其参加各类重要经营会议，听取监事会对于公司日常经营的指导和建议，并主动要求监事会对公司日常规范运作进行监督，将风险控制在决策讨论环节。

为充分保障外部监事的知情权，公司创立了《经营月报》，按月向外部监事全面汇报经营情况，加深其对公司日常经营的关注和了解。《经营月报》共分为4章13项，涵盖公司财务、销售、投资等月度经营动态、宏观经济及房地产行业政策变化、二级市场股价表现、重大突发事件和媒体监控情况等重要方面。同时，公司监事会深入项目一线，现场勘查项目投资建设进度、工程质量、区域市场情况等，使其更加贴近房地产开发实践，有效开展重大项目监督。

3. 嫁接内部审计，提升监督执行效力，实现监事会工作常态化

公司监事会注重与内部审计工作的协同配合，发挥内审机构的人力和专业优势，深化监事会监督力度和执行力，将监事会的日常监督与企业实际经营考评有机结合，实现了监督工作常态化、监督评价具体化、监督整改深入化。

公司监事会与内部审计部门组成内审工作小组，由监事会主席带队，对下属各单位开展年度内部审计和不定期专项检查，审计内容涉及法人治理规范建设情况、财务审计、经营效率考评等方面，监事会规范运作指导能力和内审人员审计专业的有效结合实现了宏观与微观领域的监督协调。同时，监事会注重与年审会计机构保持密切沟通，通过内、外部审计机构的分工配合，构建完善的监事会监督体系。针对审计中发现的问题和不足，监事会配合审计机构向经营层进行全面反馈，并持续督导问题整改和完善，切实发挥风险防控作用，保证公司平稳健康发展。

4. 积极推进内控体系建设，前置风险监督

公司监事会在深化过程监督的同时，更加关注风险的前置监督和管理，积极推进公司内部控制体系建设，强化与董事会、审计委员会和内控建设专职部门沟通，全面参与内部控制制度和内部流程梳理，将建立科学规范的内控基础体系作为风险防控根源，对公司内控体系建设的整体工作计划、实施范围等重要方面提出建设性意见。

公司监事会主席作为内控建设领导小组成员，全面参与内控建设的指导和监督工作。在大力推进内控体系建设的同时，监事会也将内部控制作为未来提升监督职能的有效手段，研究通过内控测试、内控审计等方式进一步完善监事会监督机制，增强监督工作的前瞻性和预见性。

5. 发挥国有监督机制优势，构建多层次监督体系

公司作为中国保利集团公司的控股上市公司，接受保利集团和国务院国资委的监督管理。公司监事会积极与上级组织开展沟通汇报，并于保利集团监事会、国资委监事会一并组成监事会的三级监督体系，对公司经营管理和规范运作开展多层次的监督指导。同时，公司监事会主动学习上级监事会的工作思路和工作技能，不断提升自身监督管理水平，全面履行股东大会赋予的监督职能。

三、实践案例

2011年11月，由公司监事会主办，监事会主席带队，组织抽调审计管理中心、财务管理中心、成本管理中心、董事会办公室及广东公司部分业务骨干，组建12人内审小组，深入华南公司、青岛公司、南京公司、武汉公司、南昌公司5家区域房地产平台子公司和国贸公司、锦汉展览2家专业子公司开展了为期两个半月的内部审计。本次审计在历次内部检查的基础上，针对房地产企业内部管理的薄弱环节及经营管理中的高风险领域，涵盖财务规范性、成本管理和企业法人治理3个方面的内容，具体涵盖19个方面，超过550个检查项，并对下属子公司用章管理、费用控制等进行了重点关注，以全面防范经营风险作为审计工作重点。

每到一地，首先由监事会对区域经营情况、规范治理水平等进行宏观层面的综合考评，审计工作小组负责落实各项审计程序并核实监事会的关注重点，监事会在将宏观判断与微观审计综合评定后，出具基本内部审计结果和管理提升建议，向当地经营团队和公司经营层反馈，并督导审计问题的落实解决。

通过本次审计，监事会认为上述区域公司已全面建立了公司治理、内部管理和风险防范体系，在管理规范性的方面得到了较大提升，抗风险能力持续增强，具备在市场竞争和政策波动的环境下实现平稳增长的经营能力。同时，监事会也对财务管理、成本控制、三会运作等方面提出了问题整改要求和管理建议，在监事会的督导下，由当地公司一把手亲自负责，从制度建设、流程梳理、规范运行、监督管理等方面深入落实整改，杜绝经营风险，提高经营效益。

四、相关建议

1. 探讨设置独立监事

目前，上市公司的监事多为大股东代表和职工代表，仍属于广义上的内部人范畴，监事的独立性及对中小股东利益的保护力度仍待提升。建议由监管机构或行业协会设置外部监事人才库，要求上市公司在该人才库中聘请外部监事，增强监事会的独立运作效果。

2. 建立监事公开考核机制，提升市场化运作水平

建议由监管机构或行业协会建立监事的公开考核机制，进行定期考核并将考核结果向社会公布，以充分发挥媒体舆论和投资者的监督作用。考核方面可涉及勤勉履职情况、专业水准、市场评价、后续教育情况等重要领域，并针对考核结果设置相应的激励和退出机制，增强市场化运作。

案例 6：中国船舶

监事会制度是现代公司制度的重要组成部分，主要职能是参与公司治理，监督公司依法决策、规范运行、合规治理的重要力量。多年来，公司始终按照《公司法》、《上市公司治理准则》及《公司章程》的相关要求，逐步完善公司规章制度，在有序开展监事会日常工作的同时，积极探索监事会监督履职的新举措或有益做法，关切发展、监督治理、开创工作，为维护公司及股东的利益，全面提高公司的治理水平做出了应有贡献。

一、公司基本情况

公司前身为沪东重机股份有限公司，于 1998 年 5 月在上海证券交易所挂牌上市。2007 年，公司通过定向增发方式实施资产重组，并更名为中国船舶工业股份有限公司（简称中国船舶），注册地址为上海市浦东大道 1 号中国船舶大厦 15A 层。目前，公司总股本为 1378117598 股（见图 9–5）。

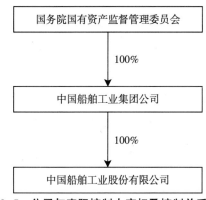

图 9–5　公司与实际控制人产权及控制关系

　　公司控股股东中国船舶工业集团公司（简称中船集团），组建于 1999 年 7 月 1 日，是中央直接管理的特大型企业集团，是国家授权投资机构，注册资本 63.7430 亿元（见表 9–2）。中船集团是中国船舶工业的主要力量，旗下聚集了一批中国最具实力的骨干造修船企业、船舶研究设计院所、船舶配套企业及船舶外贸公司，共有约 60 家独资和持股企事业单位，产品涵盖散货船、油船、集装箱船等主要船型和液化天然气船（LNG 船）、海洋工程装备等高技术、高附加值产品。

表 9–2　公司主要经济指标

单位：亿元人民币

主要会计数据	2011 年	2010 年	2009 年
营业收入	286.99	298.55	252.38
净利润	22.52	26.09	25.01
总资产	497.50	514.34	430.30
净资产	178.05	159.50	138.91

　　中国船舶系中船集团核心民品主业整体上市的平台，是目前国内规模最大、技术最先进、产品结构最全的造船旗舰上市公司，产品涵盖了造船、修船、造机、海洋工程和非船 5 大板块。长期以来，公司秉承国资委"做大做强主业"的要求，以强大的科研实力、先进的管理水平和精湛的制造工艺，不断推出 17.6 万吨好望角型散货船、10.6 万吨阿芙拉油船、31.9 万吨 VLCC 油轮等成系列、大型、绿色环保船型和船机新产品；公司积极拓展海洋工程和非船产品，

公司全资子公司——上海外高桥造船有限公司自主设计、承建的第六代 3000 米深水半潜式钻井平台的成功交付，充分展示了公司在全球高端制造领域的实力，持续引领着海洋工程高、精、尖技术的发展。

二、做好日常工作是监事会监督的根本基础

1. 规范组织召开监事会会议

每年度，公司监事会均严格按照相关法律法规，及时规范地组织召开监事会会议，通过审议议案、定期报告、财务报表、审计报告等，公司监事会以监事会决议、监事会书面意见、反馈意见等形式实现对公司财务工作的实效监督检查，同时参与公司重大决策。

2. 勤勉出席、列席相关会议

本着勤勉履职的原则，公司监事会通过出席公司股东大会、列席董事会会议和公司总经理办公会议等形式，依据国家有关法律法规，对公司股东大会及董事会的召集召开、表决程序、决议事项进行合规监督，对公司股东大会、董事会的决策程序和决议执行情况进行决策监督，对公司董事及高级管理人员履职情况进行行为监督。

3. 依法独立发表监事会意见

根据《公司法》及中国证监会相关规定，上市公司监事会应对有关公司治理的重大事项依法发表监事会意见。

每年度，公司监事会均根据法律规定、结合公司实际情况及相关信息，对公司财务会计、定期报告、关联交易、对外担保、重大资产重组（如有）、募集资金用途的改变（如有）、内控体系的建立健全等事项发表独立的监事会意见，达到了公司监事会对该等事项持续有效的监督，为提高公司治理水平、维护公司整体利益、保护中小投资者利益提供正能量。

三、探索多元有效的控股型上市公司监督机制

1. 巡视调研，求真务实

监督，停留于文件批示是形式，付诸于巡视调研是实质。鉴于公司为央企控股型上市公司，公司的生产、经营与管理主要为多级、垂直的股权管理，因此公司所属企业的经营管理行为直接关涉中国船舶的科学发展和规范治理。为切实强化公司决策体系和管理体系，将公司监事会监督检查的对象和内容相应延伸至所属企业董事会、监事会和经理层，开创上市公司监事会对所属企业巡

视调研的工作模式。

"巡视调研"工作模式，顾名思义，其内涵包括两方面：巡视和调研。

所谓巡视，即上市公司监事会以母公司（或控股股东）监督检查机构的身份，对目标公司董事会、监事会的工作进行监督检查，巡视的重点在于：

一是核查目标公司董事会、经理层是否严格贯彻执行中国船舶董事会的战略决策、工作规划及股东大会相关决议，相关工作部署及执行情况是否偏离、达到工作目标或预期。

二是监督目标公司财务会计工作是否严格按照《会计法》、财政部《企业会计准则》等国家法律法规及财经制度合规、规范地运作，是否符合上市公司治理、信息披露等相关要求。

三是检查目标公司监事会是否严格按照《公司法》、《上市公司治理准则》等法律法规要求，忠实、勤勉地履行对所在公司财务、董事会和经理层的监督职责。

所谓调研，是指中国船舶监事会通过听取经理层工作汇报、召开职工代表座谈会、走访企业生产一线职工等多种工作方式，着重了解企业当前的生产经营情况、计划进度、存在的优势、面临的困难，掌握职工的思想动态、合理诉求和意见建议，摸清目标公司希望母公司予以重点支持、协调的工作着力点。

"巡视调研"工作模式，方式灵活多样、内容求真务实，一方面将控股型上市公司监事会的监督职能延伸至所属企业，对上市公司治理提供更强大的智力和制度保障，另一方面有利于监事会参与公司科学决策、科学管理。

2. 专项督导，靶向关注

重大的投资、重组或项目执行，既可能是企业发展的重要机遇，也可能是潜在的风险点，特别是在当前宏观经济低迷、造船市场处于低潮时期，公司监事会计划对公司所属企业进行持续的督导和关注。

除日常监督外，中国船舶监事会还高度重视对公司及所属企业重大投资、股权重组、典型法律纠纷、募集资金变更等专项问题进行主动的关注、跟踪和督导。以"变更募集资用途"为例：

首先，公司监事会根据有关部门提供的拟议事项资料，启动"专项督导"程序，通知有关方面接受专项督导。

其次，召开专项会议，要求涉事企业及有关部门就原募集资金情况向公司监事会进行充分、详细的汇报。

最后，根据工作汇报及有关规定，公司监事会就本次变更募集资金用途的工作计划提出改进建议，就相关法定程序提出监督意见，并基于此向公司投资者发表监事会独立意见。

通过"专项督导"工作模式，使监事会的履职庄重严肃，监督内容一事一议，达到了靶向监督、实效监督、真正监督的目的。

3. 四方对接，经验交流

工作是复杂多样的，监督亦相随因应。公司监事会一直将提高履职水平作为忠实履职的压力和动力，而通过总结经验、对接所属企业监事会、对标其他优秀上市公司监事会，是强化履职能力、提高工作水平的重要法宝。

为"交换"智慧、经验互通，公司监事会积极开展与所属企业监事会对接交流活动，一般通过经验座谈的形式，邀请所属企业监事会代表与中国船舶监事会进行务虚交流，就各企业监事会工作重点、创新实践、特色机制等内容进行广泛、有益的沟通、交流和借鉴；同时，提高所属企业监事会履职水平，公司鼓励所属企业监事参加由中国证监会（或地方证监局）、上海证券交易所组织的年度业务培训或专题学习，共享有关上市公司的智力资源。

此外，公司监事会还积极实施"走出去"活动，通过对大型央企、公司治理优秀民营企业、同行业或跨行业等有代表性的兄弟上市公司进行考察、交流，对标学习其监事会工作的特色经验和先进理念。

通过与所属企业及优秀上市公司监事会进行对接，同行之间"物物交换"，公司监事会既开拓了思维，丰富了经验，强化了意识，同时对上市公司监事会工作的规范、提高和沟通、交流大有裨益。

4. 勤于提案，建言献策

"监督"一词，单从文字上理解，是两个动词"监"与"督"的结合，所以上市公司监事会工作的核心要义应该是付诸实践，任何单纯的举举手、拍拍手、握握手的做派都是流于形式的夸谈。公司监事会主席要求每位监事，不仅要勤于监督，还要善于监督；不仅要发表意见，还要身体力行。

为此，公司监事会要求每位监事，特别是职工监事，要时刻关心、关注所在或所属企业的发展情况，对于生产、经营、管控过程中面临的困难、暴露的问题，要通过调查研究、客观分析，主动提出议案、建言献策；对于具有典型代表性或者亟须协调、解决的重大问题，经审议决定后，公司监事会将以决议的形式正式向公司或所属企业董事会、经理层提出建议或意见。

5. 监事会、纪委，探索大监督

中国船舶是央企控股型上市公司，拥有强大的党委及纪委监察组织力量。公司监事会非常重视监督资源的整合，强调要科学处理好公司监事会和公司纪委的工作关系，认为：纪委的监督职能主要是依据《中国共产党章程》、《中国共产党纪律处分条例》等党章条例，对党员干部工作及作风违反党纪国法问题进行监督监察；监事会的监督职能是主要依据《公司法》等法律法规，偏向于对公司财务及董事、董事会、高级管理人员的经营、决策、管理及行为合规性进行监督；但两者的监督不是孤立割舍的，无论是监督对象、监督内容，还是监督依据，既有区别，又有共性。

鉴于此，公司监事会不断探索、构筑大监督机制，通过"监事会开会可以邀请纪委书记及纪委委员列席，纪委开会也可以邀请监事会主席及监事列席"制度安排，将二者的监督监察资源和经验有机结合起来，共同将公司监督工作做好、做实。

6. 为了监督，做好服务

根据《公司章程》及《监事议事规则》的规定，公司监事会不设办公常设机构，其日常办公及相关服务支持由公司董事会办公室代为履行。

为保障公司监事会有条件充分履行监督职责，董事会办公室指定专门人员负责与各位监事的日常联络，并灵活施以各种渠道提供诸如会务通知、材料呈阅、信息报送等服务工作，分述如下：

一是严格按照相关规定，规范组织监事会年度会议、定期报告编审会议及法定情势下的临时会议，并尽可能创造条件召开现场会议，同时客观、规范地编写监事会会议资料及相关文件，为监事会开展日常工作、履行基本审议监督职能提供根本服务。

二是每周编发《中国船舶证券财经周报》，每月编发《中国船舶工作月报》，不定期编发《中国船舶董事会工作专刊》。自 2007 年至今，董事会办公室已先后编发《中国船舶证券财经周报》229 期、《中国船舶董事会工作月报》54 期、《中国船舶董事会工作专刊》13 期，向公司监事持续不断地提供最新法律法规监管信息及国家有关重大政策，第一时间汇报公司经营管理情况，快速传递投资者声音及市场动态，为监事会持续监督、参与决策提供法律、政策及信息支持。

三是竭力做好监事会巡视调研、专项监督、对接交流、提案建言等工作的通知筹备、组织实施、反馈落实等工作，为监事会深入一线调查研究、深度监督、参与决策提供组织工作保障。

四、关于监事会工作的思考

1. 何以构建更加科学、完善的上市公司监督制度

为强化、提高上市公司监督职能和水平，2001 年 8 月，中国证监会发布《关于在上市公司建立独立董事制度的指导意见》，要求上市公司依法建立独立董事制度，并于 2005 年 10 月在新修订的《公司法》第 123 条中规定"上市公司设立独立董事"。至此，独立董事这个舶来品，正式纳入了我国公司法人治理结构体系，赋予独立董事特殊的监督职权，连同上市公司监事会，共同构筑有中国特色的上市公司监督体系。

关于独立董事与监事会的监督功能，分析认为，二者"总体有别，部分趋同"。

"总体有别"方面：法律赋予监事会的职权是全方位的，监督对象广泛，工作方式多样，总体偏向于"维护公司内部权力合规运行、监督制衡、规范治理"的理念；独立董事，其职权有所侧重（关联交易、对外担保、董事高管辞任），工作方式以"独立意见"为主（同意、保留、反对、因障碍无法发表意见），总体偏向于"制衡大股东意志，维护公司整体利益，特别是中小股东利益"的理念。

"部分趋同"方面：二者对公司重大专项事宜的监督上趋同，如对公司董事、高管任免及行为的监督，对损害公司或股东利益的监督（关联交易、对外担保、占用资金），对公司财务会计的监督。

两种模式并存，是"一元治"与"二元制"的强力糅合，在公司治理模式上稍显"不伦不类"。无论何种模式，监督功能的设计关键在于执行、落实和完善。在此情势下，如何将独立董事和监事会制度设计得更加科学合理、角色互补、各扬所长，是今后探索我国上市公司监督、治理的重要方向。

2. 关于监事会会议召开时点之趋议

本着科学履职、规范监督的目的，监事会会议是筹备在董事会会议召开前召开，还是在董事会会议之后召开？这是很多上市公司董事会秘书一直深入探讨的课题。

本公司董事会办公室曾随机选择了上海各种行业类型的上市公司20家，就本议题进行了专门调研，结果是：有关监事会会议，有14家公司放在董事会会议之后召开，6家公司放在董事会会议之前召开。根据调研，上述两种会议安排反映了不同的工作意见：

（1）将监事会会议放在董事会会议前召开者认为，监事会在董事会审议前，先就相关议案进行现场调研、摸底，然后开会审议后统一监事会意见，并在稍后召开的董事会上提出监事会的建议与意见，供董事会审议决策时参考。该模式，能较积极主动地发挥监事会的监督功能。

（2）将监事会会议放在董事会会议后召开者则认为，通过先列席董事会会议，可直接了解董事会对议案提出的目的、内容说明及审议程序、决策程序进行全面的合规性监督，对各位董事特别是独立董事对议案是否依法发表意见（如有）进行监督，之后再行召开监事会会议，利于监事会客观、实际地开展监督工作。

根据监事会法定职责，参考多数上市公司惯例，倾向于第二种模式更为科学合理，具有普遍性；但监事会会议召开的时点并非固定不变，根据实际工作，或者拟审议监督的事项具有特殊性，如果有利于监事会监督工作，也可以采用第一种模式，为例外情况。

3. 国企环境下公司监事会与纪委工作的协调配合问题

监事会是公司行政管理层面，纪委是公司党委管理层面，但二者有一个共同的职责，就是监督公司各级干部工作是否合法合规，是否勤勉尽职。

为促使公司监督治理工作协调有序、有机配合，本公司监事会开会时，一般邀请纪委代表列席；纪委召开专题会议时，也可邀请监事会代表列席。通过相互邀请代表列席会议，能有效地从制度层面保障两套监督及规范治理系统各司其职、恪尽职守，避免监管漏洞发生。

为提高纪委干部对上市公司规范治理的深入了解，公司董事会秘书应邀参加纪委会议，就上市公司组织架构、工作特性、合规运作要求、监管要求等进行详细、深入介绍，利于拓宽纪委部门的监管思路。

另外，公司监事会深入各子公司现场调研时，除召开职工座谈会、子公司监事会成员交流会外，也主动邀请子公司纪委部门参加座谈，以便及时掌握各级干部履职情况。

目前，就上市公司监事会及纪委监督工作方面，我国法律法规及监管部门并没有非常明确具体的规定，公司的工作仅属做出的一点有意探索，以探求如何进一步提高公司监督工作的质量和深度。

案例 7：北汽福田

一、公司简介

1. 公司的特殊成立模式成就有效制衡的治理架构

1996 年，通过资本运营手段有效整合社会分散资源，100 家国有资产跨地区重组并得到盘活和优化组合，共同发起成立了福田汽车公司，从而实现了存量调整和增量投入相结合、企业生产经营与金融资本运作相结合、投资主体多元化。"百家法人造福田"被传为一时佳话。

1998 年，得益于成立模式的特殊，福田汽车实现整体上市。反映在公司治理上，控股股东、独立董事、战略中小股东、经理层（职业经理人）4 种力量有效制衡，监事会独立监督，不存在控股股东集权、控权现象，也不存在内部人控制、侵权现象，各方股东的合法权益得到有效平衡和保障。

合理、高效的公司治理使得福田汽车得以在上市 14 年间融资 6 次，募集资金 100.3 亿元，资本贡献率超过 60%，为公司发展提供了强有力的资金支持。

2. 中国最具价值的商用汽车企业

自成立以来，福田汽车以令业界称奇的"福田速度"实现了快速发展，累计产销汽车超 500 万辆，曾连续两年位居世界商用汽车销量第一，已成为中国汽车行业自主品牌和自主创新的中坚力量。福田汽车现有资产 353.5 亿元，员工近 4 万人，品牌价值达 428.65 亿元。

目前，福田汽车旗下拥有欧曼、欧辉、欧马可、奥铃、拓陆者、蒙派克、迷迪、萨普、风景、时代十大汽车产品品牌，在京、鲁、湘、粤、冀等多省市拥有整车和零部件事业部，在日本、德国和中国台湾等多个国家和地区拥有研发分支机构。

福田汽车坚持"商业模式、科技创新、管理创新、人才开发、全球化"的经营方针，在全面发展商用车的同时，注重将商用车全系列发展构建的黄金价值链（包含技术、管理、供应链、生产制造、分销和服务等）延伸开发相关联产业，汽车与新能源汽车、新能源、工程机械、金融、现代物流与物联网、信息技术服务六大业务板块共同构成了优势互补、资源共享、相互支撑的黄金产业链。在节能与新能源汽车领域，福田汽车一直紧跟新能源汽车的技术潮流，不断开发出更节能环保的产品并进入商业化运营，新能源产品已经覆盖卡车、客车和多功能汽车等领域，产销节能与新能源汽车近 6000 辆，成为中国新能源汽车产销量最大的企业。

根据"福田汽车 2020"战略，公司将于 2020 年成为时尚科技与人文环保高度融合的综合性国际汽车企业，年产销汽车达 400 万辆，进入世界汽车企业十强，成为世界级主流汽车企业。

二、具有"福田特色"的监事会实践介绍

1. 结构合理、杜绝"一言堂"的福田汽车监事会队伍

福田汽车监事会由 7 名监事组成（见表 9-3），其中职工代表监事 3 名、大股东代表监事 1 名、中小战略股东代表监事 3 名。科学的成员配置，为监事会独立监督、检查的工作职能奠定了良好的工作基础。在福田汽车监事会，从来没有"一股独大"、"一言堂"的现象发生。

表 9-3　福田汽车监事资料

序号	姓名	监事	类别	职务
1	赵景光	监事长		北汽福田汽车股份有限公司党委副书记、纪委书记
2	张连生	监事	职工代表监事	北汽福田汽车股份有限公司工会主席
3	杨巩社			北汽福田汽车股份有限公司总经理助理兼并购投行部总经理
4	尉佳	监事	股东代表监事	山东莱动内燃机有限公司董事长、党委书记
5	陈忠义			诸城市义和车桥有限公司董事长
6	尹维劼			北京汽车集团有限公司审计部部长
7	卢振宇			北京市怀柔国有资产经营公司经理

现任监事长赵景光，自福田汽车上市便担任监事长一职，积累了丰富的监事会工作经验，并以自身的监事会业务素养和人格品质，凝聚了多届监事会团队服务于福田汽车。同时，赵景光监事长还兼任福田汽车党委副书记和纪委书记，在监督和检查公司生产运营方面具有高效、便利的通道。张连生监事，就职多年的监事之一，兼任福田汽车工会主席，能将基层员工的意见无障碍地反映到上层的监事会，积极发挥工会组织维护全体职工利益的职能。杨巩社监事，就职多年的监事之一，自进入福田汽车便从事财务管理工作，深谙企业财务管理及对外并购投资的精髓，在监事会监督检查公司财务工作上面做出了诸多贡献，以上 3 位监事均由职工代表大会选举派出，占据了监事会 1/3 的席位，较好地代表了全体职工的意愿。

监事尹维劼，是大股东派出的监事、财务审计领域的专家；另外尉佳、陈忠义、卢振宇 3 位监事分别来自业务强相关的中小股东单位，熟谙汽车产业，代表中小股东履行对公司监督检查的职能职责。

由上可知，福田汽车监事会成员配置合理，不仅配置了绝对代表职工利益的职工代表监事，同时还包含汽车相关领域的业内人士、财务审计方面的专家，共同组成了功能齐全、相互制衡的监事会团队。此外，本届监事会成员平均年龄为 47 岁，在国内上市公司监事会的队伍年龄偏大的普遍现象中，福田汽车的监事会队伍平均年龄占有绝对优势。

2. 设置监事会办公室和监事会秘书

（1）专门设立监事会办公室，独立部门全力保障监事会规范履职。福田汽车的《监事会议事规则》规定：

1）监事会设监事会办公室，处理监事会日常事务。

2）监事长领导监事会办公室工作，并可以指定监事会办公室工作人员协助其处理监事会日常事务。

多年来监事会办公室在独立组织监事会审议关联交易、重大投融资等公司重大决策事项上发挥了重要的辅助、支持作用，极大提升了监事会的工作效率。

（2）率先聘任监事会秘书，专人负责，有效保证监事会高效履职。2008年，福田汽车监事会依照北京证监局下发的《关于提高辖区上市公司质量的指导意见》的精神，根据公司实际情况，为进一步规范监事会办公室的运作，由监事会聘任了监事会秘书，在制度规定上明确由专人负责监事会办公室，以更好地协助公司监事长处理监事会日常事务。

监事会秘书就任以来，积极、主动列席股东大会、董事会，出席监事会，监督检查会议程序的合法性和审议流程的合规性，并听取股东和董事、监事的意见和建议；多次组织监事会事业部调研及同行业公司交流、学习，同时，以更加规范的标准和严谨的工作来要求监事会办公室的日常工作，以"监办无小事"为指导方针，从一点一滴提升监事会的监督检查水平。

3. 持续改进、富有创新性的制度建设

（1）满足监管部门的要求，制定制度，持续改进，确保最大程度发挥监事会作用。福田汽车根据监管部门的要求，以及自身的实际情况，制定了《监事会议事规则》、《监事行为规范》，分别从监事会的运作流程及监事履职要求等方面，进行了制度的规定，使得监事会做到有章可依、规范运作。

在实际运作中，监事会秘书领导下的监事会办公室严格依照规章制度开展工作，确保最大程度地发挥监事会的作用。

（2）曾独创监事会管理制度，发表独立审核意见，充分保障公司利益因素。为了更好地发挥监事会的作用，在监管层尚无明确要求的背景下，为了更好地发挥监事会监督职能，尤其是保护股东利益，监事会曾富有创新性地制定了《监事发表独立意见的管理办法》，同时更好地激发了监事的履职意愿，形成了年度《监事会工作要点》。

福田汽车的《监事发表独立意见的管理办法》中明确：

1）公司变更募集资金投资项目时，监事会应对变更募集资金投资项目发表独立意见。

2）公司向关联方累计购买量占当期采购量5%以上的，或向关联方累计销售占当期总销售收入5%以上的，监事应对关联交易公允性发表独立意见。

3）监事应对公司章程对关联交易决策程序的规定发表独立意见。

4）在公司变更会计政策和会计估计前，公司监事会应切实履行监督职能，对董事会的决议提出专门意见，并形成决议。

近年来，公司监事会鉴于关联交易等相关事项对公司、股东利益影响重大，决定直接由监事会审议，以决议的方式履行监督职责。

4.“独立监督、内外兼修、一线检查”的多元性监事会实践

（1）独立监督，主动管理。

1）独立召开监事会/沟通会。福田汽车监事会每年均独立召开年度监事会，审议年度重要事项。每一次的实体监事会均由监事会办公室独立组织会务，监事及监事会秘书出席，监事会独立审议并表决，形成独立的决议并公告。会议的全过程均不受董事会、经理层等的干扰。此外，监事会还独立召开沟通会，通过座谈、互访等多种方式，增加监事间的关系，提高团队的凝聚力。

2）独立审议议案，发表独立审核意见。在关联交易、投融资、定期报告等重大事项上，福田汽车监事会主动提升业务水平，不仅仅停留在出具审核意见的层面上，还主动要求对议案进行审核监督，形成决议，以求最大程度地发挥独立监督检查的职能。

3）独立监督，主动进行监督管理。监事会除了积极履行以上例行的监督检查职能外，还主动进行监督管理，督促董事会、经理层贯彻执行决议。

实例1：监事会发出书面督促函，督促董事会加快决议的执行

2007年，受公司与戴姆勒公司全球战略合作进展的影响，关乎福田汽车未来发展的增发事项迟迟未决。面对此情形，监事会主动行使监督检查的权利，以书面形式，严肃正式地向董事会发出了《关于提请董事会注意防范和化解财务风险的意见》的督促函，督促董事会推进工作，维护了公司的整体利益，同时也进一步加深了监事会监督检查公司生产运营事项的权威性和影响力。

（2）双管齐下的内外兼修式学习、交流机制。

1）对内：及时学习掌握公司重大新业务。福田汽车的监事会除每年按要求参加监管部门组织的各种培训外，还根据公司的实际运营情况，主动向公司提出进行重大新业务的培训。公司经理人员会适时组织关于重大新产品、新业务及公司产品研发、价值链运营、管理流程等知识的专题培训。这些培训对于监事会成员了解、学习新产品、新业务，拓展管理视野，更新经营理念起到重大的铺垫作用；一方面有助于监事对于公司发展战略的决策，另一方面也有助于提升决策的效率和质量。

2）对外：年度汽车同行业交流——监事会的“走出去”开放工作机制。同行业调研制度设计，拓展监事会治理水平，提高决策质量。

实例2：监事会主动“走出去”，学习优秀的法人治理经验

为了改变为开会而开会的单一目的，实现对国内优秀上市公司监事会层面的学习、沟通，监事会每年至少1次赴同行业上市公司交流、学习，以此丰富监事会对国内外汽车行业发展趋势及状况、福田汽车行业竞争地位及状况等的了解，掌握第一手素材以便更好地履行监事会职责。更重要的是，通过该“走出去"的开放式工作机制，可将对方的优秀经验"带回来"，不断提升自身治理业务水平，尤其是近年来随着公司国际化战略的推进，监事会更是积极走进了如华为公司等优秀国际化企业取经学习。例如，2007 年监事会赴长安汽车公司交流、学习；2007 年监事会赴江淮汽车公司调研、交流；2008 年监事会赴贵航股份公司学习、沟通；2009 年监事会赴中国台湾福特六和汽车公司考察、交流；2009 年监事会赴常柴股份公司交流、学习；2010 年监事会赴一汽丰田公司和一汽大众公司考察、学习；2011 年监事会赴深圳华为公司和比亚迪汽车公司学习、交流；2012 年监事会赴海马汽车公司调研、考察。

（3）一线事业部调研——监事会的一线调研检查工作。事业部检查制度设计，监事会现场独立监督，强化检查工作。

实例 3：监事会亲赴事业部现场调研，独立开展监督检查

公司监事会作为公司的监督机构，对各项决议事项进行追踪和监督。每一年监事会亲赴事业部现场调研，对事业部的一线生产经营情况进行调研和考察，追踪和监督公司重大项目的技术改造项目的推进情况，发挥监督管理职能，维护公司的利益。例如，2008 年监事会赴诸城厂区奥铃工厂，检查技改项目实施情况；2010 年监事会赴长沙厂区，监督检查财务管理及内部控制；2011 年监事会赴广东南海厂区，检查大客车工厂技改项目实施情况；2012 年监事会赴山东厂区，检查了 4 个工厂技改项目落实情况及财务经营状况。

5. 充分利用外部监督机构的交流平台，保持良好的沟通渠道

福田汽车的监事会除了保持高频次的内部监督检查活动、外部同行业监事会业务交流活动以外，还保持了与外部监督机构的良好关系，经常参加外部监管部门组织的一些业务座谈等活动，积极利用好外部监督机构这一便利的学习交流平台。

例如，赵景光监事长在 8 月曾接受北京市国资委监事会的邀请，参加了北京地区的上市公司监事会座谈，并做了关于福田汽车监事会建设的专项介绍，取得了业内人士的认可。福田汽车监事会在诸如此类的外部交流活动中，不仅可以将自身的工作经验进行分享，同时也借外部监督机构提供的交流平台，和监管部门的资深人士、其他上市公司的监事们，有更加深入的交流、沟通，有助于提升资深的业务水平。

6. 监事会、党委、纪检、工会——相互渗透，有机联结，齐力提升监督检查机制

作为国有控股但又依托于现代企业制度而设立运营的福田汽车来说，具有多重的管理职能和社会责任。如大多数国有控股企业一样，福田汽车不仅拥有健全法人治理架构下的监事会设置，同时还设有党委、纪检和工会等组织。三个组织机构分别在党委建设、纪检督察和职工利益维护方面各有工作侧重点，作为处于公司组织架构上层的监事会，聘任了党委副书记/纪检书记、工会主席作为职工代表监事，维护公司和员工的切实利益不受侵害。

此外，每年公司党委、纪检和工会还召开联席会议，通过无障碍的沟通渠道，某些业务互通，联席办公，形成了相互渗透，有机联结，齐力提升公司的监督检查机制。

7. 独立审议年度内控报告，把关公司内控管理

内部控制制度设计，提交监事会审议年度内控报告。

福田汽车的《董事会内部控制制度》中明确规定，监事会须独立审议审计部牵头形成的《年度内部控制自我评估报告》，对公司内控制度实施的适当性、合法性、有效性进行评估和分析，并可根据实际情况和需求，对体系内的内部控制情况进行监督检查，以促进公司实现可持续性内部控制改进机制，更好地做到防范风险，维护公司利益的目的。

8. 勤勉负重、绝不懈怠——监事会工作状态与作风

福田汽车在短短16年间发展迅猛，从山东小城诸城走进政治、文化中心北京；从农用车起步的小工厂到销量全球第一的商用车龙头企业，在辉煌业绩的背后，是由福田汽车决策层和管理层高瞻远瞩的决策和转化落地的管理成效而来的。因此，这就注定了福田汽车的董事会是一个高强度、高节奏的管理机构，作为董事会背后的有力推手监事会，自然担起了高效监督的重任。在日常工作中，福田汽车的监事会已渐渐形成了绝不懈怠、日臻完善的工作作风。

实例4：2011年以来监事会日常工作统计

（1）勤勉尽责，积极参会。2011年至今，公司召开了实体监事会2次（其中异地1次），董事会2次（其中异地1次），通讯监事会13次，股东大会8次。7名监事均能积极出席监事会、列席股东大会和董事会，出勤率平均高达90%以上，即便有个别监事因客观原因未能亲自参会，也都提前认真审核了议案，并提出投票意见。

（2）多次独立发表专业审核意见。

1）对关联交易发表意见的情况。2011年至今，监事会对收购北京拖拉机部分生产性资产、设立铸造公司、与戴姆勒合资项目等关联交易议案均发表了独立审核意见，为确保公司合法、合规运营，降低交易风险起到了积极的作用。

2）对其他重大事项发表意见的情况。督促公司有效地执行落实《信息披露事务管理制度》的各项要求，确保相关信息披露的及时性和公平性，以及信息披露内容的真实、准确、完整，保护投资者的合法权益。

监督、审查年度报告是否客观、真实地反映了公司财务状况和经营成果，

并独立发表审核意见。

（3）独立撰写上年度工作报告和下年度工作要点。每一年度，福田汽车的监事会需向股东大会提交上一年度的《监事会工作报告》，对上一年度的工作进行回顾总结，由监事长代表监事会向股东大会作汇报，由全体股东审议和问询。

此外，监事会还独立召开年度监事会，除了商讨上一年度的《监事会工作报告》以外，还需制订下一年度《监事会工作要点》，提出下一年度的工作方向和重点工作项目，切实发挥监事会的监督职能。

9."不唯上，只唯实"，奖罚分明的激励机制

不论是在企业管理还是在法人治理上，福田汽车深知，仅有个体的自我约束和提升是不够的，还必须辅以有效的奖惩机制作为基础。可以说，"服务＋管理"这一"胡萝卜＋大棒"式的工作理念和方法，恰是福田汽车监事会充分发挥其作用的绝好配置。

实例5：福田特色的"缺勤扣钱"、"管理＋服务"的监事激励机制

为充分调动监事勤勉尽责，监事会办公室制定了详细的细则规定，在充分尊重每位监事的基础上，坚持平等、规范管理，对其进行严格的考核管理，对未按要求履行职责的监事扣减津贴。

监事考核制度设计，奖励与惩罚，不唯上，只唯实。

《福田汽车监事行为规范》规定：

（1）对未亲自出席会议的监事予以负激励，每缺席1次负激励300元。

（2）监事在一年之内累计2次未亲自参加董监事会，由监办作出书面报告；累计3次，由监办以书面形式报告监事长。

（3）监事连续2次不亲自出席监事会、股东大会或职工代表大会予以撤换。

与此相对应的是，监事会办公室为监事会提供了"全心无忧服务"。

为了保障监事在履职过程中不存在任何的障碍，监事会办公室总是在每一次的实体会议或汇报会召开之前，安排好每位监事的吃、住、行等一系列外围工作，以最大的努力，保障监事在履职中"全程无忧"。例如，某位监事患有痛风，那么为其安排的餐饮中一定少海鲜等；某位监事即使深夜到达，一定安排专人负责接待入住等。

三、自省与超越——福田汽车监事会的未来工作重点

根据"福田汽车2020"战略，公司将于2020年成为时尚科技与人文环保高度融合的综合性国际汽车企业，年产销汽车达400万辆，进入世界汽车企业十强，成为世界级主流汽车企业。

国际化的企业必然要求有国际化的法人治理业务来支撑和推进。因此，如何提升福田汽车监事会的国际化公司治理业务水平，满足全球化战略推进，成为摆在监事会面前的新课题。

福田汽车的监事会虽然在公司 16 年的发展过程中起到了积极的推动作用，同时积累丰富的法人治理业务经验，但是毋庸置疑，以国家化的法人治理标准来衡量，也存在着很多可以提升和改善的空间。针对于此，福田汽车监事会审时度势、自我客观剖析，制定了未来的工作方向。

满足发展，提升国际化治理能力，主动进行相关国际化治理业务的学习，力争与国际接轨，提升国际化治理业务能力，满足公司未来发展的需要。

四、抛砖引玉——关于中国监事会运作的建议

福田汽车的监事会虽然在工作中摸索、积累了一些经验，但是中国监事会建设的提升还有较长的路要走。在此分享几点关于监事会建设和发展的建议。

1. 明确界定监事会和独立董事的职责

为了防止出现监事会与独立董事职责的交叉、重复现象，避免双方出现"搭便车"的行为，应科学、合理界定独立董事和监事会的职责职权。

2. 固化生产一线调研检查机制

固化监事会的调研检查监督机制，通过亲临生产/管理一线，全面、真实地了解上市公司的生产经营实况，从而保障公司切实做到了转化、落实公司股东大会、董事会的决策事项，维护公司的权益。建议可通过制度建设和实操细则两个层面分别对调研检查监督机制进行完善和优化。

3. 探索独立监事制度

对监事会进行改造，全面引入独立监事制度。但需注意，独立监事与独立董事应有明确的职能分工。独立监事在监事会中应当是强势群体。独立监事既可由上市公司直接聘任，也可由与上市公司没有业务关联与财产关联的会计师事务所和审计师事务所委派。如果在独立监事以外再引入债权人监事，那么监事会的监督功能就将得到大大强化，并且将对董事会形成强有力的制约作用。

案例 8：粤电力

广东电力发展股份有限公司（以下简称粤电力）是 1992 年由原广东省电力集团公司联合中国建设银行广东省信托投资公司、广东省电力开发公司、广东

国际信托投资公司、广东发展银行共 5 家国有股东发起成立，1993 年 11 月首次发行 A 股并在深圳证券交易所上市的公司，其后在 1995 年发行 B 股、2001年公开增发 A 股、2008 年发行公司债、2010 年定向增发 A 股，2011 年实施重大资产重组。粤电力利用资本市场取得了长足的发展，使企业规模、经营效益和综合实力获得了显著的提升，同时随着我国资本市场的不断完善，粤电力的公司治理也日趋成熟，独立董事、监事会的实践就是其中重要的体现。

一、主要做法

1. 创新开展监事会建设

2002 年 5 月，粤电力在增选独立董事的同时，聘请了 2 名外部人士担任监事会的独立监事，而且独立监事也达到了监事会成员的 1/3。聘请独立监事的做法，至今在我国上市公司中仍十分少见。独立监事的存在改善了监事会仅有股东监事、职工监事的结构，有利于增强监事会的监督职能，在法人治理的整体架构中增强了外部制约的力量。

2. 公开化、专业化选聘独立监事

粤电力自 2002 年以来，历次选聘独立监事都在证券报刊以及地方报刊刊登公告，公开招聘候选人、择优选聘，报名参与的各界人士每次都有数十人，涵盖了财会、经济、法律、金融、电力、管理等专业领域，为公司选聘合适的专业人才提供了条件。粤电力公开化、专业化的选聘方式增强了独立人士的公众服务意识和专业服务精神。

3. 完善制度保障独立人士行使职权

根据中国证监会、证券交易所等有关规定，粤电力在公司章程、有关制度中明确了独立监事的各项职权和工作程序，确保独立人士充分行使职权，保证其在董事会、专门委员会或监事会充分发表独立意见，在发挥其保障中小股东合法权益的同时，促进公司的科学决策和规范运作。

4. 适当的激励约束机制促进独立人士履职

粤电力股东大会确定的独立监事津贴是 5 万元/年，津贴水平相对合适，但独立人士取得津贴与其实际出席会议情况挂钩，应出席而未亲自出席的会被扣减一定的津贴。同时，公司聘请独立监事也充分考虑就近原则，以利于独立人士履行职责和日常的直接沟通。

二、几点体会

1. 尊重法人治理精神避免制度形式化

上市公司作为公众公司，从根本上说是大股东集合中小股东的力量通过促进企业的发展实现各方的共赢，需要完善的法人治理作为保障。独立董事、监事会制度都是完善法人治理的手段，尊重法人治理的精神才能避免这些制度流于形式。

2. 国有控股上市公司治理的深层次问题

粤电力作为国有控股上市公司，公司治理水平的提高来自资本市场运作规则的不断健全和完善，来自企业规范运作意识的不断增强，同时也与国有控股股东、国有资产管理者的规范管理程度和法人治理意识密不可分。

对于国有控股上市公司提高治理水平乃至长远发展而言，需要进一步深化国有企业改革和国资管理体制改革。建议有关部门采取以下措施，进一步深化国资管理体制改革，提高国有控股上市公司治理水平：一是积极协调国资管理部门，继续促进政企分开，推动国有股东进行较为彻底的公司化、股份制改造，增强国有股东规范自身行为的约束力和主动性；二是加快实施国有资产证券化，适当放松审批条件大力支持国有股东实施资产注入、并购重组、整体上市；三是鼓励国有股东将上市公司作为改革创新的试验田，进一步深化用人、分配等制度改革，建立市场化长效机制。

案例 9：中国远洋

中国远洋控股股份有限公司（以下简称中国远洋）于 2005 年 3 月 3 日在中华人民共和国注册成立，2005 年 6 月 30 日在中国香港联交所主板成功上市（股票编号：1919），2007 年 6 月 26 日在上海证券交易所成功上市（股票编号：601919）。公司注册地址为：中国天津市天津港保税区通达官场 1 号 3 层。公司通过下属各子公司为国际和国内客户提供涵盖整个航运价值链的集装箱航运、干散货航运、物流、码头及集装箱租赁服务。中国远洋凭借市场经验和全球性优势，在致力成为全球领先的航运与物流供货商的同时，注重现代企业制度建设，依法依章规范公司治理，是中远集团的资本平台和上市旗舰。

一、公司基本情况介绍

1. 业务架构

作为中远集团的资本平台，中国远洋立足中国，面向全球市场，凭借市场经验和全球性优势，不断提升航运综合能力，拓宽物流服务领域，致力成为全球领先的航运与物流供货商。公司通过全资子公司中远集装箱运输有限公司（以下简称中远集运）经营集装箱航运及相关业务。截至 2011 年 12 月 31 日，中远集运的船队共经营 157 艘船舶，总运力达 667970 标准箱。在全球 48 个国家和地区的 159 个港口挂靠，经营 76 条国际航线、10 条国际支线、21 条中国沿海航线及 67 条珠江三角洲和长江支线。中远集运在全球范围内拥有广泛的销售和服务网络，截至 2011 年 12 月 31 日，中远集运共拥有 400 多个境内外销售和服务网点。这些全球性的航线网络和销售、服务网络，使得本集团可以为客户提供优质的"门到门"服务；公司通过中远散货运输（集团）有限公司经营干散货航运业务。于 2011 年 12 月 31 日，中国远洋经营 372 艘干散货船。总运力达 3366 万载重吨，为全球最大的干散货船队；公司通过中国远洋物流有限公司（以下简称中远物流）提供包括第三方物流及船舶代理、货运代理在内的综合物流服务。中远物流在内地 29 个省、市、自治区、香港特别行政区及境外建立了 400 多个业务分支机构；公司通过中远太平洋有限公司（以下简称中远太平洋，一家于中国香港联合交易所有限公司（以下简称联交所）主板上市的公司，股票代码为 1199，本公司持有其约 42.71%权益）经营码头业务。截至 2011 年 12 月 31 日，中远太平洋在全球 18 个港口经营，营运中集装箱泊位达 93 个，世界排名第 5 位；公司通过中远太平洋下属的佛罗伦货箱控股有限公司（以下简称佛罗伦）经营集装箱租赁业务。截至 2011 年 12 月 31 日，佛罗伦拥有和代管的集装箱队达 1777792 标准箱，集装箱租赁业务占全球市场份额约 12.5%，位居世界第 3 位；另外，公司还通过中远太平洋的参股联营公司中国国际海运集装箱（集团）股份有限公司（以下简称中集集团）（中远太平洋于 2011 年 12 月 31 日持有其 21.8%的权益）从事集装箱制造业务，中集集团是目前世界上最大的集装箱制造公司，占有约 50%的市场份额（见图 9–6）。

2. 近 3 年主要经营业绩情况

自中国远洋成立以来，在董事会的正确领导下，公司规模不断增长，经营业绩取得长足的发展，但同时也经历了国内外形势急剧变化的严重冲击。2011年，受航运市场供需严重失衡，运力过剩，运价下跌，燃油等成本支出持续上升等因素影响，中国远洋经营效益严重下滑，具体财务情况见表 9–4。

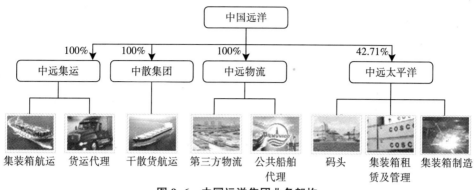

图 9-6　中国远洋集团业务架构

表 9-4　中国远洋 2009~2011 年具体财务情况

单位：元

项 目	2009 年	2010 年	2011 年
营业收入	55775056801.56	80627524519.67	68908178866.62
利润总额	-6295367857.50	9198684262.96	-7807392113.23
归属于上市公司股东的净利润	-7529900303.44	6767424542.30	-10448856161.20
归属于上市公司股东的扣除非经常性损益的净利润	-11891119440.05	6100618623.16	-1044662756390.00
总资产	138768274409.10	150983218522.52	15743661387449.00
基本每股收益	-0.74	0.66	-1.02

3. 公司治理

中国远洋严格按照《公司法》、公司《章程》的规定，设置股东大会、董事会和监事会。股东大会是公司的权力机构，董事会是公司的决策机构，监事会是公司的监督机构。

董事会和监事会成员构成。目前，董事会由 11 名董事组成，其中包括 4 名执行董事、3 名非执行董事及 4 名独立非执行董事；监事会由 6 名监事组成，其中包括 2 名股东代表监事、2 名由民主推选产生的职工代表监事以及 2 名独立监事。董事会、监事会的人数和人员构成符合法律、法规和公司《章程》的规定和要求。董事会、监事会工作机构。根据国家经贸委与中国证监会联合颁布的《关于进一步促进境外上市公司规范运作和深化改革的意见》和公司《章程》等规定，中国远洋在董事会办公室、监督部分别设立了董事会事务室和监事业务管理室，作为公司董事会、监事会下设办事机构，负责处理董事会、监事会日常事务工作（见图 9-7）。目前，董事会事务室编制 6 人，其中经理 1 人；监事业务管理室编制 3 人，其中经理 1 人。

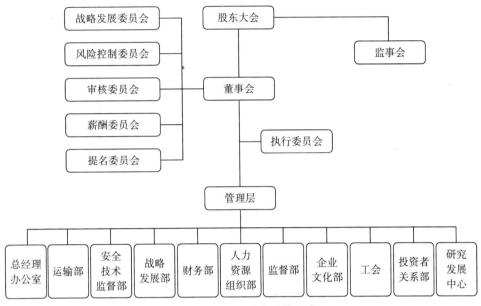

图 9-7 中国远洋集团的组成

作为一家在香港、上海两地上市的公司，中国远洋自上市以来一直严守境内外监管规定，致力于不断提高公司的企业管治水平。在公司董事会的领导下，中国远洋不断提高经营管理水平，完善公司治理结构，经营规模取得了长足发展，在国内外资本市场树立了良好的形象。自成立以来中国远洋在公司治理、信息披露、市值管理、公司价值等方面获得多个奖项。2006 年，中国远洋董事会获得了中国香港董事学会杰出董事奖，成为首家获此殊荣的 H 股公司。2008 年，中国远洋董事会再次获得中国香港董事学会杰出董事奖。2006~2009 年，中国远洋连续 4 年入选美国《福布斯》杂志全球 2000 大上市企业排行榜。2008 年以来，中国远洋 4 次入选英国《金融时报》全球 500 强企业排行榜。2010 年，在上海证券交易所为庆祝中国资本市场 20 周年举办的公司治理评选中，中国远洋荣获"2010 年度董事会奖"，同时还荣获中国证券市场 20 年"最富社会责任感上市公司"等多个奖项。2011 年，在《财富》杂志发布的"中国企业社会责任100 排行榜"中，中国远洋排在中国本土公司榜单第 1 名。中国远洋董事会以此为契机，在更高起点上加强和完善公司治理，打造中国领先、世界一流的上市公司管治模式。

二、监事会工作实践

为保证监事会监督质量，中国远洋对独立监事候选人的推荐过程进行了梳理和完善，制定了《中国远洋独立监事选拔推荐流程》并严格执行。按独立监事缺员名额的两倍或两倍以上人数对建议名单进行筛选、考察并提出建议人选，报监事会领导和公司领导同意后，经监事会、股东大会审批。多年来，公司监事能够认真履行自己的职责，通过检查公司财务情况、股东大会决议执行情况及董事会、高管层履职情况等，维护股东利益和公司利益。

公司监事会遵照公司股票上市地法律、法规、公司《章程》、《监事会议事规则》及其他有关法律的规定，认真履行职权，勤勉主动地开展工作。

1. 依法依章履行监督职权

监事会成员通过列席董事会、股东大会，召开监事会，听取工作报告和财务状况汇报，审议财务报告和审计报告，对董事会、股东大会会议的召开程序和决议事项、股东大会决议执行情况、公司董事会、高管层的履职情况、公司财务状况、公司内部控制规范实施及关联交易情况进行了监督，依法合规维护股东权益和公司利益。

中国远洋是在上海证券交易所和中国香港联合交易所两地上市的 A+H 上市公司，同时公司控股中远太平洋公司亦为中国香港上市公司，公司下属中远集运公司、中远散货运输集团及中远香港航运公司等下属企业在境内外经营管理，公司既要遵守国内的法律法规，又要遵守境外的法律法规。为保证监督到位，每年公司监事会都要认真学习研究中国证监会、上海证券交易所和中国香港联合交易所等公司上市地适用法律、法规及最新监管要求，加强对公司依法运作情况、公司财务情况、公司最近一次募集资金实际投入情况、公司会计政策、会计估计变更情况、公司收购、出售资产情况、公司关联交易情况、公司是否披露过盈利预测或经营计划及公司利润实现与预测是否存在较大差异、公司内部控制自我评价报告和审计机构核实评价意见、会计师事务所是否发表非标意见等监管重点进行重点审核并独立发表意见。

此外，监事会先后直接组织监事或委托监事会下设办事机构多次对公司下属中远香港航运公司、中远集运公司和中远物流公司及中远太平洋、青岛远洋运输公司等进行了监督检查或现场调研，加强对公司贯彻落实董事会、股东大会决议、规范治理情况的监督检查与工作督导。

2012 年一些上市公司公布的 2011 年年度报告"自摆乌龙"事件频发。中国远洋及公司董事会、监事会高度重视年报工作，公司监事会及监督部监事业务管理室在年报审核中，及时发现和更正了有关备注说明，有效维护了中国远洋的公司治理形象。中国远洋的年度报告得到了监管机构和公司股东等相关方的一致认可。

2. 规范召开监事会会议

中国远洋监事会通过深入研究公司《监事会议事规则》，按照规范的公司治理要求，对监事会会议议程及会议内容进行持续改进完善。在确定会议议题过程中，除向公司各职能部门征集上会议题外，还发函中国远洋所有监事广泛征询上会议题，充分听取各位监事的意见，并同时提醒各位监事及监事业务管理人员遵守会议期间股票交易的禁止性规定，协助监事防范违规风险，促进了监事会的科学监管与规范运作。

3. 超前防范化解监督风险

突出工作针对性就保证了工作的有效性。为了有针对性地开展工作，防范监督治理风险，2009年底、2010年初中国远洋全面分析、排查了监事业务管理及公司治理方面的风险隐患，发现风险主要集中在中国远洋监事会在董事会之前召开，监事会对董事会的监督治理不到位，监事会决议有风险；中远集运、中远散运、青远公司等全资子公司进入上市公司平台后，公司董事会、监事会等公司治理机制未能有效运作。

针对上述问题，在中国远洋监事会和公司监督部的重视支持下，监事业务管理室按闭环管理要求，逐一进行了整改。将中国远洋监事会调整到董事会之后召开，强化了监事会对董事会履职情况的监督，并取得了有关方面的一致认可与大力支持。在中国远洋及所属有关公司董事、监事、高级管理人员的重视、支持下，推进了中远集运、中远散运、青远公司、中远物流公司等下属公司董事会、监事会的规范运作，超前防范和避免了监督风险，并对建立现代公司治理规范、完善企业管理、强化监督起到了较好的促进作用。

2011年初中国证监会天津监管局对中国远洋进行了现场检查。为提升中国远洋治理水平，主动建立问题防控机制，公司监督部监事业务管理室认真组织了对中国远洋总部业务审批流程、公文规范性等公司治理独立性专项检查，并针对检查发现有的职能部门存在大股东影响上市公司业务、人员、管理独立性方面的问题，认真提出了完善上市公司制度体系、改进操作流程、严格公文规范、提高风险意识四个方面的整改建议。中国远洋董事长、总经理对检查报告非常重视，进行了专门研究。监事业务室根据领导指示，向中国远洋各职能部门发出整改通知，明确提出整改责任和整改要求，督促各部门按照检查意见和领导指示限期整改。各部门对检查结果非常认可，对监督部监事业务管理室的监督工作给予了有力支持，及时就各自存在的问题进行了整改。通过监督部监事业务管理室对整改情况进行再次复核，并形成整改工作报告上报中国远洋总经理办公会，获得总经理办公会的认可，对提高中国远洋公司治理工作水平和上市公司经营管理独立性起到了良好的促进作用。

中国远洋监事会认真履行监督职责，积极组织开展监督检查。审核公司的财务情况、公司治理情况、内部管理情况、信息披露风险防范情况以及公司经营管理流程存在的缺陷和重大风险的环节，并提出相应的整改意见。公司主管部门和下属单位高度重视监事会意见，认真落实监事会整改要求，及时报告整改情况，切实改进和加强了公司治理工作，使中国远洋监事会监督检查工作形成了管理闭环，提高了监督有效性。

天津证监局对中国远洋的现场检查过程中，在拜访了监事会主席并听取了监事会情况介绍，查看了监督部的自查材料后，对中国远洋的监事业务管理工作给予了高度评价。

4. 与时俱进健全监督制度

中国远洋注重将上市公司规范治理要求自觉融入基础管理中，为中国远洋的可持续发展奠定基础。公司成立伊始，即研究制定了《中国远洋控股股份有限公司监事会议事规则》，规范公司监事会的运作，确保监事会履行全体股东赋予的监督职责。

为不断加强控股企业董事会、监事会规范运作，中国远洋研究制定了《中国远洋控股股份有限公司派出监事业务管理办法》，按照《公司法》第五十二条和《企业国有资产法》第十三条、第三十三条等有关股东代表职责的规定，依法依规要求派出监事，作为股东代表，基于委托代理要求，依照规定的程序和要求，按照公司的指示提出提案、发表意见、行使表决权，并将其履行职责的情况和结果及时报告公司，以贯彻公司出资人意图，维护公司出资人合法权益，同时有效规避和防范了国有控股公司出资人与股东代表委托代理授权不清带来的公司治理风险。

在公司监督部及监事业务管理室的指导协助下，中远散运公司等下属单位已经参照中国远洋总部规定，制定颁发了本公司配套制度，建立健全了《监事会议事规则》和《派出监事业务管理办法》，推动了全系统监事业务管理工作的规范开展。中国远洋高管称监事业务制度建设是在制度完善上做了一件有价值、有意义的工作。

此外，在注重加强自身制度建设的同时，中国远洋监事会坚持围绕中心，服务大局，紧紧围绕企业经营管理中心工作，促进公司制度规范化建设。为规范租船运费协议（FFA）业务操作，中国远洋第2届监事会第7次会议听取了"中国远洋'租船运费协议（FFA）'操作管理办法，加强FFA风险防范机制的情况汇报"议题议案，监事会对该议案提出了3点意见。会后，运输部及时认真整改落实监事会意见，按照意见要求对"中国远洋'租船运费协议（FFA）'操作管理办法"进行了修改完善，并与有关会计师事务所、律师事务所一起召开专题会议，进一步规范 FFA 业务操作流程、套期保值会计准则规定、FFA 业务应采用套期保值方法等，有效防控经营风险，保证 FFA 业务在受控的前提下发挥各航运公司的积极性和主动性，促进了 FFA 的操作得以健康发展。根据中国远洋监督部监事业务管理室对总部业务审批流程、公文规范性等公司治理独立性专项检查情况，公司人力资源部进一步研究、改进了有关人事任免发文的程序。安全技术监督部对中国远洋老旧运输船舶退役审批的操作程序进行了梳理、规范与整改。财务部将上市公司行文注意要点补充到了《财务部综合事务指南》。

中远物流公司根据中国远洋监事会监督检查意见，深刻剖析了问题的产生原因，立即组织对《中国远洋物流公司投资管理暂行办法》、《产品物流项目采购/供应商管理程序》、《中国远洋物流有限公司对外宣传工作管理规定》3 项制度进行了修订完善，制定了《中国远洋物流有限公司企业网站管理规定》，并建立了信息披露工作监督检查制度，加强了租船业务风险和供应链融资物流业务经营管理风险的防范与规避。在中国远洋监事会的督促指导下，中国远洋各部门、各单位高度重视监事会意见，通过不断完善制度建设，切实改进和加强了公司治理工作，促进了源头治理。

5. 组织协调形成监督合力

中国远洋实行的"大监督"工作格局，将纪检、监察、审计、监事业务等业务机构有机融合设立了监督部，在监事会主席统一组织协调下行使"大监督"职能。"下去一把抓，回来再分家"，形成了监督合力，加大了监督力度，提高了监督成效，推进了监事业务管理与各项监督工作的融合，增强监督的协同性和有效性，实现了各项监督工作的相互促进、共同提高的"大监督"效能，同时避免了重复检查，既节约了总部监督成本，也减轻了基层单位负担。

2006 年，组织监督部、战略发展部纪检、监察、审计、战发、监事业务管理等有关人员，联合组成检查组，对大连物流公司等 9 家企业的监督管理情况进行了综合检查。2007 年联合组织开展了"小金库"专项治理监督检查。2009 年组织纪检、监察、审计、监事业务管理与人力资源薪酬管理等有关人员，联合开展了工资管理专项检查和对中远物流等单位的经济责任审计，2010 年开展了综合检查、精神文明考核、调研和案例教育。在监督检查过程中，通过加强对被检查单位公司治理情况、高级管理人员履职行为的监督，促进了公司监事会全面履职，规避了相关治理风险，取得了明显成效。

同时，中国远洋规定由监督部审计机构负责董事会审核委员会的服务联络职能，一方面保证了独立董事及审核委员会工作的独立性，同时中国远洋实行纪检、监察、审计、监事业务有机融合的"大监督"工作格局；另一方面保证了公司向监事会及董事会审核委员会信息提供与信息披露的一致性，并且促进和保证了监事会及董事会审核委员会对公司高管人员履职监督及反舞弊工作的共同需求。

6. 加强信息交流与培训沟通

在促进监事积极履职的同时，中国远洋认真组织监事参加上市公司法规和证券监管业务培训。中国远洋监事会办事机构长期坚持向各位监事、各级监事业务管理人员和公司高管、各公司监督部等主管部门编发《监事业务管理信息》，汇报监事业务管理工作动态、通报最新的上市公司监管要求，推广有效的监事业务管理经验，协助监事和公司领导及时了解国家法规动态和上级要求，提高监事会的工作效率，促进了系统各单位监事业务管理工作的深入发展。中国远洋高管、公司监事多次反馈监事业务管理信息内容丰富、通报及时，很有指导意义，对公司管治很有帮助。

三、工作建议

（1）建议协会加强上市公司协会监事会工作的交流与指导，适时组织监事业务相关工作人员的交流与培训，不断提高监事业务相关从业人员的公司治理能力与素质。

（2）建议上市公司协会监事会创办《监事会》会刊刊物。传达贯彻上市公司协会监事会工作部署，宣传推广上市公司监事会工作经验，组织优秀上市公司监事会评选，推动监事会工作的深入开展。

案例 10：中国神华

中国神华能源股份有限公司（以下简称中国神华）是由神华集团有限责任公司（以下简称神华集团）独家发起，于 2004 年 11 月 8 日在中国北京注册成立。中国神华 H 股和 A 股分别于 2005 年 6 月和 2007 年 10 月在中国香港联合交易所及上海证券交易所上市。中国神华是世界领先的以煤炭为基础的一体化能源公司，主营业务为煤炭、电力的生产与销售，包括煤炭运输的铁路、港口和船队等，2012 年上半年营业收入 1214.68 亿元，总资产 4167 亿元。中国神华也是中国上市公司中最大的煤炭销售商，拥有最大规模的煤炭储量。近几年来，中国神华认真贯彻落实科学发展观，积极推进"建设具有国际竞争力的世界一流煤炭综合能源企业"的发展战略，经济效益稳步增长，公司的煤炭业务已经成为中国煤炭行业大规模、高效率和安全生产模式的典范。

中国神华的监事会系统分为两大部分，一部分是上市公司本级监事会；另一部分是对子公司的下派监事会。目前，中国神华监事会系统负责监督的子分公司有 40 家。

中国神华监事会由 3 名成员组成，现任监事会主席由神华集团党组成员、纪检组长、工会主席孙文键担任，股东代表监事、职工代表监事各 1 名。另外，中国神华还向下属子公司派出监事，其中部门职级的干部担任部分子公司的监事会主席、召集人或副主席。中国神华总部设有下派监事会工作部，负责派出监事的业务管理工作，同时作为中国神华监事会的办事机构。

一、历史沿革

伴随着中国神华成立及上市，其监事会与生俱来，一直按照相关法规规范运作至今。中国神华上市后，控制母公司神华集团随即也对存续企业分别设立了 4 个下派监事会，由其纪检监察部归口管理。2009 年底，神华集团和中国神华两总部合并，同时新设立了总部的产权管理局，上市公司与非上市公司的派出董事和下派监事会统一由产权管理局归口管理。2011 年 11 月，总部又做出了"两分开"的重要决策，即"将下属公司的董事管理和监事管理相分开、对上市公司和非上市公司的监管相分开"，以求更加规范地执行现代企业制度，理顺工作体制，提高监管效率，提升监管质量。为此，总部还新设立了下派监事会一部、二部，各设 1 名总经理，内部各设若干名下派监事会主席。其中，工作一部负责对中国神华下属公司派出监事的业务管理工作，同时作为中国神华监事会的办事机构；工作二部负责非上市公司派出监事的业务管理工作。

二、选聘机制

依据神华总部相关文件规定，担任监事的同志必须具备下列条件：
（1）具有较高的政策水平，坚持原则，廉洁自律，忠于职守。
（2）熟悉公司生产经营情况和行业情况，具备相关专业知识和管理工作经验。
（3）具备相关的法律、财务知识。
（4）同一人员原则上不得同时在 5 家以上子公司担任监事职务。
（5）不存在法定的禁止担任监事的情形。

依据上述通用标准，拟担任中国神华股东代表监事并兼监事会主席的同志，由控股股东神华集团在集团领导班子成员范围内提名推荐人选；拟担任股东代表监事的同志，由控股股东神华集团在部门正职级同志中提名推荐人选；以上人选的任职经由股东代表大会和监事会按照法定程序最终通过。职工代表监事由公司职工民主选举产生。

派出监事的产生程序为，先由总部人力资源部提出人选；再经总裁审核、董事长批准；最后按照子公司章程的规定，由总部委派或由子公司股东会选举产生。

三、履职依据

中国神华监事会和下派监事会的履职依据主要有《公司法》、《公司章程》、《中国神华监事会议事规则》、《派出监事会暂行规定》等。

为细化履职依据，总部还制定了 7 项工作制度，分别是《派出监事会人员行为规范》、《派出监事会保密工作制度》、《派出监事会工作档案管理制度》、《派出监事会会议制度》、《派出监事会工作规程》、《关于配合总部下派监事会工作的通知》、《对派出董事、监事管理暂行办法》。

在制度配套完备的基础上，中国神华还结合信息化工程进一步梳理了派出监事管理工作流程，设计了派出监事管理系统，并于 2012 年第二季度起在公司内网开始上线试行。

四、主要职责

公司认为，国有上市公司本级监事会和下派监事会两者职责基本一致，都要实现股东利益最大化，当然也包括国家股东利益最大化；都要实现资产保值增值；都要确保企业合法合规运营；都要监督公司高管在履职中遵纪守法。

至于具体职责，除《公司法》规定的检查公司财务、监督董事和高管的职务行为等以外，结合央企的实际情况，还增加了检查子分公司对总部重大决策和重要部署的贯彻落实情况、"三重一大"规定执行情况、反映基层呼声、提出改进经营管理的建议等工作内容。

五、工作程序

（1）中国神华监事会每年初制订年度工作计划，在监事会内部讨论通过，经主席签署同意后认真执行，并于每季末在监事会内部工作会议上总结一次执行情况，确保落实。

审议议案基本采用现场会议方式。对本级财务检查，每年至少两次，重点是募集资金的存放和使用情况、各项费用的支出情况等。

对子分公司的现场检查，于每年初确定检查单位名单，通常10家左右，经监事会主席签署同意后，由监事带领监事会办公室工作人员认真执行，并逐一呈报检查报告，检查报告以反映问题为主，经主席批示后，可转至总部主要领导，并在半年以后，就相关单位对主要领导重要批示的落实情况，以"回头看"的方式进行复查。

（2）各下派监事会的工作程序，一是年初依据基本职责，结合集团发展战略和年度工作部署，制订监事会工作计划。二是列席任职公司的股东会和董事会会议，开好监事会会议，出席相关重要工作会议。三是每半年对所监管公司进行一次以财务为主的现场检查，每半年完成一次检查报告，报告以反映问题为主，具有相对保密性，在总部机关内部也不与无关人员"见面"，直报总部领导。四是每年底，各下派监事会主席在总部年度干部考核时，以述职形式全面汇报履职情况。

六、正确处理各方面关系

（1）关于央企上市公司监事会与控股股东的相互关系。由于上市公司监事会是经由股东大会产生，代表并执行股东大会的意志，对股东大会负责，而所有这些又当然包括控股股东的主导作用，故上市公司监事会与控股股东的关系是代表与被代表的关系。但是，这种代表与被代表的关系应当通过执行股东大会决议的形式得以实现，而不应通过行政命令这一类的方式直接体现。上市公司监事会在认真执行股东大会决议、严格依法履职的同时，也应从央企实际出发，围绕控股股东的集团发展战略和工作部署，做好相应配合工作。

（2）关于央企上市公司监事会与各下派监事会的相互关系。它们是各自独立的法定机构，各自对其股东大会负责，独立依法履职，相互之间并无行政隶属关系。在此基础上，在符合监管要求的前提下，在遵守各公司章程的同时，通过产权关系纽带联结，相互之间可以交流工作情况，协同做好监督工作。

（3）关于监事会与公司内控审计部门的相互关系。内控审计部门在公司董事会专门委员会和高管的领导下，负责公司内部的审计和风险控制工作。相对而言，监事会是一种外部控制机构，监督对象包括公司董事会成员和高管，直接对股东大会负责；同时，监事会也有权对公司内控审计方面的工作进行监督；也就是说，监事会的权限更大，活动层次更高，监督范围更广；内控审计部门属公司执行层面，监事会是公司监督层。至于两者在具体工作中的某些交叉或重叠之处，既难以完全避免，也不无益处。

（4）关于央企上市公司监事会与控股股东纪检监察部门的相互关系。二者工作性质相近，工作内容有交叉之处，如都对招投标相关规定的执行情况进行监督检查等，但二者的工作依据和工作方式不尽相同，工作的侧重点也有明显区别。前者是对股东大会负责，后者是对党组织负责；前者的履职依据主要是《公司法》、《公司章程》和股东大会决议，后者的履职依据主要是党纪国法。从宏观上讲，在国企的大监督体系内，是不同监督机制之间的相互配合关系。

（5）关于监事会与公司日常运作的相互关系。监事会作为监督层，除必要的当期监督外，不参与公司的日常运作，不干预管理层职责内的事项，不涉及具体经营管理，保持相对独立性，以符合现代企业制度的要求。

（6）关于监事会与神华本质安全体系的相互关系。作为公司的监督层，无论神华是否建设本质安全体系，监事会都是法定存在的；从这个意义上讲，相对于神华本质安全体系，监事会是独立的。但是，从神华央企实际出发，从监事会与其他风险控制机制的相互配合角度看，监事会依法做好自身工作，在客观上也是巩固和加强了神华本质安全体系。

（7）关于监督与服务的相互关系。从神华央企实际出发，监事会在履行好法定监督职能的同时，还应围绕公司发展战略和工作重点，做好力所能及的服务工作，主要是如实反映下属公司生产经营的实际困难、需要上级协调解决的问题以及基层要求管理部门转变作风的呼声，并适时提出必要的改进建议等。

七、建设学习型监事会

我们认为，无论是做好监事会当前工作，还是争取与时俱进，根本出路都在于贯彻落实科学发展观，建设学习型监事会，不断提高自身素质和工作质量，以适应神华事业的发展进程，满足神华事业的发展需要。

其主要学习内容：一是党的路线、方针、政策，特别是科学发展观；二是国家的法律法规和监管部门的相关规定，特别是资产管理和财务管理的相关内容；三是神华的发展战略和总体要求，特别是总部年度经济分析会的工作部署。

其具体学习方式：一是上市公司监事会成员全员全程参加监管部门组织的年度培训；二是积极参加控股股东组织的各类学习活动；三是在时间中不断研究新情况、解决新问题，摸索工作规律；四是加大调研力度，并适当借鉴其他上市公司监事会的工作经验。

关于监事会学习和培训的相关费用。《公司法》明文规定，监事会的工作经费应由公司保障。我们理解，这其中也包括必要的学习和培训经费。在中国神华，公司领导对各监事会的学习、培训给予大力支持，费用是完全有保障的。

八、加强理论研究

公司认为，坚持现代企业制度方向，不断完善企业治理结构，切实发挥监督机制作用，确保企业合法合规运营，实现国有资产保值增值，这是国家和股东对上市国企的基本要求，是国企落实科学发展观的长期任务，也是中国神华实现自身发展战略的基础性保障之一。要完成这样的重大任务，并不断适应新情况，解决新问题，保持监事会工作的持续发展，就必须提高自身理论素养，加强理论研究，以理论研究的成果引导实际工作深入开展。为此，我们以企业与高校相结合的方式进行了积极探索，中国神华监事会与南开大学公司治理研究中心已合作开展了相关课题研究，初步研究方向是，在保证各监事会法定独立地位的基础上，在符合监管部门监管要求的前提下，在遵守各公司章程的同时，以产权关系为纽带，整合各监事会的监管资源，形成系统性的合力，提升整体监管质量和监管效率。

九、创建央企上市公司监事会工作交流机制

公司认为，央企上市公司监事会在符合相关法律法规的前提下、在一定范围内，适时交流工作情况及工作经验，这有利于相互取长补短，有利于开阔工作思路，有利于丰富工作方法，有利于提高监督质量。

2011 年 12 月初，中国神华监事会与际华集团股份有限公司监事会就监事会的自身建设及基础性工作进行了相互交流，双方获益匪浅。2013 年 9 月初，上述两家监事会与中海发展股份有限公司监事会又共同进行了交流活动。活动主题为"在当前较为复杂的经济形势和央企经营条件下，如何加强和改进上市公司监事会的工作"。与会同志围绕活动主题进行了认真的座谈交流，一致认为，在当前较为复杂的经济形势和运营条件下，央企上市公司监事会更应不断地研究新情况，解决新问题，注重风险控制，切实履行监督职能。同时，还应注重从央企实际出发，做好必要的、力所能及的服务工作，与公司的决策层、执行层及基层共同克服前进中的困难。

中国神华监事会在本次活动中，还向上述两家监事会提议，今后在每年第三季度定期举办工作交流活动；活动以座谈会的方式为主；活动主题、具体时间和地点届时商议，由三方共同决定；必要时，也可吸收新的单位参加；探索创建央企上市公司监事会长效工作交流机制。

十、工作体会

综观中国神华监事会工作的历史，它的成功之处在于：一是控股股东神华集团的领导高度重视，大力支持；二是起步早，起点高；三是主动适应神华事业的发展，沿着现代企业制度方向不断创新企业监管的体制机制。就监事会的具体工作而言，还有以下5点工作体会：

（1）做好监事会工作离不开控股股东主要领导的大力支持。监事工作与董事工作相比，有一点很大的不同。通常情况下，国企董事的工作是要把大家都知道的事情按程序办好，而国企监事的工作则是要把并非大家都知道的问题挖出来向上级报告。从这个意义上讲，监事面临的矛盾更尖锐，人情关更难过，工作的艰苦性更大，更需要得到控股股东主要领导的大力支持。站在监事会的角度，争取主要领导支持的最好方式是做好自身工作，以出色的实际成绩，使主要领导感觉到监事会的作用和价值，更加主动地加大支持力度。

（2）从打牢基础做起，建立健全一整套相关规章制度，有章可循，规范运行。从本质上讲，监事会的作用是要监督企业合法合规运行，因而自身履职更应合法合规。建立健全成套的相关规章制度，必然耗费大量的时间和精力，但无论是从长远建设考虑，还是从现实需要出发，都是必须夯实的基础性工作。"千里之行，始于足下"，第一步就要注重制度建设。

（3）在岗位标准设置方面，应适当突出监管队伍的专业化要求。监事会履职以财务检查为主，这是《公司法》明确规定的。从履职实际出发，监事会的主要工作毕竟是要通过财务检查来进行的，不具备一定的财务专业知识是无法开展工作的。同行查同行，应该更在行。为此，选用干部时必须充分考虑到其财务、审计专业背景，避免空中楼阁。

（4）在日常工作中，应积极借用公司董事会秘书及投资者关系部的专业力量。监事会自身力量有限，而监管工作又涉及公司的诸多方面。在上市公司中，最熟悉监管规则和监管要求的莫过于董事会秘书和投资者关系部。为此，中国神华监事会十分尊重公司董事会秘书及投资者关系部，经常向他们通报监事会工作情况，定期听取他们的意见和建议，邀请他们列席历次监事会会议，吸收他们参加监事会的理论研究和工作研讨活动。由于得到了董事会秘书及投资者关系部的专业支持，使得中国神华监事会的各项工作顺畅完成。

（5）应注重将既往工作中的成熟做法上升为固定流程，以制度化的方式巩固工作成果，一步一个脚印地扎实前进。在这方面，我们主要做好了以下3点：一是认真总结监管工作经验，特别是总结经过实践检验的成功做法；二是结合信息化工程，定期梳理监管工作流程；三是每年修订一次监管工作规章制度，吸收实践中的成熟做法。现在，中国神华监事会及各下派监事会的工作流程已日趋规范，规章制度也已日趋完备。

目前，随着神华事业的快速发展，中国神华的监事会工作也已进入了一个新的发展阶段。下一阶段，中国神华监事会工作总的指导思想是，努力贯彻落实科学发展观，结合央企实际认真执行现代企业制度，围绕神华发展战略不断提高企业监管质量，力争通过一两年的努力，在监事会履行监督职能方面实现"出模式、出经验、在央企争创一流"的奋斗目标，为神华事业的发展做出更大的贡献。为贯彻这一指导思想，我们在做好各项工作的同时，将突出抓好对公司高管履职的监督这一重点，摸索央企上市公司监事会对高管履职的有效监督方法。

中国神华监事会还决定，拟聘请权威的中介机构，对本级监事会及各下派监事会的年度工作进行独立考评，并将其独立考评结果直报控股股东最高层。这样，既发挥出了高层次的类似于独立监事的作用，也在很大程度上解决了监督者被监督的问题，鞭策中国神华监事会系统不断加强自身建设，不断提高监管质量。

第十章　外部审计案例

案例 1：安然公司审计失败案例

一、会计问题

根据安然公司 2001 年 11 月 8 日向 SEC 提交的 8–K 报告及新闻媒体披露的资料，安然公司的主要会计问题可分为 4 大类：

1. 利用"特别目的的实体"高估利润、低估负债

安然公司不恰当地利用"特别目的的实体"（Special Purpose Entities，SPE）符合特定条件可以不纳入合并报表的会计惯例，将本应纳入合并报表的 3 个"特别目的的实体"（英文简称分别为 JEDI、Chewco 和 LJM1）排除在合并报表编制范围之外，导致 1997~2000 年高估了 4.99 亿美元的利润，低估了数亿美元的负债。此外，以不符合重要性原则为由，未采纳安达信的审计调整建议，导致 1997~2000 年高估净利润 0.92 亿美元。

安然公司的上述重大会计问题，源于一个近乎荒唐的会计惯例。按照美国现行会计惯例，如果非关联方（可以是公司或个人）在一个"特别目的的实体"权益性资本的投资中超过 3%，即使该"特别目的的实体"的风险主要由上市公司承担，上市公司也可不将该"特别目的的实体"纳入合并报表的编制范围。安然公司正是利用这个只注重法律形式，不顾经济实质的会计惯例的漏洞，设立数以千计的"特别目的的实体"，以此作为隐瞒负债，掩盖损失的工具。

2. 通过空挂应收票据，高估资产和股东权益

安然公司于 2000 年设立了 4 家分别冠名为 Raptor Ⅰ、Raptor Ⅱ、Raptor Ⅲ和 Raptor Ⅳ的"特别目的的实体"（以下简称 V 类公司），为安然公司的投资的市场风险进行套期保值。为了解决 V 类公司的资本金问题,安然公司于 2000 年第一季度向 V 类公司发行了价值为 1.72 亿美元的普通股。在没有收到 V 类公司支付认股款的情况下,安然公司仍将其记录为实收股本的增加,并相应增加了应收票据,由此虚增了资产和股东权益 1.72 亿美元。按照公认会计准则,这笔交易应视为股东欠款,作为股东权益的减项。此外,2001 年第一季度,安然公司与 V 类公司签订了若干份远期合同,根据这些合同的要求,安然公司在未来应向 V 类公司发行 8.28 亿美元的普通股,以此交换 V 类公司出具的应付票据。安然公司按上述方式将这些远期合同记录为实收股本和应收票据的增加,又虚增资产和股东权益 8.28 亿美元。上述两项合计,安然公司共虚增了 10 亿美元的资产和股东权益。2001 年第三季度,安然公司不得不作为重大会计差错,同时调减了 12 亿美元的资产和股东权益,其中的 2 亿美元系安然公司应履行远期合同的公允价值超过所记录应收票据的差额。

3. 通过有限合伙企业,操纵利润

安然公司通过一系列的金融创新,包括设立由其控制的有限合伙企业进行筹资或避险。现已披露的设立于 1999 年的 LJM 开曼公司(简称 IJMI)和 LJM2 共同投资公司(简称 LJM2,LJM1 和 LJM2 统称为 LJM)在法律上注册为私人投资有限合伙企业。LJM 的合伙人分为一般合伙人和有限责任合伙人。安然以 LJM 的多名有限责任合伙人为与安然公司没有关联关系的金融机构和其他投资者为由,末将 LJM 纳入合并报表编制范围。但从经济实质看,LIM 的经营控制权完全掌握在安然公司手中,安然公司现已承认 LJM 属于安然公司的子公司。LJM 从 1999 年设立起,至 2001 年 7 月止,其一般合伙人推选的管理合伙人为当时担任安然公司执行副总裁兼首席财务官的安德鲁·S.法斯泰。LJM 设立之初,有关人员曾明确向安然公司的董事会说明设立 LJM 的目的,就是要使 LJM 成为向安然公司购买资产的资金来源,向安然公司投资的权益合伙人,以及降低安然公司投资风险的合作伙伴。

1999 年 6 月至 2001 年 9 月,安然公司与 LJM 公司发生了 24 笔交易,这些交易的价格大都严重偏离公允价值。安然公司现已披露的资料表明,这 24 笔交易使安然公司税前利润增加了 5.78 亿美元,其中 1999 年和 2000 年增加的税前利润为 7.43 亿美元,2001 年 1~6 月减少的税前利润为 1.65 亿美元。在这 24 笔交易中,安然公司通过将资产卖给 LJM2 确认了 8730 万美元的税前利润;LJM 购买安然公司发起设立的 SPE 的股权和债券,使安然公司确认了 240 万美元的税前利润;LJM 受让安然公司联属企业的股权,使安然公司获利 1690 万美元;安然公司与 LJM 共同设立 5 个 SPE,并通过受让 LJM2 在这 5 个 SPE(其中 4 个为前述的 V 类公司)的股权等方式,确认了与风险管理活动有关的税前利润

4.712 亿美元。

安然公司通过上述交易确认的 5.78 亿美元税前利润中，1.03 亿美元已通过重新合并 LJM1 的报表予以抵消，其余 4.75 亿美元能否确认，尚不得而知。但是，安然公司在 2001 年第三季度注销对 V 类公司的投资就确认了 10 亿美元亏损的事实（Gretchen Morgenson，2002），不能不让人怀疑安然公司在 1999 年和 2000 年确认上述交易利润的恰当性。

4. 利用合伙企业网络组织，自我交易，涉嫌隐瞒巨额损失

安然公司拥有错综复杂的庞大合伙企业网络组织，为特别目的（主要是为了向安然公司购买资产或替其融资）设立了约 3000 家合伙企业和子公司，其中约 900 家设在海外的避税天堂。根据《纽约时报》2002 年 1 月 17 日的报道及 1 月 16 日该报全文刊载的安然公司发展部副总经理雪伦·沃特金斯女士，在首席执行官杰弗利·K. 斯基林突然辞职后致函董事会主席肯尼思·莱的信函，安然公司很有可能必须在已调减了前 5 年 5.86 亿美元税后利润的基础上，再调减 13 亿美元的利润。这 13 亿美元的损失，主要是安然公司尚未确认的与合伙企业复杂的融资安排等衍生金融工具有关的损失，其中 5 亿美元与安然公司已对外披露的 V 类公司有关，其余 8 亿美元则与安然公司至今尚未披露的 Condor 公司有关。至于众多以安然股票为轴心的创新金融工具及其他复杂的债务安排所涉及的损失和表外债务，很可能是个难以估量的财务黑洞。

二、审计问题

1. 出具了严重失实的审计报告和内部控制评价报告

安然公司自 1985 年成立以来，其财务报表一直由安达信审计。2000 年，安达信为安然公司出具了两份报告，一份是无保留意见加解释性说明段（对会计政策变更的说明）的审计报告；另一份是对安然公司管理当局声称其内部控制能够合理保证其财务报表可靠性予以认可的评价报告。经过与安达信的磋商，安然公司 2001 年 11 月向 SEC 提交了 8-K 报告，对过去 5 年财务报表的利润、股东权益、资产总额和负债总额进行了重大的重新表述，并明确提醒投资者：1997~2000 年经过审计的财务报表不可信赖。

2. 安达信对安然公司的审计缺乏独立性

安达信对安然公司的审计至少缺乏形式上的独立性，主要表现为：

（1）安达信不仅为安然公司提供审计鉴证服务，而且提供收入不菲的咨询业务。安然公司是安达信的第二大客户，2000 年，安达信向安然公司收取了高达 5200 万美元的费用，其中一半以上为咨询服务收入（Reed Abelson and

Johnathan D. Clater，2002）。安达信提供的咨询服务甚至包括代理记账。

（2）安然公司的许多高层管理人员为安达信的前雇员，他们之间的密切关系至少有损安达信形式上的独立性。安然公司的首席财务主管、首席会计主管和公司发展部副总经理等高层管理人员都是安然公司从安达信招聘过来的。至于从安达信辞职，到安然公司担任较低级别管理人员的更是不胜枚举。

3. 已觉察安然公司会计问题的情况下，未采取必要纠正措施

安达信在安然黑幕曝光前就已觉察到安然公司存在的会计问题，但未及时向有关部门报告或采取其他措施。国会调查组获得的一份安达信电子邮件表明，安达信的资深合伙人早在 2001 年 2 月就已经在讨论是否解除与安然公司的业务关系，理由是安然公司的会计政策过于激进。2001 年 8 月 20 日，沃特金斯女士致电她过去在安达信的一名同事，表达了她对安然公司会计问题的关注。与此同时，她致函安然公司董事会主席，警告安然公司"精心构造的会计骗局"（Elaborate Accounting Hoax）有可能被揭穿（Richard A.Oppel Jr.，2001）。8月 21 日，包括首席审计师大卫·邓肯在内的 4 名安达信合伙人开会讨论沃特金斯女士发出的警告。此时，安达信已经意识到事态的严重性了。尽管如此，安达信并没有主动向证券监管部门报告，也未采取其他必要措施来纠正已签发的审计报告。

4. 销毁审计工作底稿，妨碍司法调查

美国司法部、联邦调查局和 SEC 等部门正就此丑闻对安达信展开刑事调查。丑闻曝光后，安达信迅速开除负责安然公司审计的大卫·邓肯，同时解除了休斯敦其他三位资深合伙人的职务。但这一"弃车保帅"的招数看来并不高明。邓肯在接受司法部、联邦调查局和 SEC 的问讯时，拒不承认是擅自作出销毁审计底稿的决定，而坚称是在 2001 年 10 月 12 日接到安达信总部的律师通过电子邮件发出的指令后，才下令销毁审计底稿的，直至 11 月 8 日收到该律师的指令后才停止销毁活动。

案例 2： 雷曼兄弟公司审计失败案例

近来，美国前投资银行巨头雷曼兄弟再次成为公众眼中的焦点，为其提供审计服务的安永会计师事务所也被牵扯进来。事情的起因是雷曼兄弟长期以来依靠名叫"回购 105 交易"的金融衍生品来粉饰财务报表，从而误导评级机构对其信用级别的认定，干扰投资者对其风险水平的评价。"回购 105 交易"是雷曼兄弟在会计期末惯用的一种账面游戏，即将某些债券打包卖出去，而过几天后又买回来。这个游戏通常会发生在财务报表发布的前后，其扮靓财务报表的意图昭然若揭。安永作为其审计师没有对这种舞弊行为给予应有的职业关注，是疏忽大意还是协同舞弊？

一、在风险导向审计中迷失了方向

现代审计活动已经进入了风险导向审计阶段，而风险导向审计的重要特征就是审计的重心逐次前移，重点关注现代公司治理的缺失及管理舞弊所造成的固有风险。众所周知，在2007年下半年，美国的次贷风暴开始蔓延，雷曼兄弟的经营环境逐渐恶化。在这种情况下，执行严格的分析性复核等相关的必要审计程序以消除重大错报风险是风险导向审计的应有之意。但是，安永对雷曼兄弟的审计在很大程度上是对风险导向审计的理念坚持不够，严重低估了市场骤然变化所带来的重大影响，最终导致审计风险的失控。

二、对重要性项目来给予足够重视也未履行适当的审计程序

众所周知，雷曼兄弟运用"回购105交易"手段来粉饰财务报表，隐藏债务和操纵净杠杆率的手段已经达到了安永认定的重要性水平，但是安永的相关人员并未对此引起足够的重视。早在2007年，雷曼兄弟就面临来自市场的压力，如果不降低净杠杆率，就会遭到评级机构降低信用级别的打击。而对于投资银行来说，失去了信用级别就意味着被市场边缘化。为了降低净杠杆率，雷曼兄弟本可以通过卖出持有的证券资产来实现，但是因为当时市场状况已经开始恶化，如果真实地卖出将会带来实质性的损失。因此，华尔街的精英们在利用回购交易来降低净杠杆率上打起主意。雷曼兄弟从2002年开始就已经在使用这种回购工具，但在数量上受到了公司高层的严格控制。2007~2008年前两季度，雷曼兄弟疯狂使用"回购105交易"，其金额也直线上升，在2007年底达到386亿美元，2008年第二季度末达到了500亿美元。安永长期担任雷曼兄弟的审计师，对"回购105交易"一无所知是难以服众的。

就"回购105交易"的重要性而言，第一，从数量上来说，不可谓不重要。第二，与此相联系，雷曼兄弟的净杠杆率降低了。2007年雷曼兄弟对外报告的净杠杆率为16.1，而如果不使用"回购105交易"，净杠杆率则上升为18。可以肯定的是，"回购105交易"使得雷曼兄弟的净杠杆率降低了近2个点。第三，安永审计小组专门以净杠杆率的变化制定了相应的重要性标准，规定：当某单个项目或者多个项目的合计数导致净杠杆率变化在0.1或以上，就被看作

是重要的。尽管如此，安永的审计人员并没有对雷曼兄弟"回购 105 交易"这个符合重要性的项目给予足够的重视并履行适当的审计程序，最终导致雷曼兄弟在安永的默许下发布了误导投资者的财务报表。

三、对利用"回购 105 交易"的会计处理未坚持实质重于形式的原则

根据雷曼兄弟内部控制的相关规定，如果要将"回购 105 交易"按照销售进行会计处理，必须征得律师的同意。但是，美国的律师不愿意为这种明显违规的交易提供无异议的律师函。因此，雷曼兄弟利用地域之间法律的差异，将大部分的回购交易交给其在欧洲的分公司进行，并取得了英国一家律师事务所的无异议律师函。因为类似的交易在欧洲市场上进行，就可以认定为销售，而雷曼兄弟就是根据这份律师函进行了相应的会计处理。但是，其合并报表是按照美国的会计准则编制的，所提供的报表未对此进行明确的披露，此举让美国证券市场的投资者误认为，雷曼兄弟的所有"回购 105 交易"都是按照回购而不是销售进行处理的。这说明雷曼兄弟以财务报表为目的的内部控制活动存在重大缺陷，对交易的认定可以绕开内部控制的规定，让英国的律师为美国的投资者出具一封有瑕疵的律师函。安永的审计人员没有发现这一内部控制的漏洞，或者是明知漏洞存在，而采取了"睁一只眼闭一只眼"的态度。美国的会计准则要求审计师在审计过程中运用"实质重于形式"的原则，但雷曼兄弟以英国的律师函作为会计处理的依据，很显然是违背了上述原则。

四、对获得的重要信息未给予足够的重视

在雷曼兄弟舞弊案中，有一个值得尊敬的会计，那就是"知情者"马修·李。此人是雷曼兄弟公司的高级财务副总监，他上任后发现了雷曼兄弟大量使用"回购 105 交易"粉饰财务报表的行为，于是将此情况告知安永审计小组，但安永审计小组在请示相关合伙人时，合伙人没有给出实施相关审计程序的指令，而是暗示不要追查。此外，安永也没有将这一重大情况向审计委员会报告。按照审计约定，如果安永在审计过程中遇到了如新会计政策的选择和原有会计政策的变化、会计估计、异常事项等重大问题时，要及时向雷曼兄弟的审计委员会报告。但是，安永却并没有向审计委员会报告任何信息。安永的审计业务约定书承诺，在审计过程中，如果有证据表明被审计单位存在舞弊和可能的违法行为，安永要及时通知相应级别的管理者。如果高级管理者涉嫌导致合并报表

重大错报的舞弊行为，安永将直接报告给审计委员会。

然而，安永作为雷曼兄弟的外部审计师，不但没有履行应有的义务，而且在审计委员会委派雷曼兄弟的内部审计机构对"回购 105 交易"进行调查后的结果通报会上，安永仍表示对"回购 105 交易"之事不知情。按照相关的审计程序，审计人员应该向管理层了解关于重大发生事项或者在会计期末的最后几天确认的事项。如果在审计中审计人员怀疑被记录的业务没有遵循公认的会计准则，应该执行追加程序，很显然，安永在审计中未尽职尽责。

第十一章　机构投资者案例

案例 1：格力电器案例

一、公司基本情况

珠海格力电器股份有限公司（以下简称格力电器或公司）1996 年 11 月于深交所上市，公司坚持专业化道路，坚持自主技术创新，保持快速稳健发展，营业总收入由 1996 年的 28.41 亿元增长到 2011 年的 835.17 亿元，增长了 28.4 倍；归属上市公司股东的净利润亦由 1996 年的 1.86 亿元增长至 2011 年的 52.37 亿元，增长了 27.2 倍。在二级市场亦表现突出，以 2012 年 10 月 11 日收盘价计算，复权价 1492 元，上市至今最高复权价达 1652 元。

二、机构投资者推荐人选进入董事会

2012 年 5 月 25 日，格力电器公布了 2011 年股东大会关于董事会换届选举结果，由流通股东耶鲁大学基金会与鹏华基金联合推选的董事冯继勇，以 113.66% 的得票率，顺利进入格力电器董事会。而公司大股东珠海格力集团党委书记、总裁周少强则以 36.6% 的得票率，落选格力电器董事会董事。由基金推选董事参与上市公司经营，而母公司总裁被下属上市公司流通股东拒之门外，开创了机构投资者主动参与公司治理的先河，改变了机构投资者过去只能被动选择的局面，这一事件在机构投资者参与上市公司治理的历史上无疑具有里程碑式的意义。

三、机构投资者有效参与公司治理的原因

格力电器的机构投资者推荐候选董事之所以能够取得胜利，在很大程度上得益于相对分散的股权机构、机构投资者的积极参与及联合行动、累计投票制度的合理应用等因素。此外，也得益于公司长久以来对股东的回报，吸引了长期投资者对公司的关注。

1. 股权分散，基金分权

机构投资者在格力电器董事会改选中胜出的一个关键因素，是大股东不具有绝对控股权。自 2006 年以来，格力电器经历了股权分置改革、股权转让给承销商、大举减持、三轮管理层股权激励和两次增发。目前，公司大股东格力集团和其旗下的格力地产合计持有公司 19.37% 的股权。

2000~2006 年，大股东格力集团和其旗下的格力地产共持有公司 58.66% 的股权。2006 年 4 月，公司实施了每 10 股流通股获非流通股股东支付每股 2.7 元对价的股改方案。股改后，格力集团持有的公司股权稀释到 41.36%。大股东虽然失去了控股权，但在公司内仍拥有很强的话语权。

2007 年 4 月 25 日，大股东格力集团以每股 10.27 元的价格，将其持有的 10% 的股权转让给格力电器的重要经销商河北京海担保投资公司，股权转让为格力电器引入新的投资者，使格力电器的股权结构更加分散。转让后，格力集团的直接持股比例由 39.74% 下降到 29.74%。

2007~2009 年，格力集团及其旗下的格力地产累计减持 12.51% 的格力电器股权。其中，2007 年 6~12 月，格力集团通过二级市场减持了 4.82% 的股权，2009 年 7~12 月再次减持了 2.08%。2007 年 4 月至 2009 年 7 月，格力地产减持 5.61% 的股权。

2005~2007 年，由于格力电器连续 3 个年度的业绩表现超过股权激励标准，公司对管理层进行了股权激励，所用股份均来自大股东格力集团。三次股权激励导致累计 4.23% 的股权从格力集团转让至管理层。这使得格力电器的管理层持有的股份超过了提名董事所需要的 3% 的标准。

2007 年 12 月，格力电器增发了 3000 万股，对公司总股权形成了 3.6% 的摊薄，对格力集团及格力地产的股权带来了 1% 左右的摊薄。2012 年 1 月，格力电器再次增发 1.9 亿股，对公司总股权形成了 6.3% 的摊薄，对格力集团及格力地产的股权带来了 1.3% 左右的摊薄。

正是通过上述措施，格力电器的大股东格力集团逐步丧失了绝对控制权，机构投资者等外部势力开始进入公司，逐渐拥有了在公司经营上的话语权。

2006 年至 2012 年的 6 年间，基金公司平均持有了公司 28.5% 的股权。根据公司 2012 年一季报的数据，易方达、嘉实、广发、大成、上投摩根、景顺长城、长城和博时等 9 家基金公司的持股比例共计为 18.5%，已超过了大股东格力集团的 18.22%。另外，耶鲁大学、摩根士丹利、美林证券、瑞银集团和花旗全球 5 家 QFII 共计持有 7.05% 的公司股权。

2. 积极参与，联合行动

在此次董事会改选投票前，多数持有格力电器的基金公司就表示将支持由耶鲁大学与鹏华基金联名推荐的董事。有的基金公司明确表示了对大股东推荐的董事不信任。由于大股东的持股比例并不高，因此基金公司对于大股东提名董事占董事会比例过高表达了不满。一些拥有提名权的基金公司希望大股东能够充分尊重这些机构投资者的意见。基金公司在投票前进行了充分的沟通，利用其持有的股份做后盾，通过联合行动的方式参与公司治理。

基金公司联手提名董事为机构投资者参与公司治理开启了一扇新的大门。以往基金公司受体制限制，不仅无法委派代理人进入董事会参与公司运作，而且也缺乏寻找合适的外部人选的渠道。但与以往不同的是，耶鲁大学等 QFII 拥有在美国市场长期且成熟的相关经验。对于董事人选的选拔和过往业绩的考核，有一套高效的体系。因此，由 QFII 提名的人选也更容易获得其他流通股股东的认可。

事实上，这已不是机构投资者第一次参与格力电器的公司治理。早在 2005 年股改时，格力电器的基金股东就曾提出"稳定管理层"、"股权激励"等方案，最终获得了股东会的认同。基金公司的提议稳定和激励了格力电器的经营层，为后来公司业绩的大幅增长奠定了基础，保障了所有股东，尤其是国有股东的利益。正是由于此先例，此次大股东也比较容易接受董事会改选的投票结果。

3. 善用累计投票制度

在格力电器的董事改选中，出席会议的股东及代表 55 名，持有股份总数为 1995391682 股，占总股份的 66.34%，达到了召开股东大会的必要条件。此次选举共有 9 名候选人，因此股东及代表持有的总票数为 1995391682 × 9 = 179598525138 票。最终投票结果，由大股东推荐的周少强仅获得了 730345048 票。由于大股东格力集团持有公司 548127812 股，因此推断大股东或许沿用了直接投票的思维，即均分选票为每名候选人投出了相同的票数。但是，由基金公司推荐的冯继勇获得 2268056760 票，这充分说明基金公司在捍卫自身代言人的投票中保持高度的一致，将选票集中到冯继勇身上。基金公司善用累计投票制度，行为高度统一，确保了候选人顺利进入董事会。

4. 积极回报投资者，吸引长期投资

格力电器在发展壮大时积极回报投资者，自上市以来，送红股 1 次，转增股本 5 次，现金分红 14 次，累计现金分红 53.96 亿元，最近 3 年累计现金分红达 32.88 亿元。

正是由于良好的公司治理，长期稳定的优秀业绩及持续的现金分红、高比例转增、送股等投资回报，吸引着众多机构、投资者长期持有公司的股票。2006 年以来公司机构投资者的持股比例一直保持在 55% 以上，且呈现高度的稳定性。

案例 2：加州公务员退休基金案例

加州公务员退休基金（California Public Employees' Retirement System, CalPERS）成立于 1932 年，主要为加州地区的政府雇员提供养老金服务。截至 2013 年 3 月，其管理的总资产已达到 2574 亿美元。作为全美最大的养老基金，CalPERS 近年来以倡导公司治理、推行一套基于公司治理评估的投资战略而闻名。在购买了大量公司股份并成为大股东后，CalPERS 就开始主动地干预所投资公司的公司治理，例如，与迪士尼公司创始人之侄罗伊·迪士尼（Roy E. Disney）联手，在 2004 年 3 月 3 日召开的迪士尼年度股东大会上，令时任董事长兼 CEO 的迈克尔·埃斯纳（Michael Eisner）被迫辞职。

一、利用"焦点名单"来关注公司治理

CalPERS 的公司治理评估是其巨额股权投资决策的重要依据之一，受到公司的广泛关注。而与公司治理评估相比，很多公司更加重视的是 CalPERS 已经连续进行 20 年的年度"焦点名单"公布项目。2007 年的"焦点名单"列出了11 家治理存在问题、业绩差的公司。其中包括食品业巨头 Sara Lee、百货公司 Eli Lilly、媒体企业 Tribune Company、保险企业 Marsh & McLennan 和数据公司 EMC 等。

一份"焦点名单"的产生要经过数量筛选、质量评估和对话过程 3 个步骤。

1. 数量筛选，得出长名单

在此阶段，CalPERS 要筛选出那些经营业绩差且治理结构无法对股东权益负责的公司。筛选的范围是 Wilshire 2500 指数中的大约 1200 家公司。筛选所采用的指标包括股票业绩、资本效率和公司治理 3 个方面。3 个方面指标所占

权重分别是：股票回报绩效 40%，资本效率 30%，公司治理 30%。

股票回报绩效是通过计算过去 3 年和 5 年的绝对值，与其标普 1500 全球产业分类体系（GICS）中的同组公司相比，并参照 Russell 3000 指数而得出的。计算股票回报所用数据来自 CompuStat 的数据库。

衡量资本效率的两个指标是经济增加值（EVA）和平均资本回报（ROAC）。EVA 是计算其过去 3 年和 5 年的相比同行业组公司的变化。ROAC 是计算最近 1 年里相比同行业组公司的变化。资本效率的计量结果由发明 EVA 的公司斯特恩·斯图尔特（Stern Stewart）提供。

在衡量公司治理方面纳入了 25 个以上的考虑因素。这些因素都经过 CalPERS 仔细挑选，能够识别公司治理的关键问题。公司治理数据由"公司图书馆"（The Corporate Library）的"董事会分析家"（Board Analyst）提供。

通过第一步的数量筛选会得到一组公司治理表现差的"长名单"，然后从中选出有必要进一步进行质量评估的公司。

2. 质量评估，得出短名单

在第二阶段，CalPERS 会进一步纳入一些数量筛选阶段没有涉及的因素，包括以下几个方面：总体财务绩效、公司价值、战略计划、管理层与董事会成员之间的关系、薪酬实践、其他股东权利问题（包括反并购）。通过质量评估 CalPERS 得出一组"短名单"，那些有明显差距的公司将被列入其中。

接下来，CalPERS 会委托专业公司对列入短名单的企业，按照自己所关注的因素对这些公司的治理结构进行深入分析。CalPERS 主要是从董事监督和责任、经理薪酬、审计实践和反并购四个方面来评估一家上市公司治理结构的质量。

董事监督和责任方面的评估指标有：在股东大会解聘董事的投票中是否经过"绝大多数同意"，分类董事会，董事会主席和 CEO 兼任或者董事会主席非独立时没有首席独立董事，外部董事没有单独会议，董事会中的亲属和内部人，董事兼职过多，董事会的人数不合适等。

经理层薪酬方面的评估指标有：缺乏绩效挂钩措施，薪酬委员会的构成和股权稀释。

审计实践方面的评估指标有：对审计师非审计业务的付费，404 条款（《萨奥法案》所要求有关公司财务报告的内部控制体系）的落实和资料解释。

反并购方面的评估指标有：毒药丸、分类董事会、金降落伞等的使用，修改章程方面的"绝大多数同意"投票原则，临时股东会限制和没有累计投票制等。

3. 对话过程，得出焦点名单

在最后一个阶段，CalPERS 对于那些在前两个阶段中表现都很差的公司将逐一分析，并考虑能否通过与其董事会和管理层就治理问题进行沟通和对话来增加价值和提升业绩。

CalPERS 把"对话过程"看作是其整个"焦点名单"项目的一个关键组成部分。CalPERS 会持续努力地会见这些公司的管理层和董事，讨论其业绩和治理问题。CalPERS 关注的重点是改革其公司治理实践，以增强责任性、透明性、独立性和纪律性。根据公司在此过程中的表现，CalPERS 将确定是否进一步采用一些合理的股东手段，动用必要资源，来积极地改革公司，推进其长期绩效的提升。作为对话过程的一个部分，CalPERS 通常会提出股东议案，寻求修改公司管理章程（Bylaws）和公司注册章程（Articles of Incorporation）等有关公司内部治理的一些基本规范文件。

那些没有对 CalPERS 的对话机制做出积极反应的公司，将会被列入旨在引起公众注意的年度"焦点名单"中。那些对 CalPERS 的对话机制做出积极反应并有效沟通的公司则不会被列入公开发布的"焦点名单"，而是列入一个"监督名单"中进行内部监督。

二、参与公司治理的实践案例

近些年，CalPERS 参与公司治理的实践案例主要有：

1. 对可口可乐公司董事会的构成提出意见

CalPERS 通过全美最大的共同基金经理人代理投票顾问机构——机构股东服务公司（Institutional Shareholder Services，ISS）发表声明称，在 2004 年 4 月 21 日召开的年度股东大会上，他们将提出不应由一个人同时担任可口可乐的董事长与 CEO 职务的提案。同时，他们将不支持可口可乐公司现任的 6 名审计委员会董事连任。CalPERS 表示，反对他们连任的原因是该 6 名审计委员会董事批准可口可乐公司的会计师事务所从事与审计无关的业务，如税务建议、规划、并购咨询等。CalPERS 认为，这将影响到会计师事务所的公正性。

2. 影响花旗银行董事会成员的任免

2004 年 4 月 19 日，握有 2670 万股花旗股票的 CalPERS 公开表示，将反对花旗现任董事长威尔（Sanford Weill）、CEO 查尔斯·普林斯（Charles Prince）以及其他 6 名董事留任。CalPERS 认为，威尔应该为花旗集团遭调查而支付巨额和解费用，投资研究部门和投资银行部门之间存在利益冲突等问题承担全部责任。CalPERS 的提议得到了美国第二大养老基金——纽约州退休基金（New

York State Common Retirement Fund）的支持，该基金资产约 1200 亿美元，共持有近 2200 万股花旗股票。4 月 20 日，纽约州退休基金发表声明指出，威尔、普林斯等人的表现令花旗董事会的独立性和公正性大打折扣。如 2003 年，受丑闻困扰的花旗集团与 SEC 达成和解并为此支付 4 亿美元。威尔作为花旗董事长，却得到了 4470 万美元的报酬，其中 3000 万美元是以现金形式支付，这也使得他成为了当年全美领取现金报酬最多的企业高管。普林斯在 2003 年也拿到了 2900 万美元，另外还有传言直指普林斯的妻子任职的会计事务所与花旗存在业务往来关系。

3. 要求苹果公司修改财报

2003 年，在 CalPERS 的支持下，一项要求在苹果公司年度财报中把股票期权作为开支处理的提案正式出台，但是遭到了苹果公司的极力反对。苹果公司认为，由于给雇员的报酬很大一部分是股票期权，把股票期权作为开支会降低公司的利润。此外，苹果公司认为，准确地评估股票期权的价值是很困难的，而且为了保留工程师和其他中级雇员不被竞争对手挖走，股票期权是必须要给的。由于没有得到苹果公司的积极回应，掌握 148 万股权的 CalPERS 在 2004 年 4 月 15 日威胁说，将拒绝支持任何一名苹果董事会成员。

4. 加强财务监管

安然等重磅企业丑闻近年来横扫欧美金融市场，给投资者带来巨大损失，企业治理问题特别是其董事会是否公正独立越发成为投资者普遍关注的焦点，维护股东权益之风也随之甚嚣尘上。最近，越来越多的美国机构投资者对其投资的企业治理加强了监管，但对企业来说，这意味着庞大的改革压力。很多公司高层也纷纷被迫下马。投资者普遍相信，好的企业治理能够带来公司好的业绩，从而提高股东的投资回报率。

5. 要求苹果公司改革董事会选举

在 2012 年 2 月举行的苹果公司股东大会上，CalPERS 再次要求苹果公司进行董事会选举制度改革，允许以多数表决的方式选举董事。以往苹果股东可以在选举董事时弃权，但不能投反对票。如果没有反对，一名董事只需要一张赞成票即可当选，不论有多少票弃权。

CalPERS 在 2011 年的股东大会上曾提交了一份不具有约束性的提议，要求苹果公司在董事会成员的年度选举中采用多数表决制，73% 的投票股东支持这项提议，但苹果公司并没有按照 2011 年的提议要求进行改革。因此，CalPERS 会在 2012 年的股东大会上再次推动该提案。

鸣　谢

中国证监会上市公司监管部

北京证监局	天津证监局	河北证监局	山西证监局
内蒙古证监局	辽宁证监局	吉林证监局	黑龙江证监局
上海证监局	江苏证监局	浙江证监局	安徽证监局
福建证监局	江西证监局	山东证监局	河南证监局
湖北证监局	湖南证监局	广东证监局	广西证监局
海南证监局	重庆证监局	四川证监局	贵州证监局
云南证监局	西藏证监局	陕西证监局	甘肃证监局
青海证监局	宁夏证监局	新疆证监局	深圳证监局
大连证监局	宁波证监局	厦门证监局	青岛证监局

北京上市公司协会	天津上市公司协会	山西上市公司协会
内蒙古上市公司协会	辽宁上市公司协会	黑龙江上市公司协会
上海上市公司协会	浙江上市公司协会	安徽上市公司协会
福建上市公司协会	江西上市公司协会	山东上市公司协会
河南上市公司协会	湖南上市公司协会	广东上市公司协会
广西上市公司协会	重庆上市公司协会	四川上市公司协会
陕西上市公司协会	甘肃上市公司协会	新疆上市公司协会
深圳上市公司协会	大连上市公司协会	宁波上市公司协会
厦门上市公司协会	海南上市公司协会	青岛上市公司协会
江苏上市公司协会	云南上市公司协会	

上市公司：

平安银行 （000001）	中粮地产 （000031）	康 达 尔 （000048）
华 侨 城 （000069）	盐 田 港 （000088）	中联重科 （000157）
常山股份 （000158）	潍柴动力 （000338）	冀东水泥 （000401）

金融街 （000402）	胜利股份 （000407）	民生投资 （000416）
兴业矿业 （000426）	华天酒店 （000428）	中润资源 （000506）
柳　工 （000528）	大冷股份 （000530）	粤电力 （000539）
江铃汽车 （000550）	*ST广夏 （000557）	宏源证券 （000562）
海德股份 （000567）	泸州老窖 （000568）	新大洲A （000571）
海马汽车 （000572）	西北轴承 （000595）	阳光股份 （000608）
绵世股份 （000609）	天茂集团 （000627）	格力电器 （000651）
金岭矿业 （000655）	宝新能源 （000690）	厦门信达 （000701）
正虹科技 （000702）	大冶特钢 （000708）	湖南发展 （000722）
国元证券 （000728）	中航飞机 （000768）	广发证券 （000776）
三毛派神 （000779）	平庄能源 （000780）	长江证券 （000783）
西南合成 （000788）	江西水泥 （000789）	华闻传媒 （000793）
京山轻机 （000821）	桑德环境 （000826）	江钻股份 （000852）
航天科技 （000901）	物产中拓 （000906）	神火股份 （000933）
四川双马 （000935）	广济药业 （000952）	中南建设 （000961）
长源电力 （000966）	安泰科技 （000969）	西山煤电 （000983）
大庆华科 （000985）	广州友谊 （000987）	宗申动力 （001696）
伟星股份 （002003）	中航精机 （002013）	双鹭药业 （002038）
得润电子 （002055）	瑞泰科技 （002066）	黑猫股份 （002068）
獐子岛 （002069）	软控股份 （002073）	孚日股份 （002083）
万丰奥威 （002085）	青岛金王 （002094）	广博股份 （002103）
露天煤业 （002128）	宁波银行 （002142）	中工国际 （002151）
广电运通 （002152）	报喜鸟 （002154）	辰州矿业 （002155）
广陆数测 （002175）	华天科技 （002185）	利达光电 （002189）
证通电子 （002197）	大连重工 （002204）	科大讯飞 （002230）
步步高 （002251）	泰和新材 （002254）	陕天然气 （002267）
保龄宝 （002286）	圣农发展 （002299）	南国置业 （002305）
北新路桥 （002307）	三泰电子 （002312）	键桥通讯 （002316）
海峡股份 （002320）	理工监测 （002322）	中联电气 （002323）
格林美 （002340）	同德化工 （002360）	汉王科技 （002362）
永安药业 （002365）	国创高新 （002377）	蓝帆塑料 （002382）
天原集团 （002386）	建研集团 （002398）	天虹商场 （002419）
棕榈园林 （002431）	启明星辰 （002439）	百川股份 （002455）
雏鹰农牧 （002477）	山西证券 （002500）	蓝丰生化 （002513）

红太阳　（002525）	山东矿机　（002526）	海立美达　（002537）
中化岩土　（002542）	东方铁塔　（002545）	唐人神　（002567）
万昌科技　（002581）	海能达　（002583）	围海股份　（002586）
海南瑞泽　（002596）	大连电瓷　（002606）	道明光学　（002632）
佛慈制药　（002644）	万润科技　（002654）	双成药业　（002693）
山航 B　（200152）	闽灿坤 B　（200512）	瓦轴 B　（200706）
华测检测　（300012）	宝通带业　（300031）	钢研高纳　（300034）
回天胶业　（300041）	台基股份　（300046）	鼎龙股份　（300054）
国民技术　（300077）	数码视讯　（300079）	劲胜股份　（300083）
康芝药业　（300086）	智云股份　（300097）	国腾电子　（300101）
龙源技术　（300105）	华仁药业　（300110）	中航电测　（300114）
东方日升　（300118）	南方泵业　（300145）	天舟文化　（300148）
昌红科技　（300151）	华中数控　（300161）	美亚柏科　（300188）
神农大丰　（300189）	天喻信息　（300205）	恒顺电气　（300208）
易华录　（300212）	金城医药　（300233）	冠昊生物　（300238）
东宝生物　（300239）	瑞丰光电　（300241）	汇冠股份　（300282）
浦发银行　（600001）	武汉钢铁　（600005）	首创股份　（600008）
皖通高速　（600012）	民生银行　（600016）	上港集团　（600018）
宝钢股份　（600019）	华电国际　（600027）	南方航空　（600029）
中信证券　（600030）	招商银行　（600036）	南都电源　（600038）
保利地产　（600048）	华润万东　（600055）	象屿股份　（600057）
五矿发展　（600058）	古越龙山　（600059）	葛洲坝　（600068）
人福医药　（600079）	同仁堂　（600085）	广州发展　（600098）
上汽集团　（600104）	中科英华　（600110）	东睦股份　（600114）
东方航空　（600115）	郑州煤电　（600121）	金健米业　（600127）
兴发集团　（600141）	金发科技　（600143）	中国船舶　（600150）
宁夏恒力　（600165）	福田汽车　（600166）	上海建工　（600170）
雅戈尔　（600177）	兖州煤业　（600188）	吉林森工　（600189）
锦州港　（600190）	华资实业　（600191）	伊力特　（600197）
江苏吴中　（600200）	金宇集团　（600201）	鲁商置业　（600223）
凌钢股份　（600231）	大杨创世　（600233）	青海华鼎　（600243）
凯乐科技　（600260）	北方股份　（600262）	海正药业　（600267）
东方创业　（600278）	大恒科技　（600288）	西水股份　（600291）
三峡新材　（600293）	美罗药业　（600297）	兰太实业　（600328）

中新药业 (600329)	长江通信 (600345)	阳泉煤业 (600348)
江西铜业 (600362)	红星发展 (600367)	西南证券 (600369)
安泰集团 (600408)	中远航运 (600428)	北方导航 (600435)
空港股份 (600463)	湘邮科技 (600476)	晋西车轴 (600495)
烽火通信 (600498)	航天晨光 (600501)	西昌电力 (600505)
海岛建设 (600515)	天 士 力 (600535)	新疆城建 (600545)
深 高 速 (600548)	江西长运 (600561)	洪城股份 (600566)
芜 湖 港 (600575)	海螺水泥 (600585)	用友软件 (600588)
熊猫烟花 (600599)	青岛啤酒 (600600)	浙报传媒 (600633)
福耀玻璃 (600660)	哈药股份 (600664)	中华企业 (600675)
大商股份 (600694)	三安光电 (600703)	物产中大 (600704)
南宁百货 (600712)	祁 连 山 (600720)	辽宁成大 (600739)
山西焦化 (600740)	大连控股 (600747)	西藏旅游 (600749)
厦门国贸 (600755)	正和股份 (600759)	水 井 坊 (600779)
新华百货 (600785)	中储股份 (600787)	耀皮玻璃 (600819)
东方明珠 (600832)	海通证券 (600837)	四川长虹 (600839)
东方电气 (600875)	博瑞传播 (600880)	杉杉股份 (600884)
伊利股份 (600887)	航空动力 (600893)	长江电力 (600900)
北方创业 (600967)	中材国际 (600970)	新 五 丰 (600975)
马 应 龙 (600993)	开滦股份 (600997)	招商证券 (600999)
大秦铁路 (601006)	南京银行 (601009)	宁 波 港 (601018)
赛轮股份 (601058)	中国神华 (601088)	中南传媒 (601098)
三江购物 (601116)	重庆水务 (601158)	兴业银行 (601166)
杭齿前进 (601177)	中国铁建 (601186)	农业银行 (601288)
中国北车 (601299)	骆驼股份 (601311)	中国平安 (601318)
交通银行 (601328)	兴业证券 (601377)	工商银行 (601398)
中国中铁 (601398)	吉林高速 (601518)	三星电子 (601567)
上海医药 (601607)	淇滨集团 (601636)	中国南车 (601766)
力帆实业 (601777)	宁波建工 (601789)	中国石油 (601857)
中海集运 (601866)	正泰电器 (601877)	大 连 港 (601880)
中煤能源 (601898)	方正证券 (601901)	京 运 通 (601908)
中国远洋 (601919)	金钼股份 (601958)	丰林木业 (601996)
伊 泰 B (900948)		